创新制胜

高科技经济的
竞争政策

［美］理查德·吉尔伯特（Richard J. Gilbert） 著
张晨颖 译

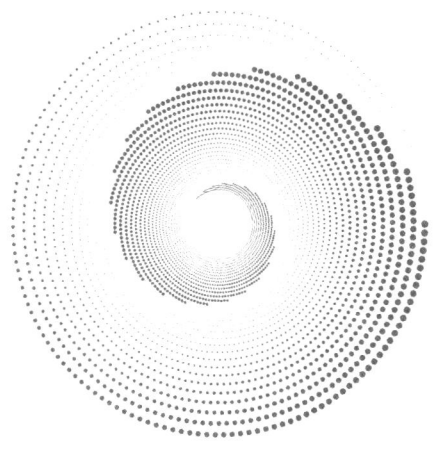

INNOVATION
MATTERS
Competition
Policy for
the High-Technology
Economy

中信出版集团 | 北京

图书在版编目（CIP）数据

创新制胜：高科技经济的竞争政策 /（美）理查德·吉尔伯特著；张晨颖译 . -- 北京：中信出版社，2023.12
书名原文：Innovation Matters：Competition Policy for the High-Technology Economy
ISBN 978-7-5217-5433-9

Ⅰ . ①创… Ⅱ . ①理… ②张… Ⅲ . ①高技术－技术经济－经济发展－研究 Ⅳ . ① F062.4

中国国家版本馆 CIP 数据核字 (2023) 第 058642 号

Copyright ©2020 Massachusetts Institute of Technology
Simplified Chinese translation copyright ©2023 by CITIC Press Corporation
ALL RIGHTS RESERVED
本书仅限于中国大陆地区发行销售

创新制胜：高科技经济的竞争政策
著者： ［美］理查德·吉尔伯特
译者： 张晨颖
出版发行：中信出版集团股份有限公司
（北京市朝阳区东三环北路 27 号嘉铭中心　邮编　100020）
承印者： 北京盛通印刷股份有限公司

开本：787mm×1092mm　1/16　　印张：22.5　　字数：268 千字
版次：2023 年 12 月第 1 版　　印次：2023 年 12 月第 1 次印刷
京权图字：01-2021-6569　　书号：ISBN 978-7-5217-5433-9
定价：88.00 元

版权所有·侵权必究
如有印刷、装订问题，本公司负责调换。
服务热线：400-600-8099
投稿邮箱：author@citicpub.com

目录

"CIDEG 文库"总序 …………………………… III

第 1 章　序言 ……………………………………… 1

第 2 章　高科技经济的竞争政策是否应有不同？
　　　　 …………………………………………… 14

第 3 章　竞争和创新基础：阿罗与熊彼特之争 …… 45

第 4 章　动态竞争、累积创新和组织理论 ………… 60

第 5 章　针对创新的合并政策 …………………… 85

第 6 章　竞争与创新：实证证据 ………………… 118

第 7 章　支持创新的合并执法：补救措施的案例
　　　　 及教训 ………………………………… 152

第 8 章　"我们将切断他们的空气供应" ………… 186

第 9 章　谷歌购物案与产品设计的反垄断政策 …… 217

第 10 章　有关标准的竞争政策 ………………… 247

第 11 章　评述以创新为中心的竞争政策 ………… 267

致谢 ……………………………………………… 278
注释 ……………………………………………… 281
参考文献 ………………………………………… 327

"CIDEG 文库"总序

2006 年，CIDEG（清华大学产业发展与环境治理研究中心）文库在时任 CIDEG 主席陈清泰等人的领导下设立。目前 CIDEG 文库已经连续出版了 17 年，主要讨论许多国家工业化发展的经验，以及处理经济成功实现快速发展带来的环境影响和其他重要议题的方法。

CIDEG 文库第一任联合主编青木昌彦教授（于 2015 年故世）与吴敬琏教授，以及 CIDEG 领导团队的其他成员一起为广大读者，包括学生、学者、官员、企业家和所有对此感兴趣的人，精心挑选了相关书籍，旨在从比较的视角理解不同经济制度的发展过程，从过去的经验中汲取教训，并以此为未来工业发展和环境治理政策提供信息。

对于我们两人来说，能够继续青木教授和吴教授开创的宝贵事业，是一种莫大的荣幸。客观地理解不同经济制度的演变、从具有不同历史经验的经济体汲取适当的政策教训，这一点的重要性非但没有减弱，相反，在这个日益分裂和孤立的世界，努力实现不同经济制度之间的相互理解比以往任何时候都更加重要。

我们希望 CIDEG 的研究，尤其是 CIDEG 文库，能在深化我们对不同经济制度的理解方面继续发挥作用。经济上的差异反映了各种历史偶然和经验,但这些并非一成不变。用一种普遍的理性框架来理解这些差异,我们可以努力在全世界鼓励有益的制度变革。

江小涓
星岳雄
2023 年 8 月

第1章 序言

现行反垄断执法目标的优先事项有所后移……促进生产和提高创新效率应该是反垄断政策的首要经济目标。

——约瑟夫·布罗德利，《反垄断的经济目标：效率、消费者福利和技术进步》（1987）

人们普遍担忧，竞争在高科技经济领域发挥的功效甚微。支配型企业提供众多信息、计算和互联网服务，业务创新趋缓。风险资本家避开那些将与主要数字平台展开竞争的初创企业。支配型高科技企业成功收购或消灭很多潜在竞争者。对此，左翼和右翼政要都主张采取更为积极的反垄断执法，包括拆解高科技巨头或限制其运行，以防高科技巨头歧视依赖其服务的企业。

有些人将高科技经济中的竞争失灵归咎于误入歧途的反垄断执法，因为它坚持将消费者福利等同于市场低价的经济观点。有些人主张用替代方案取代消费者福利标准，以便更全面地考察反垄断政策对价格以外其他方面的影响，例如对就业、隐私、不平等以及政治权力集中等方面的影响。[1]

聚焦于消费者福利具有稳定反垄断执法的作用。替代方案通常不能如此精准，而且它们会接受那些在近期或更远的未来不能使消费者获利的政策。故本书的重要议题在于，反垄断执法必须改变，以应对高科技经济中竞争受到的挑战，而且可以在不舍弃关注消费者福利的情况下做出积极改变。答案就是从以价格为中心转向以创新为中心的竞争政策。这一转变，要求不同的反垄断执法重点，不同的分析方法，也需要执行反垄断法的法院实质性地改变方法论和推定方式。

反垄断机构已采取措施，致力于解决执法决定中的创新问题。1993年，通用汽车公司（GM）提议，将其艾莉森变速器部门出售给采埃孚股份公司（ZF Friedrichshafen AG）。这两家公司曾是世界上最大的卡车、公共汽车以及其他民用和军用汽车变速器的生产商。其时，我在美国司法部（DOJ）反垄断局担任负责经济事务的副助理检察长。[2] 反垄断局对该笔交易表示非常担忧，因为它不符合通常的执法要求。尽管艾莉森与采埃孚在欧洲展开竞争，但采埃孚在美国仅是一家销售中型和重型汽车自动变速器的小型制造商，而且其销售份额甚少，此次交易不太可能对美国消费者的支付价格产生重大影响。

但反垄断局的律师和经济学家对此有不同的担忧：若允许这起合并（严格意义上是指采埃孚收购通用公司的艾莉森）[3] 发生，因此扼杀艾莉森和采埃孚在欧洲的竞争将导致合并后的公司创新动力减弱，进而对美国的购买者产生不利影响。（我所谓的"创新"是指新产品或改进的产品、工艺，较之已有产品或工艺存在显著不同。[4] 创新不仅是发明，而且是发现一种新产品或新工艺的行为，因为创新需要将一项发明投入使用或者供他人使用。[5]）通用和采埃孚的合并交易若获准进行，美国的购买者将不能从新产品或改良型产品中获利。但若通用公司的艾莉森部门与采埃孚各自独立，它们都将继续开发新产品或者改良型产品。

美国司法部质疑这一拟议合并[6]，强调此举对创新的伤害以及传统意义上的不利价格效应。在其起诉书中，反垄断局界定了"创新市场"，其中包括艾莉森和采埃孚作为研发大型卡车、公共汽车以及其他民用和军用汽车变速器的两个最重要的竞争者，它们的拟议合并将在创新市场形成近乎独占的地位。面对这一指控，交易双方放弃了拟议合并。

对通用-采埃孚合并的起诉在保守的反垄断业内掀起了波澜。一些人抱怨反垄断局不再关注传统意义上的价格效应，因而忽视了公认的反垄断基本准则。另一些人则指责，反垄断局对创新激励知之甚少，以致难以将此类事项纳入反垄断政策。尽管有这些反对意见，但合并应保护大型卡车和公共汽车自动变速器领域的创新激励，这正是我们今天从经济理论的发展以及对市场结构和创新的实证研究中期望看到的。

自从对通用-采埃孚合并发起诉讼后，人们越来越多地呼吁反垄断执法起诉那些可能损及创新的合并及其他行为。20世纪90年代末，反垄断局调查微软将操作系统（Windows）与网络浏览器（Internet Explorer）捆绑的相关行为是推动了创新还是构成垄断性滥用。[7] 2001年，美国联邦贸易委员会（FTC）研究健赞（Genzyme）和诺唯赞（Novazyme）之间的合并是促进还是延缓了对某种基因疾病的治疗，而该疾病通常构成对数以百计年轻患者的致命威胁。最近，美国联邦贸易委员会不得不判断谷歌改变其搜索引擎是对消费者友好的创新，还是排除了竞争对手的反竞争设计。自通用-采埃孚案后，美国司法部反垄断局和联邦贸易委员会已经解决了众多其他拟议合并、收购以及合资企业中的创新问题。

反垄断执法者经常表达他们对保护创新的关注，且反垄断立法的历史表明，为充满活力的竞争保留机会是反垄断的目标。尽管如此，反垄断执法历经一个多世纪的发展，通过阻止合并或可能扩大产品价格与生产成本之间差距的其他行为来促进价格竞争，通常可排解对创新的担忧。

美国反垄断法的根本性法律是《谢尔曼法案》和《克莱顿法案》，《谢尔曼法案》第 1 条禁止限制交易的合同、联合和共谋。[8] 第 2 条禁止垄断或试图垄断的行为。[9]《克莱顿法案》第 7 条禁止可能会实质性减损竞争或有垄断倾向的并购。[10] 美国联邦贸易委员会根据《联邦贸易委员会法案》第 5 条处置不公平和欺骗性的竞争方法。[11] 该法案除涵盖违反《谢尔曼法案》或《克莱顿法案》的行为外，也可处置其他可能损害竞争的行为。[12]

其他司法辖区具有各自版本的《谢尔曼法案》及《克莱顿法案》。[13] 例如，《欧盟运作条约》第 101 条禁止卡特尔和有可能扰乱欧洲经济区内部市场自由竞争的其他协议，第 102 条禁止某一市场中的支配型企业滥用此种地位的任何行为。欧盟理事会第 139/2004 号条例禁止那些将显著抑制欧洲经济区内竞争的并购行为。

反垄断执法倾力于价格竞争是可以理解的。反垄断法中的禁令有其模糊性，法院只能制定指南，为禁令提供解释。经济理论可为价格竞争如何使消费者受益提供内在一致的描述，并与反垄断法的外在目标建立联系。法院、反垄断机构和经济学家开发出有助于定量评估价格影响的工具。促进价格竞争并非反垄断法的唯一目标，但运用经济方法评估并促进价格的竞争对法院而言大有可为。

本书试图为未来的产品和服务汇集反垄断执法中有关创新和价格竞争的现有知识，以期补充既有产品和服务中有关价格竞争的反垄断执法知识。本书面向经济学家、竞争执法者和从业者，若能吸引其他对竞争政策感兴趣的人，则甚合吾意。

本书第 2 章描述了高科技经济的显著特征及其对反垄断执法提出的挑战。此类特征包括对行业的潜在破坏、网络效应、知识产权的重要性，以及许多高科技公司作为平台为不同公司和用户协调价格和服务条款。网络效应强化了主要互联网公司的支配地位，因为消费者重视有其他消费者参与的服务。知识产权、研发和数据聚合的规模经济，以及某些服务零价格等平台特征，为新的竞争设置了额外壁垒，并使反垄断损害评估复杂化。此外，科技巨头在收购潜在竞争对手，以及与初创企业展开激烈竞争方面声名在外，而这些初创企业试图进入科技巨头服务的市场或科技巨头有能力提供服务的市场。本书第 2 章描述了谷歌母公司 Alphabet、脸书（现改名为 Meta）、苹果、亚马逊和微软疯狂的收购步伐。

本章将讨论是否需要针对高科技经济的显著特征采取不同的或者更积极的反垄断执法方法。反垄断法具有足够的灵活性，从而允许施行以创新为中心的竞争政策。然而，随着时间的推移，对这些法律的解释方式将给健康的创新执法政策带来障碍。许多已形成的法律先例对评估创新损害毫无裨益。此类先例支持以推动价格接近边际生产成本来促进短期经济效率的竞争政策。先例的这种演变对于在"旧经济"行业，例如制造业、采矿业和服务业中落实消费者友好型竞争政策虽可产生积极的效果，但未必能促进创新，因为创新需要正利润预期来激励研发投资。

以创新为中心的竞争政策面临的主要障碍在于反垄断诉讼传统上强调市场界定和市场份额。市场界定确认了与反垄断评估相关的产品和服务及其地理位置。企业的市场份额来源于对特定市场的销售额、收入或其他相关的企业特征，如生产能力的计算。市场界定和市场份额的计算对企业合并或者可能损害研发投资激励或者威胁未来市场竞争的行为而言，并非有用的分析工具。一个未成形市场的准确边界本质上是不确定的。此外，考虑到相关的未来市场，现有数据充其量只能预测公司在未来市场中的份额。

在其他方面，以价格为中心的传统反垄断执法政策与防止创新受损的新政策并不冲突。例如，正如本书第8章详细讨论的，法院运用传统反垄断准则来评估"微软与软硬件供应商之间达成的协议排除了竞争"这一指控，并认定该协议违反《谢尔曼法案》第1条和第2条。虽然网络效应具有强化市场支配地位的能力，故而对排他协议提出了更严格的执法要求，但传统的执法结果通常与更注重创新的政策一致。

本书第3章关注创新竞争的两个基本主题：一是肯尼斯·阿罗描述的替代效应[14]，二是关于不完全竞争的熊彼特理论以及对研发带来的私人收益的占有（appropriation）。[15] 这两个主题具有截然不同的含义。肯尼斯·阿罗指出，企业在不完全竞争市场中赚取既定利润可能会削弱创新激励。创新激励来自从事创新的企业与不从事创新的企业之间的利润差异。如果一项创新取代了企业从现有产品或技术中获得的利润，这种差异将会缩小。相反，约瑟夫·熊彼特认为，不完全竞争市场使企业更容易从其发现中获利，同时提供更稳定的收益流来弥补研发成本，从而可提供高度竞争的市场所没有的创新激励。

这两个主题均能提供有益洞见，但皆忽略了可能会改变其预测的重要因素。阿罗通过一个高度简化的模型解释替代效应，该模型抽象自研发竞争和行业动态，且仅限于降低企业生产成本的工艺创新。例如，与阿罗预测的垄断力量阻碍了研发的投资激励相反，若创新允许企业通过掠夺潜在竞争对手来维持垄断，则垄断势力可能产生相反的效果。因为企业可通过协调现有产品和新产品的价格而获益，由此导致产品创新激励比工艺创新激励更为复杂。

现代经济理论和实证证据表明，产业集中可使创新者在某些情况下从创新中获取更多的创新利润。这与熊彼特的观点一致，即不完全竞争市场能增强创新激励，但实证证据通常不支持熊彼特关于垄断势力促进创新的观点。没有证据表明，垄断提供了更稳定的收益流，从而激励研发投资。本书第6章讨论的部分（而非全部）实证研究表明，竞争越激烈的市场，研发投资或创新投入越多，但实证研究通常不支持并购能够促进研发投资或创新的结论。

第4章进一步阐释了竞争和创新激励之间复杂的交互作用。本章讨论的议题包括市场动态、基于先前发现的累积创新（cumulative innovation），以及关于企业行为的组织管理理论。关于创新竞争以及发明和专利竞赛的简单模型通常表明，竞争的增加将导致获得发现（discovery）的可能性增加，并将发现可能发生的日期提前。更复杂的动态模型则证实了激励研发投资的市场结构与成功创新的市场结构之间的相互依赖关系。这些理论表明在某些情况下竞争会降低创新率，并证实企业间技术差异对创新激励的重要性。企业创新行为理论强调那些导致支配型企业忽视或回避创新机会的认知扭曲和组织调整,但这些理论预测通常与仅关注经济激励的模型预测没有根本区别。

反垄断机构和法院仅有有限的政策杠杆对创新施加影响。反垄断执法可以约束单个企业的行为,对允许的协议设定限制,或者阻止并购,或者以结构性补救(行为)为条件。反垄断机构和法院皆不能直接控制竞争。第 5 章讨论了与并购影响创新激励和未来价格竞争相关的理论问题。近年来,美国反垄断机构针对高科技行业并购的每一起诉讼几乎都包含对创新受损的指控。但是,美国司法部和联邦贸易委员会联合出版的《横向合并指南》几乎没有提到创新,直到 2010 年该指南重新修订后,情况才有所改变。

主要技术平台擅长识别潜在竞争者,并在触及反垄断审查规模之前收购这些竞争者。很多高科技公司具有识别和收购潜在竞争者的能力,因此对潜在竞争者的收购进行更严格的反垄断审查具有合理性。如果没有明确的证据表明在没有收购的情况下潜在竞争者会进入相关市场,法院将不愿意质疑对潜在竞争者的收购。本章提出的建议是,如果潜在竞争者是创新者,则法院应当改变这种惯常的不情愿做法。如果收购一个成功创新者将损害竞争,即使收购成功的可能性很小,反垄断执法者也应该阻止该收购,除非收购具有其他的效率优势。(其他效率优势的)一个限定条件是,在某些情况下,将初创企业或有前途的研发项目出售给老牌企业会产生最有力的创新激励,这也是将新产品商业化的最佳方式。如果创新者不能与为其提供最大价值的发起收购的企业合作,禁止收购就可能会打击创新。此外,如果一些老牌企业无法收购初创企业,可能会随即与之展开直接竞争,这种竞争威胁也可能对新进入者的创新构成重大阻碍。

第 6 章回顾了与竞争、合并、创新相关的实证文献。关于竞争与创新之间联系的实证证据显得有些含混不清。虽然有若干研究表明竞争可促进创新，但其他研究显示竞争要么产生负面影响，要么没有影响。一些实证研究的结果表明，对处于或接近有效生产前沿的企业而言，竞争对创新具有较大的积极作用。对那些明显落后于竞争对手的企业而言，竞争仅具有较小的积极作用，甚至可能会阻碍创新。这些实证研究结果与阿罗替代效应和熊彼特占有激励理论一致。

合并不等同于减少竞争，因为合并至少能在短期内使参与合并的企业保持研发资产的完整稳定，但使各合并方的研发决策走向集中控制。因为合并虽不等同于减少竞争但与之相关，故本章分别总结关于竞争和合并的实证文献。

只有少数实证研究运用复杂的统计技术来揭示并购对研发和创新的影响，但这些研究并没有识别出一致的结果。此外，反垄断机构质疑其认为具有反竞争效应的合并，故这些合并不会出现在数据中，即观察结果已被删除。尽管存在此类局限，但这些研究并不支持合并通常会促进研发投资或创新的结论。

案例研究有助于解释关于创新的反垄断政策的成败得失。第 7 章首先分析美国和欧洲反垄断机构对企业合并的执法案例，在这些案例中，它们指控合并将损害创新。本章还回顾了几个案例，在这些案例中，反垄断机构拒绝接受结构性或行为补救措施以解决它们关注的竞争受损问题，故交易各方放弃了拟议的交易。反垄断机构声称这些合并将损害创新激励和未来的价格竞争，而本章评论的这些诉讼似乎已恢复了创新激励和未来的价格竞争。

在多数拟议并购中，反垄断机构通过谈判授权并购企业剥离部分资产或通过许可协议的方式解决其关注的创新受损问题。第7章审视了其中的几项同意令，并追踪了被剥离资产或专利许可接收方的绩效。一些资产剥离协议显示已经实现了恢复创新激励的目标，这些激励原本可能因为拟议交易而减弱，但其他协议似乎也不太成功。对于交易方同意将研发资产剥离给第三方的拟议并购，几乎没有证据表明，被剥离资产的接收方继续将研发投资导向反垄断机构提出创新受损问题时针对的相关应用。广泛的许可义务有更好的成功记录。合并双方和整个行业继续以相当于合并前或高于合并前的比例投资于研发和申请专利。

第8章和第9章分析了影响创新的单一企业行为，并从两个重要的例子中审视和推断政策的经验教训。第8章讨论了美国司法部及若干个州针对微软在个人计算机操作系统的垄断地位提起的反垄断诉讼。该章还描述了欧盟委员会（EC）对微软媒体播放器以及工作组服务器相关行为提起诉讼的案例。

微软案说明了本书探讨的几个主题。在美国的微软案中，上诉法院承认，为一个具有强大网络效应且充满活力的市场打造恰当的反垄断执法面临着挑战，但是它驳回了认为反垄断法不适用于高科技经济中的企业这一论点。上诉法院主要适用了传统的反垄断原则，但它拒绝对 Internet Explorer 网络浏览器与 Windows 操作系统的捆绑行为定罪，此时它对软件产品的捆绑进行了区别对待。

在美国提起的案件以及欧盟委员会提起的相关案件中，一个核心指控是，微软的行动阻碍了网景（Netscape）互联网浏览器成为一个可在不同操作系统上运行从而可能削弱微软垄断地位的应用程序平台。当时，这一情形尚未实际发生。不过，结束美国诉讼的同意令以及欧盟的裁决对软件创新产生了有益影响，因为它们限制了微软排除竞争的行为，并鼓励微软将其自身的软件产品与其他产品实现可互操作。

第9章描述了美国联邦贸易委员会和欧盟委员会针对谷歌搜索结果显示的比较购物服务（CSS）进行的调查。比较购物服务类网站收集在线零售商提供的产品，并允许用户点击零售商网站的链接购买所需产品。谷歌对搜索算法的重新设计使其专有的比较购物服务在响应相关查询方面占据突出位置，同时将谷歌搜索结果中独立的比较购物服务网站降级。重新设计的搜索算法导致独立的比较购物服务网站的流量大幅减少，消费者的注意力集中在谷歌专有的比较购物服务上。微软的案例主要涉及尽力维持在个人计算机操作系统上的垄断势力，而谷歌的案例则涉及它将互联网搜索和广告方面的垄断势力扩展至比较购物服务的相关活动上。

谷歌购物案为反垄断机构处理其他高科技平台中出现的各类行为提供了思路。其中一类是数字平台既有激励也有能力偏好自己而非竞争对手的产品和服务。谷歌购物案中被指控的偏好是指谷歌在搜索结果中降级竞争对手的比较购物服务网站，并在回应产品查询时突出放置自己的比较购物服务。当亚马逊在其在线零售平台上优先列示其自有品牌的产品，以及苹果在软件搜索中偏袒其专有应用时，也触发了类似的指控。

第二类是在没有补偿消费者福利的情况下排除竞争对手的创新和产品设计。支配型高科技企业有能力以模仿和消除潜在竞争的方式设计产品，这会对潜在竞争对手的创新产生不利影响。风险资本家描述了一个与科技巨头的业务相关的技术"杀戮区"（killzone）。"杀戮区"中的技术对风险投资没有吸引力，因为若独立的创新者取得成功，支配型企业将此创新者消灭的风险会很高。谷歌购物案说明，当企业可以轻松整合其相关业务时，识别并对反竞争行为采取执法行动是有难度的。

美国联邦贸易委员会和欧盟委员会在谷歌购物案中也关注类似的问题，而且研究了类似的证据，但是他们的调查得出了不同的结果。美国联邦贸易委员会决定不再起诉谷歌的搜索显示设计；欧盟委员会则对谷歌处以罚款，因为谷歌的行为违反了欧盟的反垄断法，并且责令谷歌公司设计一款并非偏向其自有比较购物服务的搜索显示。这两个不同的结果反映了两个司法辖区对排除竞争的产品设计采取的不同处理方法。但是，美国联邦贸易委员会并没有详细解释它为何不起诉谷歌。欧盟委员会虽然公布了一份详尽的处理决定，但没有解释它如何评估谷歌行为的成本和收益。

第9章介绍了几项测试，这些测试意在识别创新和产品设计中具有反竞争效应（有时称为"掠夺性创新"）的相关行为。每项测试都有明显的局限性。此章的结论是，最有用的分析方法是简易合理规则（truncated rule of reason），该原则免除了重大新设计或创新的潜在反垄断责任，除非这些设计或创新伴随着其他具有排他性影响但没有补偿性收益（offsetting benefit）的行为。对创新价值甚微或者没有价值的产品设计和所谓创新，应当进行全面的合理规则分析，以评估它们带来的收益，并将收益与排他效应进行比较。

根据简易合理规则，若法院认定谷歌的专有购物产品构成一项重大创新，而且谷歌能够证明它在搜索结果中降级竞争对手的比较购物服务网站有利于竞争，那么谷歌在比较购物案中的行为将免于反垄断定罪。如果降级竞争对手的比较购物服务网站没有或者几乎没有正当理由，采取此种方法就不能免除谷歌的责任。

接下来，第10章讨论了事关互操作性或兼容性的标准以及对相关行为的反垄断政策。如果两个或多个系统能够有效地相互通信，则它们具有互操作性。如果应用程序可以在相同的工作环境（如 Microsoft Word 和 Excel）中运行，则它们是兼容的。互操作性对兼容性而言是充分条件但非必要条件。互操作性标准可以促进创新，它允许企业专注于生产组件，利用规模经济，因为它们知道自己的组件和其他企业的组件兼容，可以提供有价值的服务。但是，此类标准也存在反垄断风险。支配型企业可单方面推广与竞争对手提供的产品不兼容的标准，以此排斥竞争对手。如果实际或潜在竞争对手协商它们在商业应用中的共同利益，合作标准的制定就会引发此类常见的风险。知识产权使标准制定过程进一步复杂化，因为标准可赋予知识产权所有者暂时的市场势力，且知识产权对制造、使用或销售符合标准的产品至关重要。

最后，第 11 章点评了法院和反垄断机构为落实以创新为中心的竞争政策必须做出的调整，并评述了结构性改革是否适用于抑制主要技术平台损害竞争和创新的能力及激励。

第 2 章　高科技经济的竞争政策是否应有不同？

如果今天的反垄断政策以牺牲那些可以使产品成本每年降低1%的创新，来换取产品价格降低5%，那将是一场灾难。从长远看，持续的复合变化率会覆盖静态损失。

——弗兰克·伊斯特布鲁克法官，《无知与反垄断》(1992)

1. 美国经济中的创新

私人企业是美国技术进步的引擎。美国的研发支出约有70%来自私人企业，其余来自大学、非营利组织和联邦机构。以总量计，2015年，美国产业界大约将其收入的4%用于研发。虽然有些企业在研发上一毛不拔，但很多高科技企业如计算机和制药行业企业将其收入的10%或者更多用于研发（见图2.1）。

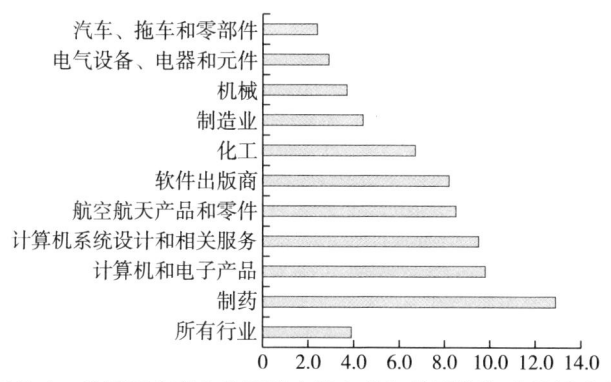

图 2.1 美国部分产业的研发支出占收入的百分比（2015 年）

资料来源：National Science Foundation（2018a, 2018b）。

研发密集度高的产业（以研发支出占总收入的百分比定义）构成了高科技经济的核心。除了制药和电子元件，其他研发密集型产业还包括通信设备、软件、信息和互联网服务、数据处理、航空航天产品、科学仪器、化工和科学服务。就高科技经济中的企业而言，除了对可能提高价格的行为予以关注的传统反垄断政策之外，那些可能对创新激励产生影响的竞争政策尤为关键。

发明和创新有许多超出竞争政策范围的决定因素。发明经常源自某个企业家的天才火花，他渴望解决一个问题或创造一个新产品，而非特别注重金钱回报。其他人，如开放源代码社区的参与者，合作分享知识并创建不以商业成功为基础的新商业模式。[1] 但现代经济中的大多数应用创新来自很大程度上受预期盈利能力驱动的产业团队。[2] 竞争政策可通过防止合并或其他损害创新激励的行为，形成对创新活动进行投资的经济激励。

反垄断学者和从业者争论，高科技企业的特点能否为更多或更少的反垄断执法或者在高科技竞争政策中采取一种完全不同的方法提供正当理由。本章第 2 节描述高科技经济的特征。[3] 第 3 节探寻传统的反垄断执法能否应对损害创新的行为，例如支配型企业收购潜在竞争对手。人们普遍认为，美国和其他发达经济体的反垄断执法法规足够灵活应对高科技市场的复杂性。但是，法院和执法机构执行反垄断法的目的在于防止现有产品的竞争受到损害，而较少关注可能损害创新以及新产品竞争的因素。第 4 节表明，从以价格为中心的反垄断政策转向以创新为中心的竞争政策，要求法院对评估竞争的方式做出重大改变。本书第 11 章的结尾将再次讨论其中的一些要求，这些要求对于以创新为中心的竞争政策而言非常重要，值得重申。法院是否能够应对这一挑战，则有待观察。

2. 高科技经济与众不同

高科技经济有许多特征，使得其中的企业和产业各有不同，这些差异本质上是个程度问题。研发密集度不高的企业和产业未必不具备这些特征，而高研发密集度产业也未必都具备所有这些特征。此外，高科技公司及产业的名单不断变化。在亚马逊崛起为拥有先进物流的平台并进军云计算等其他服务领域之前，最初也只是一家低技术含量的在线书店。多年来，汽车制造商的研发投资占其收入的比例约为整体经济中该比例的平均值，但随着汽车具有更多的自动驾驶功能，研发比例可能会增大。[4]

创新可能扰乱相关产业并使反垄断执法的预期效果复杂化

高科技经济充满活力，伴随着创新浪潮，可摧毁现有企业。微软、亚马逊、Alphabet 和脸书等公司的迅猛发展证实了"创造性破坏"的力量，这是约瑟夫·熊彼特在1942年创造的一个术语。他描述了"创造性破坏的持续狂风"，它由"新消费品、新的生产或运输方法、新的市场（和）资本主义企业创造的新产业组织形式"推动。[5] 仅仅在过去几十年中，创新就已改变了企业格局，创新创造出互联网搜索驱动的广告和社交网络等新产业，并为个人计算和手机通信等人们更为熟悉的产业增加了价值。

创造性破坏对反垄断执法评估当前市场的集中度提出了挑战。高市场份额是否证明对垄断势力的担忧是正当的，还是反映了成功创新带来的创造性破坏？创造性破坏的狂风会使垄断成为暂时现象吗？如果市场正在经历快速变化，合并和收购是否会提高未来价格或损害创新？

创造性破坏使预测市场结果复杂化，但并不会使反垄断执法变得无关紧要或多此一举。破坏性浪潮之间可能有很长的平静期。事实上，自2000年以来，包括许多高科技公司在内的标准普尔（S&P）500指数中的公司平均存续期一直在增加。[6] 尽管创新可以推翻企业巨头，但巨头自身也有强大的力量，如高进入壁垒和网络效应，这使高科技经济中的企业在几十年内可以免受竞争的不利影响。

许多高科技产业都有高进入壁垒

高壁垒保护了很多高科技企业免受新的竞争。进入此类产业通常需要大量的前期研发支出，且产品通常具有较低的边际成本。开发搜索引擎算法的固定成本很高，但多交付一个搜索结果的边际成本接近于零。庞大的前期成本和较低的边际成本（多供应一个单位的成本）相结合使新的正面竞争成为一种冒险行为。进入研发密集型产业的企业面临的风险是，若老牌企业对进入者做出积极回应，后者可能无法收回研发投资。因此，一两家企业通常掌控了许多高科技产品和服务的供应。新进入者若能出现，其提供的产品和服务通常并非复制现有的产品和服务。

知识产权保护也对众多高科技市场的新竞争构成壁垒。高科技产业的许多产品和服务受到专利、版权或专有技术的保护。新竞争者必须就现有企业控制的技术进行许可谈判，否则将承担成本，以发明不对现有企业的技术构成侵权的变通方案。计算机、信息技术和生物技术等技术领域的在位者控制着涉及产品或技术应用的成百上千项专利。如果新竞争者必须与许多不同的实体谈判以获得这些专利许可，且它自身并没有可以交易的知识产权，则这些"专利丛林"将给进入者制造难以克服的障碍。此外，企业还可以指控员工窃取专有技术，以阻止他们离开原公司去创办具有潜在竞争力的新企业。

传统的反垄断政策假定，当产品或服务的价格接近其边际生产成本时，社会福利将得到改善。[7] 反垄断政策，例如对卡特尔和合并的反垄断执法，通常致力于防止那些提高价格或阻止价格趋近于边际成本的行为。这与利用现有资源实现静态经济效率的目标一致。但是，在研发成本较高的市场中，接近边际成本的价格通常不可持续，因此不能提升这些市场的动态经济效率。

可持续价格必须涵盖企业的平均生产成本，但是如果企业承担了研发支出等较大的固定成本，则其平均成本通常超过其边际成本。促使价格接近边际成本的竞争政策可能会浇灭为现代经济技术引擎提供动力的研发和其他投资热情。许多高科技产业必须有高利润率才能生存。虽然这一要求不能证明反竞争行为具有合理性，但它意味着利润率可能是这些产业市场表现的误导性指标。

许多高科技产业具有巩固现有企业的网络效应

高科技经济中的许多支配型企业都受益于网络效应，因为网络效应增强了这些企业的市场支配地位。[8] 网络效应意味着产品对每个消费者的价值随着其消费者数量的增加而增加。网络效应可以直接发生，因为消费者希望就同一产品或服务与其他消费者互动；也可以间接发生，因为更多的消费者能够吸引更多互补产品的开发商，从而提升消费者体验。[9] 电话和社交网络表现出直接的网络效应。计算机和移动设备的操作系统表现出间接的网络效应，因为企业和消费者重视兼容应用程序的数量、质量和多样性。

在具有网络效应的市场中，某种产品或服务的成功取决于人们对未来可能采用和支持该产品或服务的企业及消费者数量的预期，以及该产品或服务的质量和价格。因此，网络效应可赋予一家消费者预期其未来会有很高销售额的企业以垄断权。这种市场偏向垄断供应商的现象，将导致具有网络效应的市场中的竞争表现为"为了争夺市场"而非"在市场中竞争"。企业可以通过大幅降价或者与能够带来间接网络利益的互补品供应商达成独家交易来赢得市场。

如果企业和消费者因为交易各方对其他人是否采用更先进的技术（产品或服务）没有把握而未能采用它们，就有可能导致具有网络效应的市场表现为过度惯性化。[10] 技术采用也可能表现出相反的情形，即摩擦不足。[11] 也就是说，采用新技术的公司和消费者可能会忽略其采用决策对现有技术的用户基础产生影响，从而使不兼容的用户陷入困境。

最好的技术未必能赢得具有网络效应的市场。过度惯性化和摩擦不足都可能妨碍对高效技术的采用，或者导致在技术互不兼容的情况下采用低效技术。[12] 兼容性允许不同的技术从网络效应中受益。如果新旧技术兼容，采用新技术不会束缚旧技术的用户，且对未来采用者数量的担忧也不会阻止企业和消费者采用新技术。但是，兼容性会增加成本，并通过阻止创新者成为独家供应商而削弱创新激励。

网络效应影响诸多高科技市场的发展，但它们的作用并非不受限制。网络效应可能在覆盖整个潜在市场之前达到峰值。如果网络中包含的一些成员（如电话网络中的垃圾邮件营销者）给参与者强加成本而非给他们带来利益，网络效应就可能变成负面的拥塞成本（congestion cost）。专业人士可能非常重视加入领英（LinkedIn）这样的网络，因为它拥有许多来自自身专业和相关专业的用户，但他们可能不太关心能否与非专业人士互动。相比于较小的新创企业，供应端规模收益的下降可能对大企业不利，并阻止具有强大网络效应的市场向垄断供应商倾斜。企业可向消费者提供差异化的产品，这可能导致一些消费者更喜欢某种产品，即使它的网络要小得多。

网络效应并不能保证一家支配型企业将持续存在或者竞争对手难以匹敌。尽管先前的每一项技术都拥有大量的消费者基础，但大多数音乐听众还是从唱片转向磁带，从磁带转向CD，从CD转向流媒体服务。脸书取代聚友网（MySpace），谷歌超越雅虎和搜索引擎阿尔塔维斯塔（AltaVista），苹果和安卓智能手机取代曾经占据支配地位的黑莓手机。虽然安装了大量与微软操作系统兼容的应用程序，苹果还是在个人计算领域取得成功。值得注意的是，这些转变体现了技术创新或显著的产品差异；成功的进入者并不是用较低的价格或适度的质量改进从在位者手中夺取市场份额。

具有网络效应的市场有一些显著特征，从而促使人们对具有这些特征的市场如何采取适当的反垄断政策有不同的看法。[13]一种观点认为，在具有网络效应的情况下，反垄断执法应该更加严厉，因为网络效应造成很高的进入壁垒并不断巩固现有企业的市场势力。网络效应放大了排他行为带来的危害，因为排他行为可能导致具有网络效应的市场趋向垄断。相反的观点认为，反垄断执法可能会使企业分割市场从而降低消费者福利，这将降低网络效应带来的最大可得收益[14]，或者因市场在任何情况下都会向支配型供应商倾斜，从而导致反垄断执法并非必要。

当具有网络效应的市场有一家支配型企业时，对市场分割的担忧就没有说服力；支配型企业的行为通常会引起反垄断审查。支配型企业采取的排他行为可能会阻碍有效竞争者的进入或者压制其竞争能力，从而损害消费者。因此，反垄断执法应更加关注具有网络效应的市场中支配型企业的排他行为，并为反竞争的排他行为设定一个低于实质性市场圈定的（foreclosure）门槛。

与掠夺性行为相关的反垄断法律的经济逻辑并非自然延伸至具有网络效应的市场。对网络型产业而言，对掠夺性行为的适当测试是一个独特的挑战，原因有二：一是测试的结果取决于消费者和企业对未来的技术采用决策的预期；二是企业经常使用低价或其他手段作为对技术采用的回报，并从网络效应中获益。因此，网络效应使反垄断机构处于一种尴尬的境地，它们只能对预期进行猜测，以使指控掠夺性行为的执法决定正当化。因此，对于运用反垄断执法工具解决网络型产业的掠夺性行为问题，需要进一步开展研究。就目前而言，最好的建议是反垄断执法者应谨慎处理此类指控。[15]

通常，反垄断执法者对具有强大网络效应的产业并没有使用不同的规则手册。正如第 8 章讨论的，上诉法院在美国政府诉微软一案中提出，"我们对此案的判决是基于学者和实务工作者对第 2 条的'旧经济'垄断理论在多大程度上适用于具有网络效应的动态技术市场中的企业竞争而展开的激烈辩论"。[16] 然而，除了第 8 章讨论的一些特例之外，上诉法院采用了与具有垄断势力的企业的排他行为相关的传统反垄断政策，而未制定新政策用以说明微软在具有网络效应的动态技术市场中运行的事实。

高科技经济中的很多企业是以不同的价格-成本差服务于人们的平台

不同于向消费者提供产品或服务的传统企业，平台向不同行为人组成的两方或多方提供产品或服务。平台并非新鲜事物，报纸、无线电视网络、拍卖行、电子游戏机和房地产经纪人均是平台的实例。作为高科技经济的一种商业模式，平台近来日益引人注目。2018 年 12 月 31 日，市值最高的 5 家美国上市公司中有 4 家是技术平台，依次为：Alphabet、亚马逊、苹果和微软。[17]

平台是"双边市场"更一般化的例子，让-查尔斯·罗歇和让·梯若尔在 2002 年引入"双边市场"这一术语。[18] 从某些方面看，这是一个使用不当的术语。每个市场至少都有两方：它需要有买方和卖方才能完成一笔交易。此外，"双边市场"通常不止有两方：谷歌的互联网搜索引擎为寻找信息的消费者、希望与消费者联系的广告商以及希望展示其产品并可能从广告收入中获益的网站发布者提供服务；苹果和微软则将计算机或智能手机用户与应用程序开发商和设备制造商联系起来。

平台与传统市场有诸多方面的不同，但只是程度上的不同，而不是具有清晰界线的不同。在平台上，至少有一方行为人可以利用另一方行为人的数量而获利。这就是"跨平台"网络效应。脸书的广告商注重其社交网络上参与者的数量。加入允许用餐者预订的OpenTable网站的餐厅，注重OpenTable的订户数量，而订户也重视使用该服务的餐厅数量。

另一个显著特征在于，平台管理者积极干预确定价格和服务的条款，以此激励平台各方参与。[19]这可能意味着其中一方的价格远远高于边际成本，而另一方的价格为零甚至为负（奖励或其他诱因）。在传统市场中，作为市场一方的企业从另一方即消费者那里受益，反之亦然，但它们是在没有第三方积极干预的情况下做出定价以及是否参与的决策。[20]

尽管高科技经济中几家最著名的企业是具有强大跨平台网络效应和积极管理的平台典范，但许多传统企业也表现出平台特征。例如，我们通常不会将实体零售店描述为平台。尽管如此，购物中心仍可被称为"平台"，因为它也有跨平台网络效应（也就是说，购物者关心商场中商店的数量、质量和种类，商店关心购物者的数量及其购物清单），购物中心经理可以补贴一个或多个主要租户，以吸引其他商店入驻。

平台市场的进入壁垒可能会很高。跨平台网络效应意味着一个成功的进入者必须在平台多方参与者中至少吸引其中的一方。如果一款新的操作系统没有一套有吸引力的应用程序，就不会引发计算机用户的兴趣，正如IBM（国际商业机器公司）在个人计算机操作系统市场上试图与微软展开竞争时发现的那样。微软也遭遇了类似的命运，使它未能成功进入智能手机市场。

以零价格或者极低价格服务于至少一方的平台对新竞争者提出

了额外挑战。一个新的搜索引擎无法通过提供更低的搜索价格（缺少付费消费者参与平台）来展开竞争，尽管它有可能提供相对较低的经质量调整后的价格，比如更好地保护用户数据。平台不同方的价格加成（markups）颠覆了识别反竞争行为的通常信号。搜索引擎不会仅因为允许消费者免费搜索而构成掠夺性定价，也不会仅因为向广告商收取的价格远高于在搜索引擎结果页面上投放广告的边际成本而构成滥用市场势力。

平台会放大排他行为的影响。例如，假设有一个平台服务于A和B两方，且另有一个在位者和一个潜在进入者。假设在位者和参与A方的行为人谈判排他性协议。这些协议排除了潜在进入平台参与A方，从而使该平台在A方的竞争更加困难。此外，考虑到跨平台网络效应，排他性协议使潜在进入平台对B方参与者的吸引力降低，因此该平台在B方的竞争也更加困难。

正如在网络效应背景下讨论的那样，排他性协议对消费者的损害取决于它们是由支配型企业还是由较小的竞争对手施加的。平台任何一方的排他性交易都可以让支配型企业妨碍竞争，但排他性交易也可让竞争对手站稳脚跟，挑战在位的支配型企业。美国直播电视集团（DIRECTV）与某些内容提供商（如NFL门票）的排他性合同可能会使卫星电视服务成为有线电视的一个有吸引力的替代品，从而增强竞争。

类似地，广泛禁止排他性安排可以增强平台的支配地位。产品必须彼此互操作的要求在某些方面类似于禁止性安排，因为其中的产品仅限于一部分客户。有学者发现，电子游戏之间的兼容性将使支配型电子游戏平台从为其他平台开发的游戏中获益，并加强自身的支配地位。在他的分析中，因每一款游戏均单独使用一个主机，故先前购买多个主机玩多款游戏的消费者，在所有游戏和主机都兼容之时，将转向购买支配型平台的产品。[21]

平台的排他性安排可能会引发相反的竞争效应，这取决于该平台的市场势力和受影响市场的技术特征。总的来说，平台市场中支配型企业的排他行为有可能对竞争和消费者福利造成潜在重大损害，但某些形式的排他性协议可以促进来自较小竞争对手的竞争。此外，禁止排他性协议并不一定会促进平台市场的竞争或增进消费者福利。

平台市场的一些特征值得反垄断分析特别关注，但通常未必需要不同的分析方法。美国政府诉微软案和欧盟调查微软的诉状都没有将个人计算机操作系统确定为平台，可能因为该术语尚未进入反垄断词汇。不过，这些诉状承认应用程序是保护微软垄断地位的进入壁垒。在这些情况下，对平台经济学的特别关注不太可能支持不同的执法结果。

相反，美国最高法院在俄亥俄州诉美国运通案中，指出原告的错误在于未能充分考虑信用卡交易市场的双边性。[22] 支付网络显然是双边市场，因为交易需要属于网络成员的消费者和接受网络支付的商户。最高法院的判决意见引发人们担忧平台市场反垄断政策可能发生根本性转变，这将对反垄断的原告产生严重影响。[23] 许多企业符合对双边平台的描述，而双边行为分析的复杂性可能成为反垄断执法的现实障碍。最高法院的判决意见是否意味着每一起可能涉及一个平台的反垄断案件都需要进行双边分析？

美国运通案也对运通公司一些规则的竞争影响做出了裁决，这些规则禁止商家在消费者用美国运通卡支付时，引导消费者使用其他信用卡。这些规则阻止与运通公司竞争的信用卡网络向商户提供

第 2 章　高科技经济的竞争政策是否应有不同？　　25

更低的交易费用等优惠条件来增加其网络上的交易。它们还阻止竞争对手提供其他激励措施以促进其信用卡的使用，这些规则也向持卡人提供有吸引力的回报以奖励持卡人使用其信用卡，这也推动了信用卡发行商之间的竞争。如果持卡人刷卡可以产生大额的商户手续费，发卡机构将有动力奖励使用其信用卡的持卡人。[24]

对反垄断分析来说，将市场定义为单边还是双边并不是一个重要的问题，如何更好地衡量行为对竞争和产出的影响才是重要问题。在某些情况下，双边分析有助于权衡可能发生在平台各方的竞争，但这些权衡并非全属必要。[25]如果双边分析充分考虑到一方与另一方的相互作用，包括跨平台网络效应，且这些相互作用非常显著，则关注平台一方的竞争效应不失妥当。在美国运通案中，核心问题并非分析是否必须是双边的，而是双边或单边分析是否能够更充分地说明运通的商户规则与消费者通过支付网络进行交易的激励之间的相互作用。

另一个涉及双边市场的反垄断案例是第9章讨论的谷歌购物案。美国联邦贸易委员会和欧盟委员会调查了谷歌在其比较购物服务搜索结果方面的做法。这些机构都知道谷歌运营的是一个双边平台，但这两个机构都没有定义双边价格。美国联邦贸易委员会指控谷歌对其搜索结果的偏袒处理对竞争不利。欧盟委员会认为谷歌的这种行为是反竞争的。欧盟委员会考虑了搜索结果与搜索广告市场之间的相互作用，虽然这一相互作用在其结论中并不起决定性作用。

信息是高科技经济的关键

高科技经济既是信息的消费者也是其生产者。当信息被分享时，社会将受益，但分享会降低信息的私人价值，弱化创造知识的激励。与大多数传统商品不同，信息是一种可供多人消费的非竞争性商品。如果有人吃了一个橘子，其他人则无法食之。但是如果有人想出一个更好的制造捕鼠器的办法，其他人也可使用此办法。信息的非竞争性特征造成了政策困境。当信息可以自由获取时最有价值，但为了使企业从首创信息中获利，对信息复制进行限制通常是必要的。

反垄断法与知识产权法相互作用，为经济中的创新提供激励。两者皆非完美且彼此关系紧张。反垄断法促进了竞争，反对排他行为，而知识产权法赋予知识产权的所有者排除竞争的权利。人们常说，这两种法律相辅相成，知识产权为创新提供激励，使消费者从中受益。这一观点虽然在某些方面正确，但知识产权也可导致其所有者提高价格，并施加成本于依据现有知识创造以及改进产品或服务的创新者。

最佳的知识产权保护设计超出本书范围，但反垄断执法会影响知识产权的权利行使。知识产权保护并不是对排除竞争的行为授予反垄断执法的豁免权。反垄断机构有时会将知识产权许可协议作为高科技企业发起合并交易的条件。这些机构也会致力于矫正垄断，要求支配型企业提供其知识产权许可，包括要求这些企业提供互操作产品的许可。

谷歌和脸书等高科技公司从庞大的数据宝库中获益，这些数据宝库使它们能够更好地瞄准付费广告商的潜在消费者。数据，有人称之为数字经济的原材料[26]，是一种非竞争性商品。若不共享，数据可能因其高复制成本而构成进入壁垒。尽管数据作为知识产权受到保护，竞争政策仍可消除数据的进入壁垒，例如要求在位企业向竞争对手提供其数据，或者向人们让渡其数据的所有权。

数据尚未引发独特的反垄断议题。尽管一些非常大的数据库是重要的价值来源和潜在的竞争壁垒[27]，相对较小的数据库也会引发反垄断问题，且大数据库并不一定排除竞争。[28] 美国司法部要求汤森公司（Thomson）出售三个金融数据库的副本，许可相关知识产权，并提供人员和产品支持，作为允许该公司与路透社合并的先决条件。[29] 美国司法部的结论是，这两家公司是为数不多的提供财务基本面数据、收益估计数据和售后市场研究报告的公司，司法部还声称若不进行资产剥离，合并可能会导致这些产品的价格上涨和创新减少。[30]

美国联邦贸易委员会在分析尼尔森控股公司（Nielson Holdings）和阿比创（Arbitron）合并案时，提出的竞争问题与媒体受众数据相关。欧盟委员会声称，两家公司在发展全国性联合跨平台受众测算服务（即为不同媒体平台提供受众规模的综合测算）方面处于独特地位，并要求阿比创剥离其跨平台受众测算业务，包括其代表性面板数据，以此作为批准合并的条件。[31]

汤森-路透和尼尔森-阿比创合并案并未引发新的反垄断问题，因为这些数据库与相关产品紧密相连，反垄断机构应用传统的分析工具来分析反竞争效应。欧盟委员会在调查微软收购专业社交网站领英时，探讨了更一般的"大数据"问题。它考虑了微软和领英控制的大数据库合并是否会使合并后的公司增强其在相关市场的市场势力，或增加进入壁垒。欧盟委员会发现这些更普遍的担忧并没有什么理由；不过，微软承诺促进领英与其他专业网络的互操作性，欧盟委员会接受了这一承诺。[32]

互补性、互操作性和技术标准要求用不同的方法评估竞争

许多高科技产业支撑着一个由提供互补产品的企业组成的生态系统。[33] 应用程序运行在计算机和智能手机的操作系统上。专用集成电路提供了支持微处理器的功能。互补产品或服务的供应商之间的竞争不同于为消费者或企业提供替代产品或服务的供应商之间的竞争。

当产品 A 和 B 是替代品时，A 的较低价格可以增加其需求量，降低 B 的需求量。如果一家企业只销售产品 A（或 B）并降低其价格，它不会考虑替代品 B（反之，则 A）的需求量减少，它通常乐于以牺牲竞争对手为代价而获益。（同时）销售这两种产品的公司会将这种需求替代内部化，并为 A 和 B 设定比单独销售 A 或 B 时更高的价格。此即为什么企业销售替代产品时，合并和合作定价会让反垄断执法者警惕。

竞争降低了替代产品的价格，但独立的价格设定能够提高互补产品的价格。后者就是"古诺互补效应"，以 19 世纪杰出的法国经济学家奥古斯丁·古诺命名。[34] 古诺互补效应也适用于创新激励。仅供应产品 A 的企业不会考虑增加互补产品 B 的需求的积极影响，而 A 和 B 的一体化供应商会将这种交叉的产品效应内部化。[35]

在许多高科技产业中，销售互补产品的企业之间的竞争若能带来益处就需要这些产品具备互操作性。互操作性反过来需要技术标准，这些标准可来自正式的标准制定委员会的协调或来自市场力量的推动。各标准制定委员会制定了一代又一代的移动通信标准，而市场力量支持英特尔公司开发个人计算机微处理器的 x86 架构标准。

互操作性以及对技术标准的需求引发了很多潜在的反垄断问题。支配型企业可能故意制造互操作性障碍以阻止竞争对手。IBM被指控策略性地操纵将外围设备连接到其主机的互操作性标准。微软被指控通过修改 Java 编程语言以阻止该语言支持独立于平台的应用程序。互操作性问题不限于计算机、互联网和信息技术行业。制药公司被指控对接近专利保护期的药品进行微小改动以申请专利,从而防止仿制药的竞争。专利药与仿制药之间的等效性也是一种形式的互操作性。

正式的标准制定仅因其涉及实际或潜在竞争者之间的合作,通常会引发反垄断关注。现有企业可能同意支持某些标准,以阻止来自新技术的竞争。而支配型企业可能试图在标准制定委员会中拉票,以使之采用对其有利的标准。其他问题关涉标准和知识产权之间的相互作用,因为采用的标准可能导致涵盖标准化技术的专利具有相当大的市场影响力。正式的标准制定组织及其参与者若未能采取行动限制所谓标准必要专利(standard-essential patent)的势力,可能会助长垄断。反之,也成问题。正式标准制定组织及其参与者可能会被批评为压制专利所有者获得其知识产权的经济回报的能力,以此行使买方市场势力("垄断权")。

互操作性允许竞争性供应商从整个行业的网络效应中获利,且反垄断机构利用其影响力促进其希望达到的产业兼容性。第 8 章讨论了微软为解决反垄断指控做出的承诺中包含的互操作性条件。美国司法部反垄断局和欧盟委员会决定不起诉思科(Cisco)对坦贝格(Tandberg)的收购,并以双方都承诺支持开放的行业标准为条件。[36] 思科与坦贝格的合并融合了两个领先的"远程呈现"供应商,"远程呈现"是一种高清视频会议。思科同意剥离其"远程呈现"

互操作协议（TIP）的所有权，转让给一个独立的行业机构，并授权该行业机构向任何相关方免费许可执行 TIP 所需的权利。[37]

美国联邦贸易委员会诉称，英特尔公司通过阻碍英特尔最新的微处理器与竞争者的图形处理单元（GPUs）之间的互操作性来遏制竞争。[38] 美国联邦贸易委员会发布了一项命令，使该案达成和解，该命令禁止英特尔进行任何会降低竞争对手的 GPU 性能而不会为英特尔带来实际技术利益的工程或设计更改。[39]

支持开放标准或以其他方式支持互操作性要求，通常具有经济合理性。拥有庞大用户群的企业可能偏向于反对互操作性，因为网络效应赋予它们相对于其竞争对手的战略优势，从而获得不成比例的巨大利益。但是，支持与开放标准兼容的义务并非在所有情况下都是最佳方式。拥有不兼容产品的企业奋力赢得市场认可时，被选择的标准可能并非最好的技术，而兼容性可能会减少竞争。此外，兼容性可能会降低企业的创新激励，因为创新带来的一部分收益将由提供兼容产品的竞争对手获得。

很多高科技企业以较低成本融入新市场并排除竞争

高科技经济中的很多企业在扩大其产品和服务组合方面，面临相对较低的门槛，因为它们具有驾驭众多产品和服务的能力（所谓的"范围经济"），这使它们能以较低的增量成本生产和分销新产品和新服务。[40]

假定通用汽车打算进入拖拉机销售业务。它需要投资于拖拉机生产设备，并且需要有分销网络销售拖拉机。若拖拉机未能被成功销售，通用汽车就需要付出沉重代价，在资产负债表上进行销账。我们可以对比通用汽车进入拖拉机业务的计划与第 8 章中讨论的微软在 Windows 95 操作系统中提供网络浏览器功能，随后在 Windows 98 中集成网络浏览器代码的决策进行比较。虽然微软斥巨资开发其 IE 网络浏览器，但它向消费者交付 IE 网络浏览器相对容易，即使在下载成为一种流行的分销方式之前也是如此。将 IE 网络浏览器包含在光盘上的成本可以忽略不计，即使消费者不使用 IE 网络浏览器，也不会给微软带来额外成本。另一个例子是谷歌提供的比较购物服务。购物服务可以利用很多相同的算法和硬件作为通用的网络搜索引擎。此种服务一旦被开发出来，并利用谷歌搜索结果分销，其产生的增量成本也微乎其微。

当一家支配型企业向新的市场或相关市场扩张时，消费者可能会受益。但竞争者可能会将此种扩张谴责为反竞争的垄断势力扩张。区分反竞争和支持竞争的扩张，是反垄断执法者面临的关键挑战。第 9 章描述了美国联邦贸易委员会和欧盟委员会对谷歌在其搜索结果中加入比较购物服务的扩张行为做出的不同回应。比较购物案表明执法者在如何应对复杂问题上还没有达成一致意见。

高科技经济引发的其他问题，例如隐私保护，因不属于传统竞争政策的范围，本书不予分析。不过，若认为这些问题和反垄断执法无关，也是错误的。除了价格，企业也在其他方面展开竞争。隐私保护是非价格维度的，而与产品质量接近。例如，脸书承诺保护用户数据隐私但随后打破承诺以获得更多的广告收入，借此增强其在社交网络的支配地位。[41] 这种承诺使脸书基于非竞争优势增强或维持其在社交网络的支配地位，故有垄断之嫌。

此外，还有一些问题属于监管范畴，比如个人数据权，如果使消费者更容易选择替代供应商就可以加强竞争，此情形非常类似于数字便携设备在蜂窝网络之间的切换。一个更具争议的要求是在规定条款中强制企业与他人分享数据。欧盟近期颁布的《通用数据保护条例》规定，在欧洲运营的企业有义务保护个人数据，并让顾客对其数据的使用拥有更大的控制权。设计此类监管应慎重为之。因为它们有可能产生小规模竞争对手难以承受的合规成本；此外，倘若消费者选择不分享数据，这些监管可能会给进入数据密集型市场的新参与者制造额外的壁垒，从而带来始料未及的不利于竞争的后果。

3. 高科技经济需要更积极的反垄断执法吗?

过去数十年，创新使计算能力、通信和连接方面取得了惊人的进步。然而，诸多迹象表明高科技经济缺乏创新活力，美国劳动者并没能广泛分享技术进步带来的收益。高科技经济中的几家企业的投资温和增长，却获得了高回报。[42] 盈利能力的提高与工人在产出中所占份额的下降相伴而生，加剧了不平等。[43]

反垄断执法应该采取更积极的措施以应对美国经济中市场势力的增强吗？潮水般的意见呼唤更积极的反垄断执法，包括拆解巨头、改变反垄断标准以支持此类诉讼。[44] 雄心勃勃的政客以一个多世纪以来我们从未见过的热情呼吁反垄断执法。[45] 对创新的关注可以激励反垄断执法，但不应放弃"大未必就坏"的基本信条。当企业开发新产品或采用更有效的生产和分销方法扰动市场时，消费者就会受益。

不过，消费者可从反垄断执法转向关注创新的改变中获益。这些改变包括，在网络效应强化企业支配地位的计算机操作系统市场中，采用比实质性市场圈定标准更低的反竞争性排他行为标准。反垄断政策应更加警觉，以防止支配型企业收购那些可能挑战其地位的竞争对手。

企业合并方面的执法是反垄断机构最常使用的影响产业发展的政策杠杆，有证据表明，近年来，反垄断机构容忍了太多的合并。[46]本书的一个主题是，反垄断执法应关注消除潜在竞争的行为，特别是让潜在创新者销声匿迹的收购。新企业的创立呈减少趋势。自2000年以来，最近的首次公开发行（IPO）比1980—2000年下降了一半以上。[47]上市公司的数量亦伴随IPO数量的减少而减少。2017年，威尔希尔5000（Wilshire 5000）股票市场指数仅包含3 816只股票。[48]该指数原本包含5 000家最大的上市公司。与其他经济指标一样，此趋势有许多解释，其中包括增强对上市公司的金融监管和私人资本的可得性。但有一种解释是，合并政策允许支配型企业收购数百家原本可能作为新公司公开发行股票的初创企业。

风险资本家描述了一个围绕大型科技公司的"杀戮区"。他们声称，科技巨头在初创企业形成竞争威胁之前就进行了收购，或者复制和打压那些试图竞争的公司，因此风险资本家不愿意资助那些意图在与大型科技公司的核心竞争力相重叠的应用领域中竞争的初创企业。在Snap公司拒绝了脸书收购其多媒体信息应用程序Snapchat的尝试后，脸书复制了Snapchat的很多功能。[49]亚马逊在投资初创企业Nucleus后，推出与Nucleus产品类似的家庭对讲系统和视频会议工具。[50]

科技企业可以发现处于幼年期的竞争对手，并且拥有复杂的工具以识别前景看好的企业。[51]2001年至2017年，谷歌及其母公司Alphabet发起了200多次收购。[52]其中包括收购安卓操作系统、YouTube（视频网站）、摩托罗拉移动智能手机及相关知识产权[53]、扎加特餐厅评论、Quickoffice 效率套件、导航应用瓦兹（Waze）、移动支付公司 Zetawire、图像组织者 Picasa、家庭互联网连接设备的嵌套、ITA 软件（该公司为许多航空公司和旅游网站提供航班信息），还有几家人工智能公司，包括深度思考（Deep Mind）、深蓝实验室（Dark Blue Labs）、哈利实验室（Halli Labs）和卡格尔（Kaggle）。

谷歌是搜索广告的主要供应商。收购可以帮助谷歌在互联网和移动网络广告服务技术上取得领先地位。它们包括：广告服务中介 DoubleClick，谷歌于 2007 年将其收购；AdMob，移动平台上广告网络的领先者，2010 年被收购；Invite Media 负责广告存货的采购，亦于 2010 年被收购；广告存货经理商 AdMeld，于 2011 年被收购。[54]

2005 年至 2017 年，脸书发起了 60 多次收购。其中包括社交网站联友（ConnectU）、社交网络聚合平台 FriendFeed、用于群聊服务（group message）的白鲸（Beluga）、虚拟现实技术 Oculus、广告服务器 LiveRail、照片分享网站照片墙（Instagram）、移动即时通信服务 WhatsApp，以及社交投票应用程序 tbh（即说实话，to be honest），该应用程序允许用户创建调查表并匿名发送给朋友。当脸书于 2014 年用 190 亿美元收购 WhatsApp 时，后者已有超过 4 亿的活跃用户。当脸书在 2017 年收购 tbh 时，该应用程序的下载量超过 500 万，活跃用户超过 250 万，尽管它只上市了几个月。虽然起初很受欢迎，但脸书在收购成功后不久即关闭了 tbh，它解释说这是因为该应用程序的使用率很低。[55]

其他科技巨头加强了对其市场的控制，并通过大量收购来开拓新市场。从公司上市至 2017 年，苹果发起了 90 多次收购。最近的收购包括：一家云服务公司、用于音乐和图像识别的 Shazzam，还有一些专门从事人工智能的初创企业，包括用于人脸识别的 Real-Face 和用于数据挖掘的 Lattice。就其自身而言，微软已经发起了数百次收购，包括视频会议服务 Skype、电信和消费品公司诺基亚（Nokia），以及开放源软件开发平台 GitHub。

亚马逊也是收购游戏的积极参与者。亚马逊的收购名单很长，包括德国和英国的在线书店、互联网电影数据库 IMDb、在线音乐零售商 CDNow、在线软件零售商 Egghead、在线鞋类和服装零售商 Zappos、Quidsi（一家涵盖消费品网站的公司，如 diapers.com 和 soap.com）[56]，还有杂货连锁店全食（Whole Foods）。

在其历史上的大部分时间中，半导体芯片巨头英特尔与其他新巨头相比，发起的收购较少，但它也于近期踏入收购浪潮。人工智能的发展催生了新一代芯片制造商，其设计重视以应用为中心的性能。2016 年，英特尔收购了人工智能专用芯片的新进入者 Nervana Systems。英特尔还收购了高级驾驶辅助系统开发商 Mobileye，可能作为其人工智能领域的补充。[57]

其中的几起收购巩固了企业巨头的支配地位，它们可能产生的未来影响在反垄断审查时更应受到重视。谷歌收购 ITA 软件以提升自身的航班服务，但此次收购也可能阻碍来自 Expedia 或 Kayak 等其他旅游网站的竞争。此外，这次收购使 ITA 软件从属于谷歌及其母公司 Alphabet，可能削弱了 ITA 作为一家服务于整个在线旅游业的独立企业改进产品的激励。

美国和欧盟当局对脸书收购 WhatsApp 和照片墙进行审查，但没有提出疑问。欧盟委员会指出，WhatsApp 和脸书只是众多信息服务商中的两个，WhatsApp 并未在在线广告上与脸书竞争。[58] 美国和欧盟当局应该更加留心 WhatsApp 可能成为社交网络的竞争者，就像在中国提供多重信息服务的微信（尽管受到官方审查）。实际上，脸书为收购 WhatsApp 支付了 190 亿美元，尽管当时该应用程序在美国的使用率很低，但其扰动市场的潜力已经显现。

2012 年，脸书以 10 亿美元左右的现金和股票收购照片墙时，照片墙只有 13 名员工，没有广告收入。英国公平贸易办公室审查此次收购后得出结论，照片墙是照片应用程序领域的众多竞争者之一，无论是作为潜在的社交网络还是作为广告空间提供商，照片墙均非唯一能与脸书竞争的对手。[59] 这一预测未能估计照片墙作为社交网络和广告平台的潜力。到 2018 年，照片墙创造了约 70 亿美元的广告收入，这已成为脸书收入增长的主要来源。[60] 正如脸书收购 WhatsApp 一样，反垄断执法者又一次忽视了新兴服务有可能扰动发起收购企业所在市场的潜力。

2010 年谷歌收购移动广告公司 AdMob，这个案例再次表明反垄断执法机构未能阻止那些最终增强数字经济中处于支配地位的合并。移动应用程序开发商和出版商依靠移动广告网络来销售它们自身无法有效销售的广告空间。当美国联邦贸易委员会在 2009 年末对拟议的收购进行调查时，AdMob 和谷歌是领先的移动广告网络。在得知苹果公司即将使用自身的移动广告网络 iAd 进入市场前，美国联邦贸易委员会一直准备阻止谷歌的此次交易。联邦贸易委员会得出结论，作为处于支配地位的移动平台所有者，苹果在与谷歌和 AdMob 的竞争中处境独特。故联邦贸易委员会改变了方针，允许谷歌收购 AdMob。[61]

也许美国联邦贸易委员会应追随其先前的直觉。根据 eMarketer 统计，2014 年，谷歌在美国的移动广告收入中所占份额约为 37%，而苹果的份额不到 3%。[62] 2019 年，咨询服务机构莫博（Mobbo）报告称，谷歌的 AdMob 在安卓手机上提供约 83%的广告，在苹果 iOS 手机上提供约 78%的广告。[63] 这些数字不足以充分认定谷歌收购 Ad-Mob 损害了移动广告中本应发生的竞争，这还需要深入分析移动广告业的竞争状况，而不仅仅是简单地看市场份额。相反，这些数字表明预测未来竞争是有风险的，反垄断执法者应该意识到允许有害收购发生而犯错误的风险，以及执法过度的风险。

美国反垄断机构阻止了高科技经济部门的一些收购以及有条件地批准了另一些收购，但大多数对小公司的收购都未受质疑。反垄断机构很可能忽略了一些重要的收购，此类收购一旦整合到公司结构中就很难解除。《哈特-斯科特-罗迪诺法案》（HSR）要求，如果收入超过设定值，各方应将拟议合并告知反垄断机构。这对收购那些收入很少或没有收入的初创企业无甚影响。此外，主要技术平台的许多收购不是针对企业，而是针对那些拥有对新应用至关重要技能的人（所谓的"人才并购"）。

收购，即使规模较小，也有可能是消除竞争和创新的重要来源。一项关于医药业收购影响的实证研究（合适的称呼为"扼杀性收购"）发现，当被收购项目与收购发起企业研发渠道中的项目类似时，后者更有可能终止那些从其他企业收购而非自己发起的药物研究项目。[64]

不过，断然禁止支配型企业收购那些有相同或相关业务的初创企业并非明智之举。阻止收购潜在竞争对手的风险在于，如果没有收购伙伴，被收购公司可能永远不会发展成一个重要的竞争对手，也可能不会对经济做出显著贡献。支配型企业拥有可为新技术注入活力的资产和能力，而利润颇丰的收购承诺是对初创企业创新的重大激励。尽管一些创业者有能力创建独立的上市公司，但其他许多初创企业的目标主要是发展一种能够吸引现有企业兴趣的特定能力。对于这些初创企业而言，成为独立企业并不一定是确保其创新型技术商业化的最佳方式。

消费者是从收购中获利，还是收购只巩固了现有支配型企业的市场势力，是反垄断执法中的重要问题。照片墙和 YouTube 从收购它们的平台的市场势力中获益，但若它们仍作为独立企业或者与其他互联网实体结盟，本可为广告商和互联网用户提供更多的选择。第 5 章和第 7 章将更详细地探讨与潜在竞争者的并购相关的创新问题。

4. 将反垄断法适用于创新的相关议题

应对创新问题，反垄断法无须改弦易辙。[65] 由国会建立的反垄断现代化委员会旨在考虑反垄断法是否足以应对全球高科技经济中的消费者福利问题[66]，它得出的结论是："没有必要改变反垄断法，对以创新、知识产权和技术变革为核心特征的产业适用不同的规则。"[67]

尽管反垄断法具有广泛的灵活性，但法院适用这些法律的方式，阻碍了反垄断执法施行动态竞争的理念。法院为评估反垄断指控而开发的工具，如市场界定，侧重于现有市场的价格效应。这一政策演变给反垄断执法带来值得肯定的分析上的严谨性。但是，以价格为中心的现代反垄断执法的分析重点也为评估创新受损的指控设置了障碍。在美国或欧洲，没有任何法院就仅涉及创新的反垄断案件做出终审判决。本节讨论就创新效应提起诉讼面临的一些障碍。虽然在对影响创新的单一企业行为的执法方面也存在类似的障碍，但此处的重点是合并。

反垄断中的市场界定

《克莱顿法案》第 7 条禁止合并，如果"在任何商业领域或在影响美国任何地区商业的任何活动中，此类收购的影响可能会大大减少竞争，或者倾向于制造垄断"。[68]1956 年，美国最高法院认定，"在任何商业领域或在影响美国任何地区商业的任何活动中"意味着竞争效应必须发生在"相关市场"。在美国政府诉杜邦案中，法院表示[69]：

> 确定相关市场是认定违反《克莱顿法案》的必要前提，因为受到威胁的垄断必须是"在有效竞争领域内"实质性地减少了竞争。而实质性只能根据受影响的市场来确定。

严格解释《克莱顿法案》中的相关市场要求，对评估可能影响创新或未来市场竞争的合并，可谓致命。除非协议约定，否则研发不能在市场上买卖，但这并不是说合并不会削弱投资于研发新产品或改良型产品的激励，从而损害创新。若两家企业都是成功的创新者，则致力于开发类似新产品的企业的合并可能会给未来的价格竞争带来不利影响。法院可能不会考虑这种未来的价格效应，因为它们发生在边界本身就不确定的市场中。但是，拒绝考虑这些未来价格效应的可能性无异于完全忽略这些效应。

关于合并和未来竞争的判例有限，已有的先例对分析创新竞争并无帮助。在 SCM 公司诉施乐（Xerox）公司一案中，某地区法院审理了一起诉讼，该诉讼指控施乐公司采取多种行为，包括收购专利，将 SCM 排除在普通纸和铜版纸复印机市场之外。[70]

虽已注意到专利收购不在《克莱顿法案》第 7 条的豁免之列，但法官的结论是："不能根据第 7 条对相关产品市场存在之前发起的专利收购来预测追溯性金钱损害的赔偿责任……事实上，是否可以根据第 7 条对仅在相关产品市场存在之前的资产收购确定赔偿责任，存在相当大的疑问。"[71]

上诉法院认可了此判决，并认为"现有市场提供了一个框架，据此可衡量对竞争产生不利影响的可能性和程度"。[72] 最近，一家地区法院驳回了针对某一研发市场的起诉，因为没有确定一个或多个由合理的可替代商品组成的产品市场。[73] 上诉法院维持了这一判决。[74]

幸运的是，反垄断执法机构没有遵循 SCM 诉施乐案及后续案件中的判决意见。第 7 章论述了几起拟议合并案，在有的合并案中反垄断机构指控合并导致的反竞争效应针对目前尚未存在的市场，在另外的合并案中，证明相关市场范围的证据不足以用来明确界定相关市场。但若诉至法院，这些指控能否成立，还有待观察。

一个相关的问题是，高科技市场的创新速度是否会使市场边界变得如此流动不居，以至于注重相关市场竞争效应的传统反垄断分析变得猜测性过强，因而无法做出合理的执法决策。尽管在某些情况下，潜在的破坏性变化可能会缓解人们对反竞争行为的担忧，但未来市场不同于现在的可能性并不能防止当前的反竞争损害，也不能防止这些损害产生持久的影响。

《克莱顿法案》第 7 条旨在从一开始就减少合并的反竞争后果。它要解决的是未来可能发生但无法明确预测的反竞争效应。将该法案的适用范围限制在现有市场中发生的竞争效应是不必要的，而且有违该法案的宗旨。

潜在竞争

假定一家制药企业收购了一家正在开发某种药品的企业。被收购方若开发成功，它将与收购方生产的药品形成竞争。本次收购可能会在收购方目前占据的市场中消灭一个独立的竞争者。当竞争不确定时，法院为证明潜在竞争带来的反垄断损害设置了很高的标准[75]，但这一政策并不适用于一个潜在竞争者是潜在创新者的合并。如果收购首先不是创新的重要驱动因素，并且没有效率收益，那么在被收购企业成功创新的情况下，收购将消灭一个重要的竞争者，即使创新成功的概率很低，也应该阻止该收购。

第 5 章将更加详细地讨论这些问题。在某些情况下，被一家现有企业收购是最有力的创新激励，也是新产品商业化的最佳方式。禁止现有企业收购可能会阻止产品商业化，从而限制创新。在另一些情况下，应阻止现有企业收购潜在的创新者，因为这有可能消灭一个重要的独立竞争者，而没有任何补偿性的收益。如果有其他实际或潜在竞争对手作为可能的收购方，那么能够对收购的潜在创新激励与压制独立竞争造成的损害进行权衡的竞争政策，将允许反垄断执法机构和法院阻止收购。

效率和占有性

合并和其他安排为创新带来的收益可能不同于反垄断机构会承认（虽不情愿[76]）的收益类型，并抵消可能的反竞争效应。例如，反垄断机构可能更重视节约可变生产成本而非固定成本，因为前者更可能以更低价格的形式转移给消费者。反垄断机构可能不会采信研发成本节约的主张，因为这是固定成本，而且反垄断机构认为这一主张是一种不可接受的推测，因为消费者从研发成本节约中获得的任何收益都发生在相当久远的未来，或者永远不会发生。然而，正如反垄断机构不应当仅仅因为无法确凿地证明创新问题而忽视这些问题一样，他们也不应该采用不合理的举证标准来确认研发成本节约和相关效率，包括允许创新者从其研发工作中占有更大价值的行为或从合并交易中获益。

合并或其他安排有可能（如果不是较大可能的话）促进创新，同时也可能提高价格。如果法院遵循其历史惯例，就不太可能在研发效率和创新收益与更高价格之间进行权衡，即使创新收益可以合理地补偿更高价格带来的消费者成本。[77] 法院应重新考虑这一传统方法，为评估合并和其他行为带来的创新收益提供一个公平的竞争环境。

证据要求

反垄断执法已经超越基于市场份额的结构性假设，而更加依赖对竞争效应的定量分析，尤其在涉及合并的时候。对精确的实证分析的要求值得赞赏，但对那些声称创新受到损害的原告或者声称有利于创新的被告而言，这也是一个障碍，因为构建实证检验以分离出交易对创新的影响并不容易。

缺乏精确性不应妨碍法院或者反垄断机构在执法决策有合理依据时考虑创新效应。原告负有证明其指控的责任，而要求当事人对不太可能造成伤害的行为承担责任的社会成本也会很高。但仅仅因为难以确凿地预测影响，就为了创新而放弃对合并的反垄断执法是不明智的。对可能损害创新的合并不加质疑的执法决策也是错误的，并可能导致高昂的社会成本。

缺乏分析工具、公司文件和行业证词（industry testimony）可能会动摇执法决策。在 X 公司和 Y 公司的合并中，可能包含诸如"我们（X 公司）需要不断创新以跟上 Y 公司"的陈述。但是，公司可以控制其高管的发言内容，而行业证词可能是自利的。一个更优选择是一套理论和经验验证，法院可以借助它们来预测所谓的创新效应。

创新和未来价格效应的结构性假设应通过相关产业的实证研究加以证实，实证研究衡量了某一产业过去的合并活动对创新结果的影响。反之，实证研究也应得到可靠的理论分析的支持。本书旨在为理论和实证研究收集可靠的参考资料，用以证明平衡了创新以及新产品和新服务竞争中执法过度和执法不足风险的反垄断政策，有其合理性。

第 3 章　竞争和创新基础：阿罗与熊彼特之争

　　我们不得不接受（大型老牌机构或控制中心）已成为（经济）进步尤其是总产出长期增长的最强有力的引擎……因此，竞争非但不可能，而且是次优的，更无资格被树立为理想的效率典范。认为大企业的运营应像各个产业在完全竞争环境中的表现那样，并以此作为政府产业监管理论的基本原则是错误的。

　　——约瑟夫·熊彼特，《资本主义、社会主义与民主》（1942）

　　垄断环境下对发明的激励较之于竞争环境下更弱，而即使在竞争环境下对发明的激励仍低于社会预期。

　　——肯尼斯·阿罗，《经济福利与发明资源的分配》（1962）

1. 引言

本章描述了有关竞争与创新关系的两个基本经济命题。第 2 节描述了约瑟夫·熊彼特的观点，即不完全竞争市场允许企业从创新中获取更多价值，从而促进创新。[1] 第 3 节描述了肯尼斯·阿罗于 20 年后发展出来的一种理论[2]，即一个免于竞争且拥有垄断势力的企业，其创新激励将弱于竞争行业中的企业。如果一项创新可能会带来损失现有利润的风险，垄断者的现有利润就会阻碍研发。处于激烈竞争行业中的企业没有相应的创新机会成本。阿罗的理论支持约翰·希克斯（John Hicks）爵士的陈述："垄断利润的最大好处就是平静的生活。"[3] 根据这一理论，一个能够不受竞争影响的企业，既无必要也无激励去努力创造或改进产品。创新导致的现有利润损失通常被称为"阿罗替代效应"，它是本书反复提到的一种基本力量。

第 3 节解释了阿罗模型的假设如何限制了其一般性。阿罗没有考虑第 2 节讨论的有限占有创新价值的影响。此外，他也没有考虑垄断者通过排挤竞争对手来保护其利润的创新激励。而且，他只研究了降低成本的创新。与降低现有产品生产成本的激励相比，竞争对开发新产品的激励可能有不同意义。

阿罗和熊彼特均未探讨创新激励、创新的生产（production of innovations）以及市场竞争状态之间的动态相互作用。第 4 章讨论了这些动态相互作用，以及与单纯的利润最大化不同的组织理论。我也注意到，竞争减少对创新激励的影响一般不同于合并对创新激励的影响。合并将两个先前独立的实体及其合并前的研发财产置于集中控制之下。若在研发中不存在合并专有的经济（merger-specific economy）或规模和范围不经济，则一次合并不会改变某个产业的研发投资能力。相反，合并使合并双方可以协调经济决策，例如定价和研发投资。第 5 章更详细地讨论了合并对创新激励的影响，第 6 章则考察了竞争和合并与创新的实证证据。

2. 约瑟夫·熊彼特和有限占有的后果

20 世纪 40 年代，熊彼特挑战主流观点，即竞争是创造社会价值的更优市场组织形式。关于动态效率和创造新产品，熊彼特写道，"竞争非但不可能，而且是次优的，更无资格被树立为理想的效率典范"。[4]

熊彼特没有直接谈及市场结构如何影响创新者占有创新价值的能力。他更关注完全竞争模型在解释创新和企业家精神上的缺陷，并强调推动经济进步的"创造性破坏"的力量，而此力量有各种来源。[5]

尽管如此，熊彼特也已成为规模和市场势力能给研发提供更稳定和更高效的平台这一主张的代言人。在《资本主义、社会主义与民主》中，他总结道[6]：

> 垄断者有更优越的方法可资利用，而对众多竞争对手来说，这些方法要么根本得不到，要么不能轻易得到：某些优势，在企业竞争层面并非绝无可能获得，但事实上只有在垄断层面才能确保获得，这是因为垄断化可以扩大优秀者的影响范围，并缩小表现不佳者的影响范围，或者因为垄断者有着极高的资信（financial standing）。

熊彼特并未用正式的经济模型来描述他对垄断势力和创新激励的看法，考虑到风险资本的发展，他对大企业吸引资本能力的强调亦已过时。不过，他对完全竞争是创新的理想引擎所做的批评，仍然有效。例如，完全竞争在半导体制造等产业中并不可行，因为新设备可能会产生数十亿美元的沉没成本，在计算机软件或基因组等产业中也是如此，因为在这些产业中，技术许可及分销的边际成本在创造这些被许可产品所需的研发费用中仅占据很小一部分。故以边际生产成本或以接近边际生产成本的方式对此类产品定价，将不能产生足够的利润以补偿将它们推向市场所需的研发费用。

根据熊彼特的观点，减少竞争可通过数种方式提高创新者占有的创新价值。例如，竞争的减少使创新者从更高的利润最大化价格中获利。在此情况下，反垄断执法者必须权衡减少竞争对价格的不利影响与创新可能带来的收益。本节讨论了减少竞争可以增加创新价值占有的两种方式：（1）减少竞争可以增加创新者的销售额，并使创新者可以占有更多的创新利润；（2）减少竞争可以降低技术溢出效应，这使得竞争者能够以牺牲创新者为代价去模仿创新。

为说明企业规模对创新价值占有和创新激励的影响，本节将比较两个非常典型的创新案例，即双头垄断企业的创新与垄断企业的创新。假定在某一市场上，价格固定在 10 美元，总需求为 100 万件。现有技术以每件 8 美元的固定边际成本生产，但一项新技术可将此成本降到 6 美元。此外，假如创新者不能从新技术许可中获利，可能是因为他难以监控和阻止未经许可的复制。

若无创新，每家企业获得的利润为每件 2 美元，采用创新技术则利润为 4 美元。在双头垄断中，若每家企业销售 50 万件，则创新可以为它们增加 100 万美元的利润。垄断者销售 100 万件，因此可以增加200万美元的利润。垄断者有更大的创新激励，因为它可以获得更多的创新价值。

这个简单的例子有很多个假设。更一般地说，成功的创新者即使选择低价也能有利可图。低价可以增加销售，而且双头垄断允许成功的创新者赢取其竞争对手的销售量。垄断者也可从总销售量的增加中获利，但他并没有可以从其身上获取销售量的竞争对手。此外，新进入者或小型创新者可将创新技术授权给其他企业而获利。

帕萨·达斯古普塔（Partha Dasgupta）和约瑟夫·斯蒂格利茨（Joseph Stiglitz）为寡头垄断降低成本的创新构建了形式化模型[7]，泽维尔·维夫斯（Xavier Vives）进一步发展了这一模型。[8] 两个模型都显示，在某些情况下，高集中度市场中的企业比低集中度市场中的企业更有动力投资于降低成本的创新。降低成本带来的收益与企业产出成正比，且企业规模越大，从降低成本的创新中获利越多。竞争降低了价格并增加了总产量，但它分散了与其竞争对手共享市场的企业的产量。如此一来，竞争可能会缩小企业规模并削弱每个企业的创新激励。

关于创新价值占有和研发投资的讨论揭示了另一个与竞争政策相关的问题：研发投资与创新的差别。更大的研发投资并不一定意味着更多的创新。实际上，二者可能是负相关的。例如，假设将边际生产成本从8美元降到6美元需要花费100万美元。一个垄断者花费了100万美元的研发费用降低生产成本，但在本例中，如果该产业中有两家企业，在产业需求无差异的情况下，该产业共需花费两倍的研发费用以节省同样的总生产成本。与垄断市场相比，双头垄断市场将花费更多的研发费用，却不能产生更多的创新收益。

竞争对手可以从另一家企业的创新中获取有用信息（技术溢

出），这会削弱竞争市场中的企业投资于研发的激励。专利、专有技术和著作权只能在有限范围内保护其持有人免受竞争对手的模仿。尽管来自模仿的威胁可能会削弱企业的研发激励，但并不一定会减少创新。溢出效应使他人可以分享创新，至少分享一部分创新，因而放大了创新收益。由于存在溢出效应，竞争性产业可能没有足够的激励投资于研发，但创新有利于很多生产者，故而会产生高回报。[9] 溢出效应并非总是有益，因为它鼓励企业进行等待博弈。在等待博弈中，每家企业都将推迟研发，期待学习竞争对手的成功创新。在极端情况下，等待博弈最终可能归于失败，导致企业无限期推迟创新。[10]

若某一产业的特点是高技术溢出效应，一项行之有效的政策是对研发进行补贴以增强投资激励，并鼓励竞争以保持低价。在未对研发进行补贴的情况下，提高市场集中度是次优选择，这种方法通过减少能够从溢出效应中获利的竞争对手数量来增强创新激励。反垄断机构无法控制研发补贴，故必须在高市场集中度带来的创新激励与价格上涨风险之间谋求平衡。

接下来，我将讨论创新激励的竞争效应模型，该模型由肯尼斯·阿罗在熊彼特就此问题发表著作的20年后提出。

3. 阿罗模型：替代效应

阿罗研究了两极市场结构中的企业对降低成本的创新进行投资的激励：（1）免受竞争的垄断者；（2）完全竞争市场。因为阿罗的理论是基础性的且影响广泛，本节将详细讨论该模型。阿罗做出了如下假设：

- 在这两种市场结构中，现有技术都允许以固定的边际成本生产产品。
- 创新是一种新技术，它允许以更低的固定边际成本生产同一种产品。
- 创新受专利保护以防止被模仿。
- 产品以统一的价格销售，且从创新中获得的利润与创新者的身份无关。

阿罗表明，竞争市场中的企业比垄断者有更强激励投资于新技术。垄断者可从被新发明取代的旧技术中获取既有利润流。而完全竞争市场中的企业则不存在因创新而面临既有利润的流失风险。

事实上，如果新技术消灭了来自旧技术的竞争，竞争市场中的企业显然将比垄断者从新技术中获利更多。阿罗称之为激进创新。[11] 垄断者和竞争市场中的企业将从创新中赚取相同的利润，但竞争市场中的企业不会因创新受损。

渐进创新会与现有产品或技术争夺销售，但不会消除与它们的竞争。阿罗表明，竞争市场中的企业有更强的激励为降低边际生产成本的非激进创新而投资于研发。阿罗认为，相比于竞争市场中的企业不论其成本水平如何，垄断价格都会减少销售量。给定对产品需求的合理性假设，与竞争市场中的企业获得的收益相比，销量减少降低了垄断者因成本下降而获得的增量收益。

阿罗的结论是，无论在竞争领域还是垄断领域，对创新的激励均低于创新的社会价值。这一结论源于他的假设，即创新者对产品收取统一的价格，这意味着创新产生的垄断利润低于其社会价值：由于价格超过边际成本，一些本可以从消费创新产品中获利的消费者被排除在外，而其他人则以低于产品价值的价格购买产品。如果

第3章　竞争和创新基础：阿罗与熊彼特之争

垄断者能从一项创新中获得所有的社会价值，则对创新的激励等于创新的社会价值。[12]

阿罗的模型适用于任何存在既有利润且免受竞争的企业。该模型的重要意义不容抹杀，但理解其假设及其局限也是重要的。除产品以统一价格销售的假设外，还包括：

- 阿罗所指的垄断者在生产和研发上免受竞争。因此，现有垄断者没有必要从事阻碍潜在竞争者的创新行为，包括率先发明新技术并为其申请专利。
- 阿罗模型的创新之处在于边际生产成本的减少。他的模型没有讨论更典型的产品创新情形。因此，阿罗的分析没有考虑创新和企业既有产品组合的盈利能力之间可能存在的相互作用，包括企业通过改进耐用品来增加销售的激励。
- 阿罗模型中的创新者从完善的专利保护中获利。他没有考虑当不完善的专利保护对创新者从发明中获利的能力构成限制时，竞争与创新激励的关系如何。
- 阿罗没有考虑累积创新，即企业的研发投资受益于其他企业先前的创新，阿罗也没有考虑市场结构如何随时间变化以反映过去创新的成功。

不完善的专利保护涉及前面章节已讨论过的占有创新价值的问题，也涉及阿罗提出的以单一的统一价格销售产品的假设。我将在下一章讨论累积创新和创新激励的动态模型。本节将分析当一个垄断者为排除竞争对手而存在创新激励，以及创新一种产品而非生产技术时，阿罗的结论会如何改变。

阿罗假设在生产和创新上都存在垄断

在阿罗的垄断理论建构中，垄断者在产品和创新上均无须面临竞争。如果垄断者选择不进行研发投资，他仍然是旧技术的垄断者。若消除垄断者免受创新竞争的假设，则阿罗关于竞争行业中的企业具有更强研发投资激励的结论将发生逆转。

拥有垄断势力的企业有激励对可能颠覆其垄断地位的竞争先下手为强。[13] 英特尔公司前CEO（首席执行官）安迪·格鲁夫（Andy Grove）在其《只有偏执狂才能生存》（Only the Paranoid Survive）一书中描述了这种激励，苹果公司前CEO史蒂夫·乔布斯（Steve Jobs）也如此告诉他的传记作者，"与其被别人取代，不如自己取代自己"。[14]

现有垄断者为了抢占竞争先机而进行创新的激励，就是他通过创新获得的垄断利润与企业在面对竞争对手时使用旧技术所能获取的利润之差。如果创新并非激进的，那么对现有垄断者来说，通过申请新技术专利来保持垄断地位比让竞争对手申请专利并挑起竞争更有利可图。现有垄断者若不创新，就有失去垄断利润的风险，然而成功的新竞争者只能从与现有垄断者的竞争中获利。前者的垄断利润大于后者的双头垄断利润。因此，垄断者具有更大的投资激励去赢取专利以抢占竞争先机。如此，将颠覆阿罗关于垄断利润降低创新激励的结论。

因为在某些实际情况下此种先发制人的论点会失效，对这一论点的解释应当持谨慎态度。第一，如果创新是激进的，作为竞争对手的创新者将与垄断者交换位置以消除垄断者的利润。如果垄断者不从事创新但另一家企业成功了，结果将是新竞争者从激进创新中的所得等于垄断者的所失。在此情况下，垄断者阻止竞争并无优势可言。只有在创新并非激进的情况下，垄断者先发制人的激励方能成立。此结果对下一章将要讨论的有关颠覆性创新的组织理论具有重要意义。认为支配型企业在组织上无力应对颠覆性创新的论断，忽略了一个事实，即现有垄断企业并不比新竞争者有更大的经济激励来投资于颠覆性变革（激进创新）。

第二，先发制人的激励并不一定可推广至更为常见的寡头而非垄断的市场。假设现有企业与一家或者多家企业分享市场，在此情况下，若创新并不是激进的，则不一定意味着现有企业通过阻止竞争对手进入而获得的利润大于竞争对手使用新技术所得的利润。原因在于，新的创新进入者将夺走所有现有企业的利润，但是创新的现有企业将与其他现有企业分享在新竞争中先发制人带来的收益。这些影响稀释了任何一家现有企业通过阻止新竞争对手进入而能获得的利润。只有当在位企业在市场上占据支配地位，而且可以通过阻止新竞争对手进入市场并维持这一地位时，预先制止来自新竞争对手创新的动机才会变得强烈。

第三，如果现有企业对抢占竞争对手的创新没有把握，那么它们并不一定更多地投资于创新。假设竞争对手使用新技术进入的概率为50%，而不进行创新的可能性与此相等。在后一种情况中，垄断者从现有技术中获得的利润削弱了它通过投资于研发来改进技术的激励。这就是阿罗替代效应。尽管替代效应仅在竞争对手的创新没有发生时才起作用，但竞争对手的创新很可能不会发生的事实也将削弱现有企业投资于新技术的激励。这足以使垄断者对新技术的投资激励弱于新竞争对手的投资激励。[15]

第四，先发制人激励并不必然阻止竞争对手投资于研发并出售或许可相关发现给现有的老牌企业。拥有竞争性技术的在位企业和潜在竞争对手有激励以独家销售谈判或者许可协议的方式避免竞争。[16]如果反垄断法允许，此种事后谈判会保留生产的垄断结构，并对消费者支付的价格产生不利影响。此时，现有垄断者将没有差别化利润的激励去抢占竞争对手的创新以保持其垄断地位。许多初创企业和以研究为中心的组织向老牌企业出售或许可有前景的发现。

第五，尤其重要的是，若不排除新竞争，先发制人战略不太可能获利。如果现有的研发努力失败，或者潜在竞争对手能够围绕专利进行发明并开展不同技术的竞争，那么投资于研发以获取专利并不能排除竞争。当潜在竞争对手有多种方式进入某一行业并参与竞争时，先发制人战略可能会成为一场代价高昂的"打鼹鼠"游戏。[17]

对排除竞争对手的先发制人战略能力进行限制实属必要，因为通过收购单一资产，例如专利，足以保护企业免受未来竞争影响的情况甚为罕见。一项专利赋予其所有者某项狭小的权利，即不允许他人使用该专利涵盖的技术。它并不一定授予所有者对某一重要经济活动领域的垄断权。[18]

尽管如此，在有老牌企业的市场中，无视先发制人的激励并不明智。在收购年轻的初创企业的竞赛中，新经济巨头们已经赢得了数百个标的，其中一些初创企业有潜力（即使只是遥远的）动摇巨头的支配地位。现有企业可能会赢得竞购战，因为收购提供了互补性收益。在其他情况下，现有企业可能会打压初创企业，因为让初创企业发展成熟并成为强劲的竞争对手相比于让初创企业直接与支配型企业正面交锋而获得预期收益，更会使现有企业得不偿失。

阿罗未考虑企业的产品组合与创新的获利能力之间的相互作用

大多数创新都是新产品，而不仅仅是降低公司生产成本的新方法。如果创新是激进的（且阿罗的其他假设也适用，例如创新不依赖于发明人身份的假设），则阿罗关于垄断和竞争领域中降低成本的创新能够获得相对收益的主张，可以推广至产品创新领域。然而，阿罗关于垄断和竞争性创新激励的结论并不一定适用于非激进产品创新，即使垄断者能免于研发及产品市场的竞争。

新产品使现有垄断者可以协调新产品和既有产品组合中其他产品的价格。相对于新竞争者只能从创新中获利而言，价格协调可以增加垄断者从创新中获得的利润。在某些情况下，这种协调导致的高价格使消费者无法获得创新激励增强带来的收益。在另一些情况下，在位者的价格协调能够促进创新，改善消费者福利。

如果竞争者的创新与在位垄断者的既有产品是互补的，那么垄断者的价格协调比竞争者的创新更能增强研发激励，并产生更低价格。较低的价格源自第 2 章讨论的古诺互补效应。

古诺互补效应表明，进行互补性创新的垄断者赚取的增量利润超过新竞争者从创新中获得的利润。垄断者还受到替代效应的影响，但对未获得既有利润的竞争者而言，此种影响并不存在。如果替代效应并非过大，而且创新涉及互补产品，那么，相较于竞争性市场中的企业创新，垄断可以使消费者从更强的创新激励及更低的产品价格中获益。

这并不表示当产品互补时，垄断是创新的更优组织形式。[19] 供应互补产品的竞争可以提供单一企业无法提供的创新能力和激励。竞争产生了数千个互补软件和硬件的创新，参与 IBM 兼容个人计算机平台的消费者和企业从这种竞争中获益。在美国联邦贸易委员会同意施乐公司许可其专利后，普通纸复印机领域的创新蓬勃发展，这为互补创新的新竞争打开了市场。

如果创新是垄断者现有产品的替代品，那么垄断的创新者可以通过协调新产品与既有产品来提高价格，使之高于竞争者进行创新时的价格，从而获利。替代产品可分为横向差异化或纵向差异化两类。产品若具有不同质量，则属于纵向差异化，若价格相等，所有消费者皆倾向于选择优质产品，比如配备更强微处理器的计算机。如果消费者在面临相同价格和质量时更喜欢不同类型的产品，则属于横向差异化。例如，一些消费者偏爱福特牌卡车，另一些消费者则更喜欢雪佛兰牌卡车。

谢恩·格林斯坦（Shane Greenstein）和加里·雷米（Garey Ramey）分析了纵向差异化的产品模型。[20] 在他们最简化版本的模型中，如果新产品并非消除对旧产品需求的激进创新，则受保护并免受竞争的垄断者从新产品中获得的利润与完全竞争行业中的企业相同。在消费者偏好发生微小变化的情况下，垄断者的创新回报可能超过竞争行业中企业的回报。

陈永民（Yongmin Chen）和马吕斯·施瓦茨（Marius Schwartz）研究了产品存在横向差异时垄断者和竞争性企业的产品创新激励。[21] 在其模型中，与竞争行业中的企业相比，受保护的垄断者有更强的激励推出新产品，这同样基于新产品并非激进创新的假设，也即新产品并不会消除人们对旧产品的需求。

在这些模型中，垄断者提高了产品的定价，减少了消费者从创新中获得的收益。垄断者可能会比竞争性企业有更大的创新激励，但考虑到创新后产品的更高价格，此激励并不一定能提高消费者福利。不过，如果创新在其他市场有较大的溢出效应，那么消费者仍可能从垄断创新激励中获利。若垄断企业没有更大的创新激励，这些溢出效应可能不会产生。在某些情况下，这些溢出效应可以弥补创新得以发生的市场中价格上涨带来的损害。

企业为产品组合协调定价的能力对创新政策具有重要意义：我们不应认为，阿罗关于降低成本的技术创新激励模型的结果，可以无条件地适用于产品创新的更一般化情形。具有垄断势力且生产多种产品的企业具有产品组合效应，这一效应可以创造出积极的创新激励，从而抵消有时甚至超过替代效应的消极激励。

耐用品提供了额外的创新激励。耐用品在其使用寿命内可一直提供服务。洗衣机在损坏之前不需要更换。个人计算机在硬件故障或者软件出现无法修复的情况之前仍可使用。相反，非耐用品的价值在消费中就耗尽了，例如汽油、打印机墨水或洗衣粉。耐用品在经济产出增长中占据较大份额，它也包括蕴含大量研发投资的产品。[22]

当一家企业销售（而非租赁）耐用品时，除非产品破损或者客户希望升级新版本，否则该企业将不能从顾客那里获得未来收益。如果商品没有损坏或者没有新顾客进入市场，企业只能通过降低价格来吸引对价格更加敏感的客户，或者说服现有客户将产品升级为新版本，才能增加销量。[23] 对耐用品销售者而言，创新的替代效应并不显著，它除了对现有消费者降低价格或者吸引新客户而挣得收入外，并没有包括因创新而消失的收入。第 6 章提供了一个实例，说明耐用品对创新的强大影响力，即便对一家拥有垄断势力的企业而言也是如此。[24]

阿罗模型忽视了产业结构对创新价值的占有的影响。他假设专利保护抑制了模仿行为，并且现有垄断者不能比新竞争者从创新中获得更多价值。如果新竞争者的能力与他从创新中获得的价值相匹配，即使受到阿罗替代效应的影响，现有垄断者仍可能有较强的创新激励。下一章将分析动态竞争模型中有限占有效应和阿罗替代效应之间的相互作用，同时将探讨管理和组织上的约束对竞争和研发投资激励之间关系的影响。虽然创新激励不单是预期成本和收益的经济比较，但创新的经济激励和抑制（disincentive），如阿罗替代效应，不应被低估。

第4章　动态竞争、累积创新和组织理论

当你自身是唯一可与你交易的企业时，专注于改善产品还有何意义？

——史蒂夫·乔布斯，《创新之声》（2004）

1. 引言

阿罗和熊彼特是关于竞争和创新理论的顶尖学者。他们的贡献极其重要，但二者均没有形成更普遍地适用于动态市场的创新激励理论。创新是一个典型的动态过程。此外，它通常是累积性的，已有的发现为未来的发现提供了知识基础。然而，包括阿罗替代效应在内的大多数理论均假设，创新是单一的离散事件，对行业技术及市场结构的未来演变影响有限。

本章第 2 节将回顾在动态环境中嵌入阿罗替代效应和熊彼特效应的创新激励模型。这些模型立刻变得复杂且需要简化假设以便于分析处理。本节首先讨论一个两阶段模型的预测。第一阶段，企业投资于研发以发现新产品或新技术。第二阶段，为第一阶段中研发成功的产品选定价格或者使用新生产技术进行竞争。

本节要讨论的一个更加动态化的模型是专利竞赛，其中研发投资有可能提高获得科技发现的概率。首先获得发现的企业成功申请了专利。两阶段模型和专利竞赛都显示，竞争对手的增加经常会但并非总是会提高发现的概率。两阶段模型显示竞争对手将获得额外收益：当两家或者两家以上的企业开发出满足了类似市场需求的创新产品时，将会加剧预期的未来价格竞争。在假定专利排除竞争的专利竞赛模型中，价格竞争的收益十分匮乏。

产业结构既塑造了企业的研发投资激励，也被作为研发投资结果的创新所塑造。在两阶段研发投资模型以及"赢家通吃"的专利竞赛中，此种交互作用并不存在。第 2 节也综述了考虑相互依赖的动态模型，并探讨它们对市场结构、竞争和创新之间关系的影响。企业在竞争中采取离散步骤改进技术的模型表明，适度竞争可以增加创新的可能性，但激烈的竞争可能降低创新的可能性。竞争增加创新激励，用以摆脱竞争对手施加的价格约束，但也降低企业从创新中获利的能力，故而降低企业成为成功创新者的回报。此外，激烈的竞争可能会降低产业结构有利于促进研发竞争的可能性。

很多企业进行研发投资，希望它们的努力会有前景，即它们会被现有企业收购或者将相关技术授权给老牌企业。当研发用于收购时，创新激励取决于研发竞争以及现有企业之间的竞争，而这些现有企业可能是创新企业或者技术许可的竞购人。第 2 节讨论了价格竞争对研发激励的影响。

第 3 节分析了企业投资于累积创新的经济激励,累积创新是指基于先前创新基础上的创新,它在知识产权领域是一个特别重要的议题,因为强大的专利权可为早期创新者提供激励,但也可能使从事后续创新的企业侵犯早期创新的专利权,从而带来潜在成本。静电复印是一项需要专利保护的基础性发现。但是,直至纸张处理的创新使普通纸复印机成为一种高效的办公工具后,它才被广泛接受。本节不分析知识产权设计,而是集中讨论影响此类权利行使的反垄断政策,或者保护早期创新者但对后续创新者产生影响的其他机制。

创新是一种通常发生在复杂组织中的人类行为。在复杂组织中,企业所有者、经理、研究者以及客户之间的信息流动受限,可能需要对既有的商业科层组织进行结构性调整。几种关于组织行为和科层制的理论分析了此类限制及其对创新激励的影响。第 4 节将回顾其中一些较为重要的理论和相关经济模型。

2. 创新动态

我们首先分析一个两阶段模型的含义,以此扩展对创新激励的讨论。在第一阶段,企业进行研发投资,在第二阶段,成功的创新者展开价格竞争。

研发和价格竞争的两阶段模型

本小节总结了吉尔伯特(Gilbert,2019)提出的两阶段模型的关键预测,此模型与费德里科、兰格斯和瓦莱蒂(Federico,Langus and Valletti，2017，2018）以及莱蒂娜（Letina，2016）创建的模型密切相关。在第一阶段，企业可以投资于任意数量的分散研发项目，每个项目会产生固定成本，且有独立的成功概率。例如，每个研发项目具有50%的成功概率，一家企业投资于两个项目，则至少有一个项目取得成功的概率为75%。若只有一家企业可从一项发现中获利，则创新属于赢家通吃。否则，企业将分享发现带来的利润，竞争减少了总的可得利润以及每一个创新者在总利润中所占的份额。

这个相对简单的模型包含某些有用的含义。假设企业未能从有风险的发现中获得利润，而且他们不能模仿别人的发现。如果创新是赢家通吃的，则研发激励独立于市场结构。[1]造成此种结果的原因在于，只有行业中所有其他研发项目均失败时，额外的研发项目才具有价值，无论这些其他研发项目是由单一企业承担，还是由很多企业配合承担。[2]

此模型的第二个含义是，假如创新是激进的（如第3章界定的）但并非赢家通吃的，竞争的加剧通常会导致创新激励的增加。

若相关发现并非赢家通吃，企业将有创新激励，以从创新成功的竞争对手那里获取业务。从同时创新中获利的机会为研发投资提供了激励，并随着潜在创新者数量的增加而增加。因此，竞争对手的增加通常会提高整个行业研发活动的利润最大化水平。[3]如果竞争过于激烈，相反的情况也会发生。增加一个竞争对手将会降低企业的预期研发利润，在某些情况下会大大抵消它对行业研发活动的贡献。

第三个含义在于，如果创新激励只有增量收益（即创新并不是激进的），那么竞争会降低创新激励。当创新并非激进时，现有产

第4章　动态竞争、累积创新和组织理论　　63

品的竞争将减少新产品的回报。因此行业对渐进型创新的研发投资将在市场集中度处于中等水平时达到峰值。

第四个含义是未来的价格竞争具有重要意义。即使竞争降低创新激励或者对创新激励没有影响，增加未来的价格竞争仍可使消费者获利。

第五，这个简单模型还证明，创新带来的风险利润（profit at risk）会降低企业的研发投资激励（阿罗替代效应）。如果投资于研发的企业数量增加，且这些企业之间的竞争降低了创新带来的风险利润，则可减轻替代效应。如果两家公司均存在创新带来的风险利润，即使其现有产品并不相互竞争，合并也会增强替代效应并减弱研发激励（见第5章）。

最后，允许竞争对手更容易模仿某一发现的信息溢出效应，将会降低企业的研发投资激励。但这并不意味着溢出效应会损害行业创新。在有信息溢出效应的情形中，能够从发现中获益的企业数量增加，会降低每一个企业从发现中获得的预期利润，而且会减弱研发投资激励。但是，由于从信息溢出效应中获利的企业更可能从事创新，故存在某种补偿收益。

更普遍的情形是，研发竞争通过增加参与研发的企业数量来促进创新，但也会通过降低企业从发现中占有价值的能力，从而损害创新。价值占有有几个维度。竞争的增加降低了每家企业在有其他创新者的情况下从发现中获利的能力。而且，如果创新并不是激进型的，那么现有产品的竞争可能会降低企业从发现中获得的利润。竞争对创新价值的影响通常被称为熊彼特占有效应。竞争增加也会降低创新者从发现中占有价值的能力，因为更多的潜在竞争对手可以通过模仿发现，与创新者竞争。

合并可以减少从模仿发现中获利的竞争对手数量，从而提高企业从发现中占有价值的能力。此外，发生在被合并企业内部的技术溢出效应，可以提高创新的价值或者提升企业的研发效率。第 5 章将更详细地描述合并特有的议题。

专利竞赛

将动态过程纳入竞争与创新之间相互作用的研究的最早方法之一是专利竞赛。企业通过选择研发支出而展开竞争，研发支出使可申请发明专利的发现有一个概率分布。第一家获得发现的企业将赢得专利。

专利竞赛的简单模型假设专利保护排除了竞争，故竞赛的胜出者将获得全部或者大部分创新收益。专利保护对创新的这一特点而言并非必不可少。即使缺乏重大专利保护，某些产业的创新者仍可实现暂时的垄断，或者至少能够大幅提升市场份额。如果企业有其他方式获得创新价值，例如开发周期、秘密或者生产补充要素，则专利竞赛模型可以合理地描述市场没有强大专利保护时的研发竞争。[4]

一般而言，这些模型表明竞争提高了研发活动和获得发现的概率，并缩短了发明专利的预期时间。[5] 它们也表明，由于企业忽视其研发投资对他人获得发现的概率产生的负面影响，研发成本可能超过研发收益，因而研发竞争在社会意义上可能是过度的。后一结果对反垄断执法的政策意义甚微。压倒性的实证证据表明，研发有巨大的溢出收益[6]，这也表明，平均而言，公司的研发投资过少而非过多。[7]

这些早期模型颇具洞察力且便于分析，但对竞争和创新可能产生重要影响的策略性行为而言，这些模型的见解有限。尤其是，这些模型假设未来的成功独立于过去的研发行为，它们没有为策略性行为留下空间，而这些行为取决于企业在研发竞争中相比于竞争对手的技术领先地位。例如，首先取得中间阶段发现的企业可能会获得使其竞争对手减少研发努力的优势。[8] 在某些情况下，这一优势如此之大，以至于落后企业无法有利可图地超越，甚至无法赶上已经取得中间发现的企业。在此情况下，落后企业可能会在研发竞争中完全出局，仅留下技术领先者作为唯一幸存的投资者。对于技术落后的企业而言，如果领先者能够确保其技术优势，那么为研发烧钱已经于事无补。随着对手退出竞争，领先企业满足于在丰厚的利润率上对研发进行投资，其投资水平可能远低于有同等技术水平的竞争对手时的行业投资水平。[9]

换言之，专利竞赛对研发竞争的影响取决于竞争对手的相对技术能力，而不仅是其数量，这是实证文献证实的结果（见第6章）。[10] 与某一行业存在四个企业且其中一个企业具有领先于其他企业的显著技术优势相比，在某一行业中存在两家拥有类似技术的企业可能面临更加激烈的研发竞争。

逐步创新

逐步创新（stepwise innovation）模型源于菲利普·阿吉翁、克里斯托弗·哈里斯、彼得·豪伊特和约翰·维克斯的共同努力。[11] 在他们的模型中，企业存在产品质量或成本差异。创新是质量或成本的独立改进，类似于在楼梯上爬台阶。企业可以投资于改进质量或降低成本，以求更上一层楼。但在它成为下一个行业领先者之前，必须先赶上当前的领先者。这些假设排除了让一个企业能够超越当前领先者的创新。

逐步创新模型展示了改进产品的投资激励,此激励依赖其产品相对于竞争对手的产品在技术阶梯上所处的位置。当竞争对手的产品具有相似的品质时,会有生产更好的产品以逃避竞争并享受暂时获得高利润的激励。拥有同等地位的企业之间竞争越激烈,为了摆脱这种竞争而创新的激励也越强烈。这与阿罗静态模型的替代效应相反。更激烈的竞争降低了从现有产品中获得的利润。这意味着较小的替代效应以及创造新产品的更强激励。

在阿罗模型中,一个成功的创新者会赢得一项在专利期内可以排除竞争的专利。相反,逐步创新模型看似合理地假定追赶市场领先者的企业不得不与同等高效的竞争者分享创新带来的利润,而且其利润可能会受到来自创新阶梯下端产品竞争的挤压。因此,在逐步创新模型中,竞争对创新有抵消效应。市场竞争程度越高,落后企业赶上市场领先者的可得收益就越少。阿吉翁和他的同事将此描述为熊彼特效应,其中,竞争压力削弱了技术落后者的创新激励。

在逐步创新模型中,竞争具有抵消创新的效应。竞争刺激创新,但也降低了一个从事创新并赶上市场领先者的企业所获得的收益。在逐步创新模型中,为了激励创新需要一些竞争,如果没有产品竞争,在创新阶梯上攀爬就难有收获。但如果竞争激烈,创新激励也会变弱,因为创新减少了企业追赶市场领先者的收益,尽管这种情况必须与逃避竞争的激励两相权衡。

逐步创新模型强调产业结构、竞争以及创新激励之间的相互依赖关系。一个产业可能少有竞争,因为企业具有高度差异化的产品,但此种差异化可能是激烈竞争驱动创新的结果。对比位于创新前沿的企业与落后于创新前沿的企业,竞争对这两类企业创新激励的影响有所不同，竞争加剧的整体效果取决于产业中的企业结构，这一结构反映在企业的技术能力上，而后者反过来也受创新激励推动。

逐步创新模型表明，中等水平的竞争最能促进创新。竞争与创新之间存在倒 U 形关系。逐步创新模型还显示了技术差异对创新竞争的重要性。实证研究者试图证实倒 U 形关系，但仅获得有限的成功。实证研究强有力地支持技术能力对创新的影响。数项研究表明，对产业中的技术领先企业来说，竞争对创新的益处更为显著。

最早的逐步创新模型的一个局限性是它只限于双头垄断，竞争用每个双头垄断内的竞争强度来衡量。[12] 反垄断机构对行业内竞争程度的影响范围有限，它们可以禁止某种排他行为以及对强制许可、供应义务或非歧视性义务设置条件，但不能强迫企业更多或更少地竞争。

反垄断机构可以选择阻止或允许拟议合并，以此来影响在某一行业中参与竞争企业的数量。吉尔伯特等人（Gilbert、Riis and Riis，2018）提出了一个重要警告，即合并不等同于行业中少了一个竞争对手，他们探讨了当竞争由行业中竞争对手的数量而非双头垄断的竞争强度衡量时，逐步创新模型的结果如何变化。某些情况下，竞争对手数量适中时，行业创新达到峰值，而在另一些情况下，竞争加剧会导致行业创新率增加。这些结果取决于企业行为、消费需求和企业的技术。三位作者强调，这些因素对于定性推断竞争对行业创新造成的影响具有重要意义。

研发资产竞价

很多企业家投资于研发，意图将研发成果销售或者许可给一家老牌企业。对于某些人来说，这是一种合理的分工。制药和生物技术行业的研究机构专注于发现具有前景的分子或方法，并将成果销售或者许可给某些企业，它们有能力管理或评估临床试验、获得监管批准以及推广已研发成功的药物。

在生物技术领域，仅 2014 年就发生了 68 起收购，据报道总价值为 490 亿美元。同年，生物技术企业发起了 152 项技术许可交易，价值 470 亿美元。[13] 对于另一些人来说，"创新用以销售"是唯一可行的策略，因为老牌企业受高竞争壁垒保护，如果新秀企业试图创新，将会遭到老牌企业的无情碾压。脸书、Alphabet（谷歌）、亚马逊以及其他科技巨头已经复制或威胁要复制具有前景的新产品。[14]

收购市场的竞争以两种方式影响创新激励。首先，来自现有产品的竞争会影响购买者为购买新产品的独家权利而愿意支付的最高金额。（我用"产品"一词一般化地描述任何创新，包括研发项目或者新的生产技术。）这一最高金额是买方作为新产品的唯一供应商的可得利润与企业保留旧产品所得利润的差额。我将竞争对此种利润差额的影响称为收购市场竞争的价值效应。

第二个影响来自潜在购买者为获得创新而进行的竞争。买家为了新产品的排他性权利而竞争类似于一场拍卖。以新产品的价值为条件，如果有更多公司对收购感兴趣，中标价格可能会更高。我将买家竞争对收购价格产生的影响称为拍卖效应（auction effect）。例如，假定一件新产品的潜在购买者不清楚产品的价值为 80 美元、100 美元还是在两者之间。若只有两个竞价者，则收购价格将接近 80 美元，但若增加竞价者，中标价格接近 100 美元的可能性将会增加。

拍卖效应通常为正。第 3 章描述的激进创新并没有价值效应，因为来自现有产品的竞争不会影响企业从激进创新中获得的利润。对于非激进创新，如果旧产品的竞争使企业从新产品中获得的利润高于从旧产品中获得的利润，那么其价值效应也为正效应。在此情况下，价值效应和拍卖效应都意味着收购市场的竞争提高了支付给创新者的可能价格。相反，收购市场中的企业合并降低了对创新支付的可能价格，并因此在价值效应为正的情况下削弱了对研发的投资激励。

然而，在某些情况下价值效应可能为负：相较于企业保留原有产品或技术可获得的利润，收购市场竞争的加剧降低了从新产品或技术中获得的利润。[15] 在此情况下，价值效应和拍卖效应为负，创新者的最大回报可能发生在收购市场处于中等水平的竞争之时。这意味着，收购市场中的企业合并能够增加为获得创新而支付的可能价格，从而在价值效应为负时增强研发激励。

吉列尔莫·马歇尔和阿尔瓦罗·帕拉在更详细的分析中描述了创新竞争，该分析刻画了创新激励的拍卖效应和价值效应。[16] 在他们的模型中，研究实验室实施创新销售战略，老牌企业则在产品市场上相互竞争，并在研发方面与研究实验室竞争。与本节的讨论一致，他们发现若价值效应为负，那么产品市场上企业数量的减少会降低创新率，尽管这取决于产品市场中同样参与研发竞争的企业减少研发竞争而产生的抵消效应。

3. 累积创新

知识的积累使当前的创新成为可能，并促进了未来的创新。用物理学家牛顿的话来说，就是"如果我能够看得更远，是因为我站在巨人的肩膀上"。[17]发明者的头脑中很少有全新的发现，相反，新发现建立在以前发现的基础上并增加了知识储备。晶体管和集成电路是高新技术中累积创新的典型例子。晶体管在固态器件上实现了真空管技术。在数字经济中为众多应用提供动力的集成电路建立在晶体管之上，若无光刻技术的发展，在微观尺寸上设计印刷电路将不可能实现。

不幸的是，很多重要且具有影响力的竞争理论未能解决最初的创新激励和后续的创新激励之间的权衡问题。阿罗的替代模型将创新视为一次性事件，专利竞赛的简单模型也是如此。在熊彼特的创造性破坏理论中，新的创新浪潮是淘汰而非基于先前的发现。回报鼓励创新，但市场对发现的回报可能牺牲了基于这些发现的创新回报。竞争政策可以在一定程度上阻止创新者妨碍后续创新者，从而平衡这些回报。

很多技术突破史都有阴暗的篇章，即早期的发明者为后来的创新设置障碍。[18]莱特兄弟在人类飞行方面取得了开创性成就，值得赞誉。他们的成就之一是使用"机翼弯曲"技术来操控飞机，如同鸟儿弯曲其翅膀以改变方向一样，为此，他们于1906年获得美国第821393号专利。若干年后，格伦·柯蒂斯（Glenn Curtiss）开发出利用副翼控制飞行的技术，这一技术本质上与现代飞机使用的技术相同。但莱特兄弟声称，他们的专利也涵盖副翼，经过多年诉讼，他们在法庭上获胜。柯蒂斯也获得了专利并拒绝向新的航空公司授权。直到1917年，美国政府强迫航空业成立专利池并授权其专利，航空业才开始走向竞争。为了回应对封锁新技术的关切，美国政府于1919年敦促通用电气、马可尼（Marconi）、美国电话电报公司、德律风根（Telefunken）和西屋公司（Westinghouse）组成专利池，并交叉授权其无线电技术专利。[19]

有关如何回报早期创新者和后续创新者的大部分争论都强调知识产权设计，其中包括权利范围、权利期限和可获专利新颖性门槛（novelty threshold）。[20] 埃德蒙·基奇认为，早期的发明者应拥有涵盖后续创新的广泛财产权利，类似于公共土地上的矿业权为主张权利者提供在特定区域内勘察其他发现的排他性权利。[21] 宽泛而长久的专利权给最初创新者带来更多保护，但作为阿罗替代效应的结果，它们甚少激励专利权人进行后续创新以取代其现有利润。专利权人可委托他人从事后续创新，但宽泛的专利范围使早期创新者可以向后续创新者索取补偿，若后续创新者没有专利许可，其创新就会侵犯原始发明。此种补偿是一种成本，它减少了后续创新的利润。

苏珊娜·斯科奇默观察到，一般而言，如果早期的发明者和后续的发明者不参与综合研发项目（integrated R&D venture），就不可能设计出一套制度为二者都提供有效的研发激励。[22] 一方获得的回报越高，必然以另一方获得的回报越低为代价。许可费议价存在问题，因为许可谈判通常发生在企业已经支付研发成本之后，如此使得早期创新者可从这些研发投资中获得相应收益，但未对后续创新者的研发费用给予足够的补偿。允许创新者在研发成本沉没前进行议价可解决激励问题，但若后续创新者在研发成果问世前并没有后续创新者，一切将形同虚设。

竞争和知识产权政策为累积创新中的投资激励创造了平衡机制。如果看不到合理的回报，潜在发明者将没有承担新发现成本的财务激励。然而，以专有权的形式奖励最早的创新者，使他们有权封堵未来创新者，或者对使用他们的技术收取高额许可使用费，相当于征收了一笔税金,这也会阻碍未来的创新。

图 4.1 解释了这种针对前沿或第一代发明的利弊权衡,前者也是后者的一种投入品。该图描述了一种情形,最先发现者可以赚取一单位的许可使用费,这对最先发现者形成补偿,却构成了后续创新的成本。用于基因编辑的规律间隔成簇短回文重复序列(CRISPR)技术就是一个例子,该技术可用于以生物工程的方式开发新药和农作物保护产品。[23]

在图 4.1 中,对于第一代创新进行更充分的保护对应着更高的使用费。有了完善的防止模仿的保护,第一代创新者可以收取特许权使用费以实现利润最大化。更高的许可使用费,直至利润最大化水平 r^*,鼓励了对第一代技术的更多投资。然而,更高的许可使用费也降低了后续创新者可能获得的利润。如果后续技术使用第一代创新的成果需要获得许可权,那么许可使用费负担会降低对后续技术的投资激励。

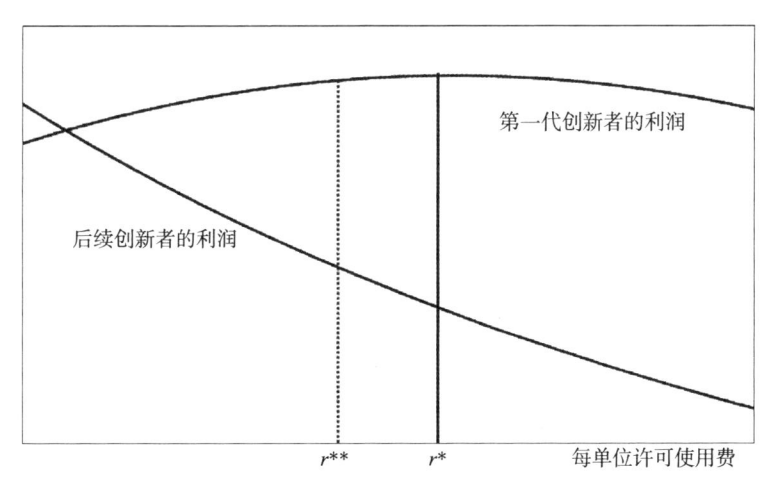

图 4.1 小幅降低许可使用费至低于 r^*,会增加后续创新者的利润,且对第一代创新者的利润影响很小

最优的许可使用费使第一代创新投资回报和后续创新投资成本之间达到平衡。因为第一代创新者在 r^* 时实现最大利润，所以小幅减少的许可使用费低于 r^* 对第一代创新者的预期利润几乎没有影响。当第一代创新者的利润接近 r^* 时，其利润几乎与许可使用费无关。相比之下，许可使用费的小幅减少将对后续创新者的利润和研发投资产生巨大的正向影响。因此，与第一代利润最大化水平 r^* 相比，第一代和后续创新的总研发投资在许可使用费为 r^{**} 时更高，而 r^{**} 略低于 r^*。在 r^{**} 时总经济福利也将更高，原因有二：总投资将更高，而更低的许可使用费意味着后续创新的价格更低。[24]

利用专利政策限制第一代技术的知识产权保护，比如激励后续创新侵犯第一代专利的范围，可以把许可使用费减少至低于 r^*，也就是使第一代创新者的利润最大化的许可使用费水平。或者，反垄断政策可以禁止第一代发明者排除后续竞争者或者提高后续创新者成本的行为。这些政策包括限制对从事后续创新使用排他性领域，或者禁止性合同条款，如后续创新者有义务授权第一代创新者使用后续创新。

允许原始发明者排除竞争对手或提高竞争对手成本的政策，为早期创新者提供了更多补偿，却以新竞争者获得更低补偿为代价。[25] 原则上，反垄断执法应考虑创新的累积性以及当前研发投资与未来创新激励之间的相互作用，但实际上，这是一项艰巨的任务。预测合并对当前研发投资决策的影响是很困难的，预测这些决策对行业未来发展和对未来创新激励的影响更是难上加难。

至少在某一个方面，创新的累积性对反垄断执法具有明显的影响。这与影响成本的政策或者获得与其他技术互操作的现有技术的策略有关。开发创新型系统产品的企业可设计与补充产品不兼容的系统，以此排除未来的创新者。反垄断执法可以在促进后续创新者获得现有技术方面发挥作用。

美国司法部和联邦贸易委员会在处理合并案时，要求合并各方授予非排他性许可以涵盖一系列广泛的技术，然而，以非补偿费率（noncompensatory rate）的形式进行强制许可，可能会破坏易复制产品的创新激励，但强制许可也可降低必要知识产权所需的聚集成本，避免成本高昂的侵权诉讼，并消除企业利用知识产权抑制新竞争的行为。

以低许可使用费获得知识产权许可的要求，可能会抑制对第一代创新的激励，从而损害创新，而不是促进后续创新，但事实并非如此。詹姆斯·贝森和埃里克·马斯金开发了一个累积创新模型，其中现有的发现具有促进未来发现的溢出效应。[26]他们发现，相比于对发现进行强有力的专利保护，不对发现进行专利保护（相当于免费的强制许可）时，创新可能更多，消费者福利可能更高。第7章讨论的案例研究也表明，强制许可在某些情况下可以增进经济福利。

4. 管理激励和组织失败

至此，我们将创新激励等同于一家企业从研发投资中可获得的利润。这些利润反映了各种经济力量的影响，例如阿罗替代效应，以及企业占有创新收益的能力受到的熊彼特式限制。但大多数研发工作都由科层制组织中的管理人员和员工承担，他们有薪酬激励和其他动机，例如就业保障，这些动机与创新成果的经济回报之间只存在间接关系。此外，认知偏差也会影响这些组织的管理者选择的研发路径。

下一小节回顾了组织内部信息流理论，用以了解信息流如何使竞争和创新激励之间的关系复杂化。回顾这些理论虽有益处，但它们的预测并没有实质性地偏离基于利润的创新激励理论的相关结论。

管理激励

经济学家在研究管理激励时，将企业视为两个层级的组织，其中一层是对企业利润有索取权的委托人（企业所有者），另一层是由所有者支付报酬并代表所有者执行任务的代理人（企业经理人）。所有权和控制权之间存在分离。在完全信息的情况下，所有者只需指示经理人执行合意的行动。此时，竞争与创新激励之间的关系既与企业所有者是否进行研发无关，也与所有者是否将研发任务委托给经理人无关。

在更加现实的组织环境中，员工比所有者更了解不同项目的成本和收益，企业所有者只能不完全地监控和落实它希望员工从事的活动，而员工更关心自己的福利而不是所有者的利润。员工可能希望更少工作、享受津贴、避免承担太多风险，或者建立与盈利能力无关的帝国。所有者的问题在于设计能够激励经理人为所有者创造价值的薪酬计划，但所有权和控制权的分离意味着在这些情况下激励计划并不完善。关键问题是，竞争是否导致所有者更容易或更难使管理激励与所有者的目标相一致。

探讨代理理论的研究得出了不同的结论。若干理论研究发现，竞争会降低但并不必然消除管理者追求自身目标的能力。管理者的选择若没有实现利润最大化，则增加了企业破产的风险，这对管理者和所有者都是有害的。竞争加大了破产风险，使得管理者不太倾向于从事非生产性活动。[27] 此外，当市场结果相关联时，竞争为某个所有者（或多数所有者）提供有关企业绩效的信息，这些信息可用于检验管理者。[28] 这些研究结论并不意味着竞争的加剧必然会增强研发激励。相反，它们表明，如果产品市场是竞争的，在所有者自行管理的企业中成立的竞争与创新之间的关系，在经理人管理的企业中很可能也是成立的。

不幸的是，关于产品市场竞争能够减轻所有权和控制权分离带来的相关问题的观点，在面对其他假设时并不可靠。[29] 产品市场竞争会降低利润，挤压所有者提供给经理人的薪酬，以致后者的预期努力程度下降。如果竞争加大了破产风险，对员工造成不利后果，经理人可能会避开有回报风险的项目。或者，若经理人在项目成功时获利丰厚，且只承担失败造成的部分损失，那么他们可能选择有风险的研发项目。

值得注意的是，市场为高风险研发提供对比鲜明却又时常模棱两可的激励，即使不存在所有权和控制权分离导致的复杂情况，也是如此。一方面，企业具有投资于高风险研发项目的激励，因为它们成为最早的发明者就可以获利最多，但若第二个创新者很快跟进，则其社会效益甚微。[30] 这表明投资于高风险研发的激励过强。另一方面，如果一个企业通过创新夺走了另一个创新者的销售，受益的是这个企业而非社会。渐进创新的业务窃取效应比较大，这意味着市场偏向于低风险研发项目，并远离高风险研发项目。[31]

研发投资的管理理论对研发投资激励有不同的含义，研发投资激励并不一定有别于简单经济模型的预测。基于这些原因，我不再进一步从管理角度解释研发投资。另一种不同的理论引起了许多公司高管的注意,该理论强调组织内部在判断研发决定的价值方面,存在信息交流不完善的问题。该理论是下一小节探讨的主题,同时被探讨的还有影响创新激励的组织调整成本的相关理论问题。

组织失败和调整成本

有关商业战略传统的大量文献强调组织缺陷如何影响企业的研发决策。哈佛商学院教授克莱顿·克里斯坦森提出的论点认为,稳固地享有既得利益的企业之所以不能进行重大创新,是因为它们过于关注客户的眼前需求,这一论点在企业高管界掀起了冲击波。[32] 克里斯坦森认为,在位企业并非依赖过去的成就而忽视客户需求的自满企业。相反,他认为在位企业关注消费者需求以改进现有产品,但其代价是错过了颠覆性的新技术浪潮。[33]

克里斯坦森的"创新者窘境"是指,处于领先地位的在位企业在面临颠覆性技术时会失败,因为它们会继续做出曾经使其成功的同类决定。因为专注于过去的成功技术,它们不会鼓励采纳或使用新的颠覆性技术,这最终导致其灭亡。虽然这并非所有权和管理权分离的结果,但也属于一种管理失败。相反,克里斯坦森的观点假定老牌企业的管理者有着基于多年行业经验形成的信念,这些经验通过与客户以及彼此之间的沟通交流得到强化,认知偏差导致它们专注于对现有技术的渐进式改进,忽视了潜在的颠覆性创新。这些新技术刚开始只是现有产品的拙劣替代品,但具有改进或替代现有产品的潜力。当一切已然发生,稳固地享有既得利益的企业再图追赶,则为时已晚,新的市场领先者将取而代之。

克里斯坦森用计算机硬盘驱动器(HDDs)等行业的坊间证据(anecdotal evidence)支持他的论点,新一代硬盘驱动器由一位行业外部人士资助开发，但最终成功取代前市场领导者。硬盘的主要质量特点是圆盘直径（也称为波形系数）、容量、耐久性以及在驱动器上记录和检索数据的速度快。小硬盘起初比不上大硬盘。老牌企业专注于利用现有的波形系数改进硬盘，而不探求那些较小且起初较差的设计。新的竞争者专注于波形系数更小的驱动器，随着行业的波形系数逐渐从14英寸*过渡到2.5英寸，它们最终取代了现有的驱动器。

还有很多其他例子说明，老牌企业错过了新技术。施乐PARC是施乐公司的一个部门，在20世纪70年代负责重要的创新，如以太网、用于个人计算的图形用户界面（GUI）、计算机鼠标和激光打印机。施乐公司将激光打印商业化，但未将其他创新付诸商业化，这可能是因为其母公司更加专注于为现有办公设备的顾客群体提供服务。

克里斯坦森的《创新者的窘境》（*The Innovator's Dilemma*）是有史以来最畅销的商业书籍之一。这本书颇具启发性，并解释了处于领先地位的企业为什么在有些情况下未能有效面对颠覆性创新的议题。但是，该理论并不能解释为什么一些企业在面临颠覆性创新时会失败，而另一些企业会繁荣。有人质疑该理论是否很好地描述了包括硬盘驱动器在内的很多行业的创新模式。[34]

此外，对于企业未能抓住颠覆性创新浪潮还有其他解释，这些解释建立在较为传统的经济思维之上。阿罗替代效应告诉我们，从现有产品中获利可能会构成对创新的阻碍。例如，宝丽来（Polaroid）在数字技术上并不落后。与其创始人埃德温·兰德（Edwin Land）

---

* 1英寸=2.54厘米。——编者注

的科学驱动理念一致，该公司在研发方面投入巨资，并于20世纪80年代在数字图像领域拥有强势的专利地位。但宝丽来不愿意放弃从销售即显胶卷中获得可靠利润流的商业模式，若它转向数字影像，则将失去这些利润。当宝丽来意识到数码相机即将取代胶卷成像之时，竞争潮流翻转，宝丽来已被时代抛弃。[35]

宝丽来的倒闭并非企业错过技术机遇的好例子，因为它过于强调顾客的即时需要。宝丽来不想放弃公司从销售即显胶卷中获得的利润。尽管组织失败可能是一个促成因素，但其行为与阿罗替代效应的经济力量一致。

没有必要诉诸组织失败来解释为什么老牌企业在创造性破坏浪潮中经常失败。阿罗替代效应解释了为什么支配型企业可能不愿意抓住破坏其现有利润的创新机会。在其他情况下，经济理论告诉我们支配型企业有采用先发制人策略的激励，例如积极申请专利以避免竞争并维持垄断利润。这些先发制人式激励（preemption incentive）只适用于渐进创新，而不适用于颠覆行业的激进创新。[36]除非在位企业能从激进创新中获得某种特殊利益，或者高壁垒保护它们免受竞争，否则，从新的竞争者中出现激进创新不足为奇，尤其在研发不需要高度专业化和昂贵资产的技术领域，已然允许大量潜在创新者存在。

克里斯坦森关于需求导向型管理失败的理论也忽视了在位企业可能发挥创新孵化器的积极作用。很多成功的新竞争企业都由研究人员或者企业家领导，而他们在为老牌企业工作时获得了经验。英特尔由曾在仙童半导体国际公司（Fairchild Semiconductor International）工作的工程师创立，仙童半导体国际公司又由贝克曼仪器公司（Beckman Instruments）旗下的肖克利半导体实验室（之前系贝尔实验室的退出者）创立。艾普若·弗兰科和达伦·菲尔森认为，老牌企业有经验的高层管理人员的流动有利于硬盘驱动行业采纳一些更重要的创新。[37]

收购也会影响行业进程。希捷（Seagate）作为硬盘驱动器较为成功的供应商之一，收购了控制数据公司（Control Data）、迈拓（Maxtor）、康诺（Conner）等。补充性资产也是希捷公司取得成功的一个重要因素。希捷公司能够生存的部分原因在于，它花费重金开发出一条能够应对20世纪90年代至21世纪计算机市场爆炸性增长的供应链。[38]

丽贝卡·亨德森和金·克拉克提出了另一套组织假说，用以解释创新的成败。[39]与克里斯坦森的关注消费者需求会导致处于支配型企业在颠覆性创新中出局的观点不同，亨德森和克拉克的观点关注企业现有能力及其如何与新产品或服务的要求相匹配。组织能力的获得和调整成本高昂。对于亨德森和克拉克来说，激进创新需要与企业现有能力非常不同的组织能力。激进创新的这种供给侧定义不同于阿罗的激进创新定义，后者认为被替代的技术已经过时。按照阿罗的观点，创新是激进还是渐进取决于消费者需求和新旧技术的特征。从亨德森和克拉克的观点看，发明是激进还是渐进的，取决于创新是需要新的技术和商业技能，还是需要从事创新的企业采取解决问题的新方法。

亨德森和克拉克的激进创新理论可以解释为什么一些支配型企业即使有抢先于潜在竞争对手的激励，仍未能创新。例如，美国无线电公司（RCA）拥有发展第一台商用便携式晶体管收音机的核心能力，并在1952年展示了模型，但第一台商用晶体管收音机的生产者是索尼（Sony），而非美国无线电公司，索尼使用的正是美国无线电公司许可的技术。[40]美国无线电公司在生产商用便携式晶体管收音机所需的组件上具有专业知识，但创新要求公司以不同的方式思考如何将这些组件集成以生产出商用产品。[41]英特尔缩减了对精简指令集计算（RISC）微处理器的研究，因为这类处理器不能后向兼容现有的复杂指令集计算（CISC）微处理器体系结构。[42]如安谋科技公司（以下简称 ARM）之类的新竞争者，在 RISC 微处理器中引入移动技术。考虑到英特尔致力于微处理器的后向兼容，从 CISC 到 RISC 的转变属于激进创新。丽贝卡·亨德森使用 19 家公司承担的 49 个光刻项目的数据，检验了关于创新的其他解释。[43]半导体光刻是一种光学工艺，用于将器件和电路图案转移到半导体基板上，以制造集成电路。她发现数据支持如下经济理论：如果创新在组织意义上是渐进的而非激进的，则在位企业有投资于研发的激励以保持其领先于竞争对手的地位。然而，对于某些涉及激进的组织调整的创新，尽管在位企业在这些新技术研发上投资甚巨，但仍未能阻止竞争。

激进创新并非注定是在位企业的劫数。佳能和富士成功地从胶卷转到数码摄影，但柯达和宝丽来却难逃失败命运。苹果公司成功地在潜在的破坏性创新浪潮中乘风破浪，可能因为它并未过度专注于消费者营销研究。[44]其他企业试图将研发团队从现有组织中独立出来，以减少制度惯性。[45]

5. 结论

创新本质上是人类的尝试，但经济激励的力量，即使作用于创造性的创新行为，也不应被忽视。阿罗替代效应确定了一种重要的经济力量，即创新危及利润的风险将会拖累创新激励。在某些情况下，先发制人式激励能够扭转这种结果。

解释企业所有权和控制权分离的代理理论，使企业盈利能力对研发决策的影响复杂化。目前，这些理论之间没有形成可靠的一致性，不足以反驳更传统的利润最大化行为的理论。强调认知局限和现有企业结构缺陷的组织理论，为企业保持技术领先地位的能力提供了有用的视角，但它们通常与研发投资的纯经济激励理论一致。

信息限制和科层机构惰性可以解释企业为何不追求新的技术机会。如果新技术的预期回报不足以覆盖企业改变其组织结构以更有效地支持新技术投资而投入的成本，那么不追求新的技术机会也是合理的经济决策。需求方面的认知影响（克里斯坦森称之为"创新者的窘境"）表明，老牌企业更有可能追求渐进创新。经济理论显示，支配型企业可能比竞争对手有更多的研发投资激励，但这只适用于不会使现有产品过时的渐进创新。对一些组织来说，适应激进创新的成本很高。类似地，阿罗替代效应意味着，创新可能危及现有产品的利润，这构成了研发的机会成本。所有这些理论都表明，老牌企业不对新竞争设置人为障碍至关重要，因为颠覆性创新通常来自行业中的新竞争对手。

针对创新的竞争政策应考虑有争议的创新类型、合并企业的技术能力，以及受影响行业的竞争性质。尽管下一章将说明，合并可能会对创新激励产生不利影响，但在某些情况下，合并使被合并企业可以从创新中独占更多的创新价值，或者促进不同技术能力的企业相互转让技术，从而促进创新。合并各方从各自技术能力中获益的能力取决于创新是否需要组织适应激进的变化。合并不太可能为亨德森和克拉克定义的激进新技术带来独占收益。

所谓正确的创新激励模式取决于多重因素，包括市场结构、技术机会、组织能力、信息溢出效应以及其他维度，例如创新是产品还是工艺，又或者是创造耐用品。细节至关重要，减少竞争的合并可能会削弱一个行业的创新激励，但对另一个行业来说，可能会增强其创新激励或者对之毫无影响。

"我们通过发现局部理论取得进步……可能存在一个无限序列的越来越精致的理论，到目前为止这与我们的经验一致。"这段话引自杰出理论物理学家和宇宙学家斯蒂芬·霍金（Stephen Hawking）的《万物理论》（*The Theory of Everything*）。[46] 尽管创新经济学和宇宙学相距甚远，但霍金之语同样适用于创新激励理论。我们的现有模型是在有限环境下有效的局部理论，后续可能会出现更精致的理论。

本章和前一章对创新经济学的概述，可能会使那些为面向创新的反垄断执法寻找一般理论指导的人感到失望。第 6 章描述的实证研究也不能完全解决此困境，因为他们发现竞争通常但并不总是能促进创新。但在第 5 章，我们首先讨论反垄断机构针对影响创新和未来价格竞争的合并采取的相关执法行动。

第 5 章　针对创新的合并政策

今日，保护创新的目标通常是我们对科技公司做出执法决策并提起后续诉讼的一个决定性因素。

——雷娜塔·黑森（Renata Hesse），《反垄断和高科技的交汇点》（2014）

1. 引言

第 3 章和第 4 章讨论了有关创新的经济理论，尤其是阿罗替代效应与熊彼特占有效应之间的紧张关系，阿罗替代效应将市场势力视为创新激励的潜在阻力，熊彼特占有效应则意味着规模和市场势力可以增强创新激励，因为它使企业从发现中获得更大的价值。本章描述了反垄断机构如何评估对创新以及新产品和服务竞争产生影响的合并，并考虑针对合并的执法决策如何与这些理论的相关结论保持一致。[1]第 7 章分析了美国和欧洲的执法机构为解决对几起合并的创新担忧而采取补救措施的成功之处及其局限性。

美国和其他司法辖区通常采用相似的方法评估合并，包括那些损害创新的合并。它们在执法决策的时间以及诉讼路径上有所不同。这些程序可能会对执法决策产生重大影响，因为它们会影响反垄断机构执法的谈判力（bargaining leverage）。如果合并各方知道对反垄断机构的质疑需要花费较长时间，他们可能更愿意通过谈判达成交易。我不讨论这些行政管理上的差异。在美国，司法部和联邦贸易委员会共享对合并的执法权，但各自的程序和诉讼存在差异。

横向合并是指涉及真实或潜在竞争对手的合并（或收购），美国反垄断机构发布并更新了解释横向合并执法政策的指南。我在本章引用了这些指南，既将它们作为解释当前执法政策的素材，也为描述有关创新的合并政策演变提供历史参考。

纵向合并是指在供应链的不同层面上运营的企业进行的合并（或收购）。[2]纵向合并可能会损害竞争，因为它排除竞争对手，或者使竞争对手获取资源或客户时需要付出高昂的代价。这些合并允许合并各方将其市场势力延伸至相关活动，或者要求潜在竞争者进入供应链的多个层面，以维持合并方的市场势力。[3]纵向合并使企业可以协调创新活动并占有更大的创新收益，从而促进创新，但它也可能使合并企业有动力阻止竞争对手的创新。我将在第 8 章关于微软反垄断案和第 9 章关于谷歌互联网搜索行为的反垄断调查中，讨论这些与纵向合并相关的议题。

本章将重点讨论横向合并。合并可能损害企业目前在售产品和新产品的竞争。另外，合并也可能会损害公司开发新产品或改进现有产品的激励。[4] 在过去的大部分时间里，反垄断政策只关注第一种损害：合并对现有产品的市场竞争可能造成的影响。尽管反垄断法关注更广泛的问题，但直到一个多世纪后，法院和反垄断执法机构才开始关注合并可能造成的其他两种损害，即对新产品竞争和创新激励的损害。

各种竞争效应促成了一个执法矩阵，其中描述了高科技行业中的合并可能造成的后果。结合对现有和未来产品可能产生的价格效应，执法矩阵包括四项，如表 5.1 所示。

表5.1 高科技行业并购的反垄断执法矩阵

	现有或者未来产品的价格上涨（P_H）	现有或者未来产品的价格均不会上涨（P_{NH}）
损害创新（I_H）	$P_H + I_H$	$P_{NH} + I_H$
无损于创新或创新激励增加（I_{NH}）	$P_H + I_{NH}$	$P_{NH} + I_{NH}$

落入执法矩阵东南角（$P_{NH} + I_{NH}$）的合并案不属于反垄断执法的候选案件。这些合并既不会引发人们对价格上涨的担忧，也不会损害创新。执法矩阵的西北角（$P_H + I_H$）描述了那些既引发（现有和/或未来产品）价格上涨担忧又引起损害创新担忧的合并案。东北角（$P_{NH} + I_H$）属于纯创新类案件，不会引起人们对现有或未来产品价格上涨的担忧，但它们可能会减弱创新激励，从而损害消费者。西南角（$P_H + I_{NH}$）的合并案引发人们对现有或未来产品价格上涨的担忧，但可能会通过增强创新激励并产生补偿性收益。这可能来自占有效应，即允许合并后的公司从研发活动中获得更大回报。

第 5 章 针对创新的合并政策

反垄断执法机构可能会批准合并交易、无条件质疑合并交易或者允许合并交易在有补救措施的条件下进行。自2010年以来，美国反垄断机构根据《哈特-斯科特-罗迪诺法案》的报告指南，平均每年审查1 500多宗拟议合并案件。[5]这些机构遵循被称为"第二次请求"的程序，仅对其中一小部分拟议合并交易展开调查。在2017财年，这些机构审查了2 000多宗拟议合并案，并对其中51宗合并交易发起"第二次请求"调查，最终起诉39宗合并交易（在受到"第二次请求"调查的交易中占四分之三）。在被起诉的案件中，大多数通过同意令解决，交易双方同意将结构性承诺或者行为承诺作为完成交易的条件。但在少数情况下，交易方放弃拟议交易，或者由反垄断机构提起诉讼。2017财年，大量的拟并购案引人注目，但除此之外，第二次请求、和解以及法庭诉讼的案件比例与其他年度相比也颇为突出。

1995年之前，美国和其他司法辖区的合并诉讼很少涉及合并对创新的损害。1990—1994年，司法部和联邦贸易委员会一共对85宗拟议合并提起诉讼。其中10宗为高科技如计算机、制药领域的拟议合并案。执法机构指控这些案件中有两起损害创新（见图5.1）。

自20世纪90年代中期以来，在对高科技行业的合并提起的诉讼中，指控合并损害创新已成常态。[6]1995—2015年，反垄断机构总共对552宗合并提起诉讼，其中144宗来自高科技行业。在这144宗案件中，有124宗被指控为有害创新，几乎占90%（见图5.2）。

几乎所有这些起诉都与执法矩阵西北角（P_H+I_H）相对应。反垄断机构指控这些合并，认为如果它们无条件地获得批准，将会提

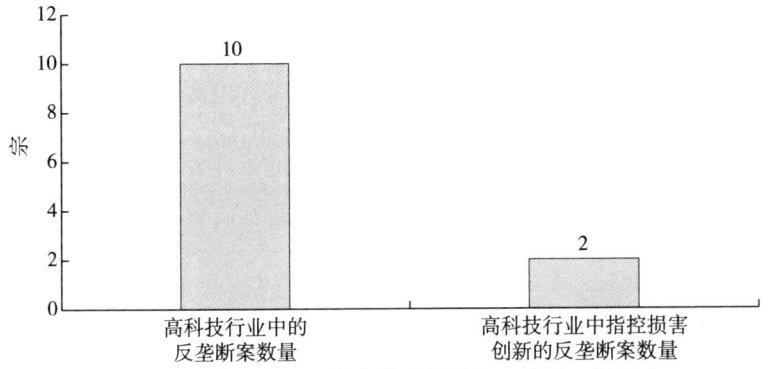

图 5.1 对高科技行业并购的反垄断案：1990—1994 年

资料来源：Gilbert and Greene（2015）。

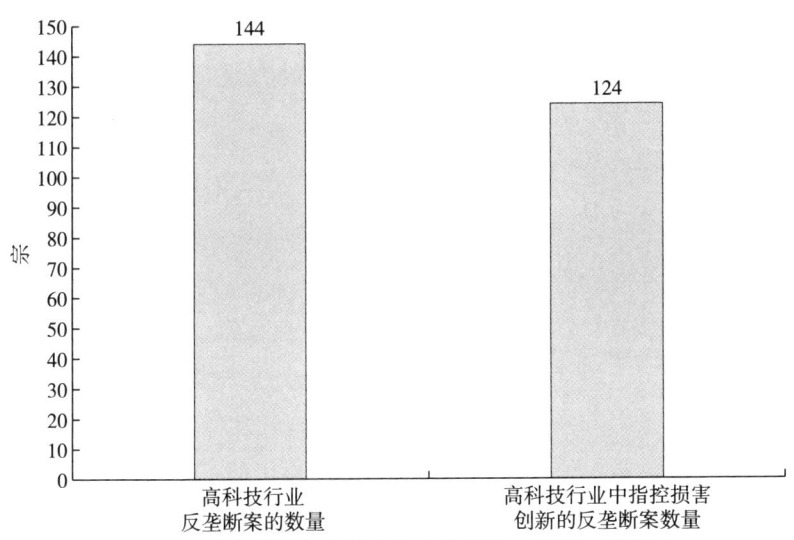

图 5.2 对高科技行业并购的反垄断案：1995—2015 年

资料来源：Gilbert and Greene（2015）。

高价格（通常是现有产品的价格）并损害竞争。司法部助理副部长蕾娜塔·黑塞对被指控有损高科技行业竞争的合并，发表了以下意见[7]：

第 5 章 针对创新的合并政策

幸运的是，我们很少被迫在防止价格上涨与保护创新之间做出选择。竞争驱使企业进行价格竞争并变得高效，也激励它们投资更多并更加努力地改进产品设计、功能和制造工艺。在高科技市场中，如果一笔合并交易有可能导致涨价或减产，它往往也会对企业的创新激励造成相应的负面影响。

如果对损害创新和现有产品价格上涨的担忧相伴而生，则会提出一个问题，即在反垄断执法工具箱中增加对创新的执法能否获益良多。基于传统上对价格上升的关切，那些损害创新的合并将被起诉。[8]但合并需要执法机构在价格上升风险和创新可能带来的较大收益之间进行权衡。图5.3说明了此种合并。D_1为合并前的需求曲线。它衡量消费者在每一种价格水平下的购买总量。合并前的价格为P_1。通过促进对某一改良产品的制造，合并导致价格增至P_2，并导致需求变为D_2。

在图5.3中，由P_1AB点确定的三角区域是合并前的消费者剩余，即消费者愿意为商品支付的金额与他们必须支付的金额之差。合并后的消费者剩余是由P_2CD点确定的三角区域。如果P_2CD三角形的面积小于P_1AB三角形的面积，则合并在总体上会损害消费者。这虽然是基于第4章讨论的理论结论得出的可能结果，但并非必然。相反的情况亦会发生，即P_2CD三角形的面积可能大于P_1AB三角形的面积。

对既提高价格又促进创新（如图5.3所示）的合并带来的福利效应进行分析甚是复杂，因为消费者的净损害或净收益取决于合并前后的价格及需求形态。此外，消费者对价格和创新效应可能会有不同的反应。非常乐意为改良产品付费的消费者可能会支

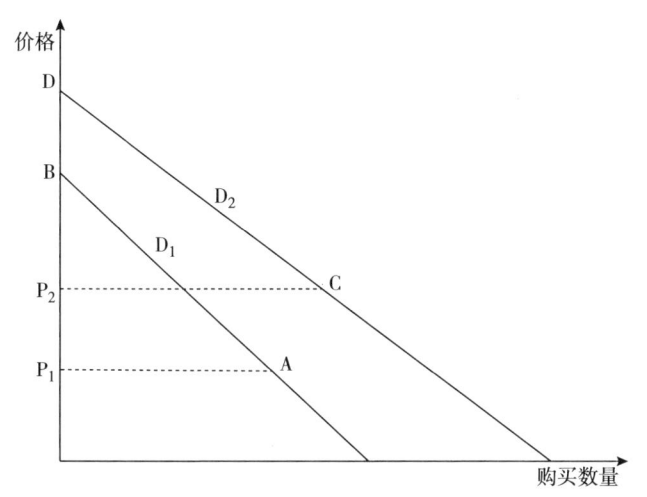

图 5.3　需求和价格，无论是否存在影响产品价格和质量的行为

持提高价格和改进产品质量的合并。其他的消费者可能对改良产品没什么兴趣。对这些消费者而言，任何明显的价格上升都会降低其福利。

本章第 2 节开始讨论美国司法部和联邦贸易委员会发布的《横向合并指南》，这是描述反垄断机构如何评估合并效应的出版物，欧盟委员会也发布过类似的指南。大多数对合并的起诉都是处理单边效应带来的创新损害指控，单边效应被定义为不需要接受竞争对手回应的效应。第 3 节分析了市场破坏和单边效应对评估技术进步行业的合并有何影响。

第 4 节描述了可能引发人们担心创新产生单边效应的三类合并：研发项目与现有产品结合的合并、导致研发项目重叠的合并、导致研发能力重叠的合并。第 5 节列举了更可能引发人们担心损害创新和未来价格竞争的合并案。

2. 反垄断机构关于创新问题的合并指南

在 2010 年最新修订的美国司法部和联邦贸易委员会《横向合并指南》之前，几乎没有机构指南可用来处理合并案件中的创新问题。最早的合并指南发布于 1968 年，只有在创新影响反垄断机构分析价格竞争所依据的市场边界时才会考虑创新问题。[9] 1982 年出版并于 1984 年修订的下一版《指南》承认，"具有市场势力的卖家也可消除非价格变量方面的竞争"[10]，但它除了注意到快速的技术变化可能会导致分析合并对竞争的影响变得复杂以外，并未对此概念做进一步阐释。[11]

2010 年的《横向合并指南》在很多方面引人注意，其中包括对创新的重视。《横向合并指南》提及创新不下 19 次，均是在创新激励减弱对潜在竞争的损害以及创新激励增强的促竞争效应背景下提出的。《横向合并指南》包括一个名为"创新与产品多样化"的单独章节，其中指出"竞争经常激发企业创新"。《横向合并指南》还指出：

> 反垄断机构可能考虑合并是否会鼓励合并后的企业减少其创新努力，使之低于没有合并时的水平，从而减少创新竞争。抑制创新可能采取的形式是继续减弱现有产品开发工作的激励，或者减弱启动新产品开发的激励。

《横向合并指南》进一步阐述：

> 如果合并交易各方中至少有一方从事引进新产品的工作，

而新品又可以从另一个合并方中获取大量收入，那么这些效应中的第一种效应最有可能发生。如果至少一方有能力在未来引导新产品开发，并从另一个合并方手中获得大量收入，那么第二种长期效应最有可能发生。因此，反垄断机构也会考虑在仅有极少数企业具备在某一领域内成功创新的超强能力时，其中两家企业的合并是否会削弱创新。

2010 年的《横向合并指南》承认，合并可使合并后的企业从其发现中获得更多收益，从而增强创新激励。

（反垄断）机构也会考虑合并后的企业占有更大比例创新收益的能力。许可和知识产权条件可能是重要的调查内容，因为它们影响一个企业占有创新收益的能力。

2010 年的《横向合并指南》承认效率是对反竞争合并的潜在抗辩，也就是说，若不合并就无法实现效率且效率的类型和规模有利于消费者。[12] 某些研发上的效率，如果存在，则可能是合并特有的。与企业之间签订研发合同较为困难，而且没有合并的协作可能会遭遇发明的权利划分以及不愿意分享秘密信息等冲突。尽管合并不能保证交易各方工作顺畅从而促使研发产出最大化，但它可以避免企业之间进行研发合作可能引发的一些风险。[13] 此外，合并使合并各方可以重新配置其研发资产，并使支出更有效率。[14]

尽管如此，2010 年的《横向合并指南》对涉及创新的效率抗辩设置了高标准[15]：

效率，例如与研发活动相关的效率，可能是重大的，但通常不易被核实，且可能是反竞争的产出减少的结果。

反垄断机构的谨慎声明并不妨碍它们批准具有显著创新收益前景的合并交易。美国司法部反垄断局并未起诉微软和雅虎合并其后端搜索广告业务的合资企业。反垄断局得出结论：合资企业将显著创造规模经济，增强其提供更多相关搜索结果和付费搜索列表的能力，并比微软和雅虎各自分立时更快地对潜在的新搜索产品进行创新。[16] 反垄断局也没有起诉移动无线公司 T-Mobile* 和 MetroPCS** 的合并，因为它的评估结论是：扩大 T-Mobile 的规模和频谱容量具有促进创新和价格竞争的效应。[17]

在这些例子中，反垄断局并非一定要在价格上升和创新收益之间做出选择，因为它要么低估了价格上升的可能性，要么如同在 T-Mobile 和 MetroPCS 合并案中那样得出结论认为，这种合并能够促进价格竞争。这些交易很少需要反垄断执法机构在阻止价格上升和保护创新之间做出选择。美国司法部助理副部长黑塞承认，此种情况可能发生，如果发生，反垄断执法机构将不得不衡量消费者因产品涨价而遭受的损失与新产品或改良产品能够带来的收益，这是一种复杂的权衡，如图5.3所示。

欧盟委员会的《合并指南》也对可能的创新损害和收益做出类似陈述。《合并指南》指出："有效竞争给消费者带来好处，例如物美价廉的产品、更多的产品或服务选择，以及创新"，《合并指南》也指出合并导致市场势力增强，这可能使合并各方"逐利性地提高价格，缩减产品和服务的产量、选择或质量，削弱创新，或者以其他方式影响竞争参数"。[18] 他们特别关注所谓管线产品（pipe-

---

* 一家跨国移动电话运营商，德国电信的美国子公司。——编者注
** 美国第五大电信业务运营商。——编者注

line products）的合并效应，管线产品与特定产品市场相关，例如处于不同临床试验阶段的研发项目，这是药品在获准使用之前的必经阶段。

在提到合并对创新造成的潜在损害之时，欧盟委员会的《合并指南》也承认，"合并可能会增强公司给市场带来创新的能力和激励，从而加大竞争对手在市场上创新的竞争压力"。[19] 欧盟委员会的《合并指南》还指出，效率主张必须经过证实，而且是合并专有的，但是《合并指南》并没能增加限定条件，即与研发相关的效率通常不易证实。如第7章讨论的案例所示，欧盟委员会积极指控有一些合并对创新产生了不利影响。

有人说反垄断机构和法院不看重效率主张[20]，而另一部分人则宣称，反垄断机构过快地接受效率主张并允许那些损害消费者的合并得以完成。[21] 可是，现有证据不支持美国司法部和联邦贸易委员会对可能影响现有产品价格的合并采取过于激进的执法措施。一些回溯性研究证实，反垄断机构批准合并后，价格随之上涨。[22] 不幸的是，很少有研究涉及合并方是否实现了它们主张的研发效率或创新对消费者带来的好处。第7章讨论的案例表明，这是一个亟待研究的领域。

3. 评估创新竞争：破坏性和单边效应

市场结构以及由此产生的竞争力量，可以影响企业创新的速度，而技术变革通过改变企业竞争的市场，使得对合并的分析复杂化，也使得对未来价格和创新效应的预测更加困难。[23] 尽管有人认为，技术变革的破坏性影响要求反垄断机构对高科技市场的合并采用不同的分析方法[24]，但反垄断法在不做出根本改变的情况下仍可以容纳适当程度的分析。[25]

反垄断机构和法院已将预期的市场破坏效应纳入执法决策的范围。在少数情况下，市场动态支持不干预合并或其他行为的决定。[26]在另一些情况下，仅有新竞争在未来某时刻可能到来的事实，不能证明新竞争来临之前相关企业运用市场势力，也不能证明创新活动被削弱，进而可能导致新技术收益的延迟或减少。[27]很多高科技市场具有规模经济和网络效应的特征，对新竞争形成壁垒并增强市场势力的持久性。这些行业中的企业通过公开竞争，而非通过消除竞争的合并或者无补偿地排除竞争对手的行为获得市场优势，此点尤为重要。

反垄断执法机构通常将竞争弱化视为协同互动（coordinated interaction）或单边效应的结果。协同互动涉及多个企业的行为，其中每一个企业能够获利只是其他企业配合行动的结果，例如一个企业的涨价行为，只有在其他竞争对手也涨价时才有利可图。但对于有利可图的单边效应，配合（accommodation）并非必不可少。在合并中，当合并使得提高价格（或减少创新）的各合并企业在无须竞争对手配合的情况下，也能够增加获利时，即为单边价格（或创新）效应。

协同必须有明确的协议或者心照不宣，以限制无协议的单独获利行为。共谋是执行明确协议而产生的协同效应。术语"默契共谋"和"有意并行"（conscious parallelism）描述的是没有明确协议的协同。[28]默契共谋的企业意识到其行为的相互依赖性。它们威胁参与者，除非遵守协议，否则竞争将爆发并侵蚀其利润，以此达到共谋结果。

研发项目通常具有专属性，其结果难以确定且发生在时间久远的未来。成功的创新能够颠覆一个行业，削弱竞争对手，使它们无力给创新者带来成本。[29] 综上所述，这些特征表明，若没有明确的协议，企业将很难就减少创新进行协同。因此，在指控合并损害了创新的诉讼中，通常指控单边行为而非协同效应。

尽管在涉及创新的反垄断案件中，对单边竞争效应的指控更为常见，但有几起案件被认为具有抑制创新的协同效应。美国司法部质疑一家研究性合资企业，该企业与主要汽车制造商合作开发污染控制技术。政府指控该合资企业实际上共谋放慢而非加快开发进程，因为这些技术对制造商而言成本高昂。[30] 最近，欧盟委员会对一些卡车制造商处以罚款，因为它们在采用排放控制技术的时间安排上形成共谋[31]，以及有一宗私人集体诉讼案指称大众集团，即奥迪、保时捷、大众三大品牌汽车的制造商与宝马、梅赛德斯-奔驰，以及零部件供应商罗伯特·博世、汽车工程公司 IAV 和汽车工业协会 VDA（Verband der Automobilindustrie）共谋限制技术创新，并分享有关汽车设计和制造方面的关键商业信息。[32]

如果合并消除了在合并各方保持独立时本可以存在的竞争，那就会导致单边效应。假设某行业中起初有三家企业：α、β 和 γ。如果这三家企业忽略其相互依赖性，则每家企业都有激励改进其产品或者创造新产品，以获取另外两家企业的业务。

假设 α、β 合并，图 5.4 显示了合并前后的创新激励。合并前，α 有从 β 和 γ 获取业务的创新激励，β 有从 α 和 γ 获取业务的创新激励。但合并后的企业仅有从 γ 获取业务的创新激励。合并各方均不能像合并前那样彼此夺取销售份额。

有关合并对拟合并企业投资于研发的单边激励（unilateral incentive）的影响，类似于合并对拟合并企业涨价的单边激励的影响。单边效应形成合并中的"价格上涨压力"，它与"转移率"*以及公司的利润率成正比。在价格竞争的背景下，转移率衡量的是合并一方因为另一方价格上涨承受的销售损失比例，而一方的损失将是另一方的所得。合并将这些销售损失内部化，而企业利润率衡量合并带来的收益。[33] 类似地，如图5.4所示，在合并前，每个企业都有研发投资激励，以从竞争对手包括其合并方那里获取业务。约瑟夫·法雷尔和卡尔·夏皮罗将A企业和B企业之间的"创新转移率"定义为A企业投入更多资源用于创新而赚取的总利润增量所占的比例，A企业总利润的增加以牺牲B企业为代价。[34]

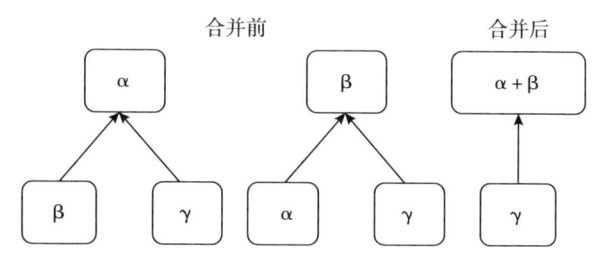

图5.4 合并前，α、β都有从γ以及相互之间获取业务的激励；
如果α和β合并，合并后的企业仅有从γ获取业务的激励

如果竞争对手为了回应合并双方的涨价行为而提高价格，则只考虑合并产生的单边价格效应就低估了合并的影响。若定价决策是在很多商业环境中出现的"策略性互补"，则竞争对手将随之做出回应。[35] 在此情况下，合并产生的单边价格上涨压力表明，若没有足够的抵消效应，合并将导致该行业的价格升高。然而，我们并没

---

* 转换率（diversion ratio），是指如果A、B两家企业是并购双方，A对其产品涨价，例如10%，导致销售转移到B企业的产品上的那部分比例。——编者注

有先验理由认为研发决策是策略性互补的。竞争对手可以获利性地增加研发支出,对合并各方减少研发的行为做出回应。也就是说,研发决策可能是"策略性替代"。[36]如果研发决策是策略性替代,那么合并产生的单边创新压力减小并不是一个可用来衡量合并将更加普遍地损害行业研发和创新总投资的可靠指标。

最近的若干理论研究表明,合并将产生创新压力减少。[37]不过,如果合并方能够有效地从事研发活动或者合并能够刺激竞争对手增加研发投资,那么合并就能够促进创新。合并的创新压力减少也可能被简单模型中没有包含的占有效应、技术溢出效应和创新动力等相关因素扭转。[38]此外,如果创新发现有"赢家通吃"的特征,那么合并不会对创新激励产生影响,不论创新者是独立的企业还是合并的一方,第二次创新的收益都是零。[39]当然,即使合并对创新本身并无不利影响,它也有可能因为消灭原本会有的价格竞争而损害消费者。

合并可以提升合并各方以不同方式从发现中获取占有价值的能力。合并可以减少未来产品市场的竞争,对未来更高价格的预期可能会促使合并后的企业增加研发投资。消费者可能从创新增加中获利,但获利亦可能被更高的价格抵消。

对创新收益的占有也与技术溢出效应的有无相关。一宗合并可以通过减少企业之间的溢出效应,或者通过在合并各方转让相关知识时可资利用的公司内部溢出效应,占有创新收益。

企业间技术溢出效应衡量的是一项发现通过使竞争对手更容易模仿,而使一家或多家竞争对手受益的程度。合并可以消除从企业间溢出效应中获利的竞争对手,以此增强合并各方的研发投资激励。研发投资激励的增强,并不一定意味着更多的行业创新。回忆

第 3 章和第 4 章的讨论，技术溢出效应使竞争对手更容易模仿发现，从而能够增加整个行业的创新。因此，合并各方负有很高的举证责任，以证明减少企业间溢出效应是一种可识别的合并专用的收益，但也有例外的极端情况，即被模仿的风险如此之高，以致合并各方从研发投资中无利可图，而合并可以充分降低这种风险，使合并后企业的研发投资能够盈利。

企业内技术溢出效应衡量的是合并一方从另一方的发现中获利的程度（更一般地说，指同一企业不同部门之间的技术溢出效应）。一宗合并可通过促进企业内溢出效应来提高对创新收益的占有。[40] 有一个与第 3 章中的例子类似的简单案例，可以说明企业内溢出效应在合并对创新激励的影响中发挥着关键作用。假定有 3 家企业均以每件 10 美元的价格销售同样的产品。每家企业最初的固定边际成本为 8 美元并销售 100 万件，将产生毛利润 200 万美元。企业可以通过研发投资将成本降低 2 美元。如果价格和销售额不变，那么成本降低将使每家企业的毛利润增加 200 万美元。企业从创新中获得的收益仅仅是成本下降，而不能将发明有偿许可给他人。

现在假设两个企业合并。首先，假定合并不改变价格或双方的销售额。双方继续以 10 美元的单价销售 100 万件产品。如果没有企业内技术溢出效应，只有投资于研发的一方才能降低成本。在此假定下，合并对创新激励没有影响。

相反，假设存在很大的企业内溢出效应：合并后的企业削减了 200 万件产品的生产成本。在此情况下，合并使降成本型研发的价值翻倍。合并后的企业单位成本降低 2 美元，将使其总利润增加 400 万美元，而在合并之前，降低 2 美元成本，仅能使利润增加 200 万美元。合并后的销售基数越大，合并后的企业投资于降低成本的激励就越强。因此，合并是增强还是削弱创新激励，主要取决于研发投资是否与合并各方的产出匹配，或者公司内溢出效应是否能让合并双方从研发投资中获益。上述例子假定合并不会改变价格。如果合并后的企业提高价格，则需求降低，从降低成本的研发中获利的产出也会降低。[41]

企业内溢出效应也与生产创新相关。假设一家销售重型自动变速器的公司与一家销售轻型自动变速器的公司合并。如果一方改进变速器的发现很容易被另一方采用并纳入其销售的产品，则存在很强的企业内溢出效应。

在缺乏效率和无法占有创新收益的情况下，关于相似企业合并的简单模型，意味着创新减少的压力导致研发投资激励减弱。这些结果不同于第4章描述的动态模型的预测，相关模型表明，竞争的减少既可能增强也可能减弱创新激励（例如，菲利普·阿吉翁及其合著者在论文中描述的竞争与创新之间的倒U形关系）。[42] 一些人将这些差异归因于如下事实：动态模型研究了竞争变化对创新激励的影响，但不研究合并造成的影响。合并对创新激励的影响不同于行业中竞争减少的影响，这是因为合并至少在短期内没有使拟合并企业丧失研发能力；相反，它使拟合并企业协同研发，协同做出其他决策。

合并和竞争减少对创新激励的不同影响是显著的，这导致一些人认为有关竞争和创新的理论文献具有误导性。[43] 然而重要的是，我们应该意识到，关于合并导致创新压力减少的理论模型已经高度简化，并忽略了市场结构和创新激励之间关键的相互作用，而竞争与创新的动态模型更仔细地考虑了这种相互作用。此外，随着时间推移，发起合并的企业重置其研发财产，使得合并后企业的技术能

第5章 针对创新的合并政策　　101

力类似于其行业中的竞争对手，合并和减少竞争对创新激励的不同影响将消失。

从动态模型中得出的一个见解是，竞争对创新激励的影响取决于企业的相对技术地位，用企业与行业中最先进企业达到的技术前沿之间的距离来衡量。如果落后于前沿的企业不能从创新中获得可观的价值，就没有追赶领先者的激励。相反，如果市场高度竞争，因为创新使企业可以避免竞争的约束，那么技术地位平等的企业将具有强大的创新激励。创新激励还取决于未来的发现是剧烈的（意味着它使替代技术变得没有竞争力）、激进的（意味着它需要组织适应）还是渐进的，还有其他因素，包括企业内技术溢出效应的程度。

研究合并如何影响研发投资激励的简单模型忽略了或未能完全解决这些复杂问题。一种有理有据的批评是，现有的动态竞争和创新模型未能反映合并各方之间转移效应的内部化所导致的合并带来的创新压力减少，但是为了理解合并对创新激励的影响，现在就忽略竞争和创新动态模型的相关性还为时过早。

4. 可能对创新产生单边影响的三种合并

在几乎所有涉及高科技行业合并的诉讼中，美国反垄断机构均指控合并损害了竞争。这些诉讼大多针对现有产品市场的竞争受损，而有关创新受损的指控则附属于对产品市场竞争受损的指控。在其他案件中，有关创新受损的指控是独立存在的，对于以同意令方式解决的案件，则确定了协商补救的范围。这些以创新为中心的合并案若涉及合并对创新的单边影响，则可分为三大类。这些分类并不相互排斥,因为合并可能会引发人们对创新和未来价格竞争的担忧,而这两方面的影响都涉及不止一种分类。

产品到项目的合并

"产品到项目的合并"(product-to-project merger)涉及一家生产现有产品的企业合并、收购另一家企业或者被另一家企业收购,而另一家企业拥有研发项目,若研发成功,则可与其他企业的产品竞争。例如,一家拥有乙肝疫苗的企业与另外一家正在开展临床试验且可能证明其乙肝疫苗安全性和有效性的企业进行合并。

如果研发项目成功,并且会同其他合并方的产品竞争,则产品到项目的合并可能会损害未来的价格竞争。此外,由于产品到项目的合并产生了阿罗替代效应,所以可能会削弱创新激励。如果研发项目成功且与其他合并方的产品存在竞争,则将损害现有产品的利润。与合并双方作为独立实体的加总利润相比,替代效应降低了合并后的企业从研发项目和现有产品中获得的预期总利润,并可能导致合并后的企业终止或推迟研发项目。

因为成功的研发项目将从合并伙伴手中窃取业务,所以阿罗替代效应是一种单边的业务窃取效应,将在合并后的企业内部发挥作用。相对于独立企业可从创新中赚取的利润,替代效应对竞争的影响取决于合并在何种程度上增加了因创新而面临风险的利润。如果合并一方现有产品的利润因另一方的发现而面临风险,则合并会产生替代效应。如果合并双方产品的利润因另一方的发现而面临风险,则合并可能会增加合并前的替代效应,并产生更大的创新减少压力。如果这些产品是替代品,合并可能提高价格并增加因发现而面临风险的利润,从而增强替代效应。在此情况下,对创新的担忧将伴随着传统的对现有市场价格效应的担忧。如果合并双方的现有产品不能相互替代，则合并也可能增加因发现而面临风险的利润。关注价格的合并评估并未考虑潜在替代效应造成的这种损害。

例如，假设有两家从事研发的企业，如果研发成功，就会创造一种口服胰岛素并取代现有的注射胰岛素。其中一家企业销售注射胰岛素，另一家企业销售用于注射胰岛素的注射泵。若两家企业合并，传统分析认为注射胰岛素和注射泵是互补产品，将它们置于共同所有权下属于合并收益。古诺互补效应表明，合并后的企业可以有利可图地协同降低注射胰岛素和注射泵的价格，从而有可能增强患者更多地使用这两种产品的激励。

如果忽略创新效应，互补产品的收益将支持批准合并的决策。尽管如此，合并可能会显著提高替代效应，从而降低合并后的企业投资于研发口服胰岛素的激励。[44] 若口服胰岛素研制成功，将会消除注射胰岛素和注射泵的利润。尽管这两种产品是相互补充而非相互替代的，但若有效的口服胰岛素被发现，这两种产品的利润都存在丧失殆尽的风险。

从这个例子中可以看到，价格和创新效应在不同方向上发挥作用。因为产品互补，合并可以降低现有注射胰岛素和注射泵的价格。然而，合并增强了替代效应，因此将削弱企业投资于口服胰岛素研发的激励。

项目到项目的合并

"项目到项目的合并"（project-to-project merger）涉及两家企业都积极从事面向相似应用的研发。这类合并的一个例子是两家都在临床试验潜在乙肝疫苗的企业进行合并。另一个例子是消费者研究公司的合并，每家公司都在测试一种收集消费者观看模式数据的新方法，如第7章讨论的尼尔森公司和阿比创公司的合并。

如产品到项目的合并一样，项目到项目的合并也可能引发反垄断担忧，因为合并可能引起合并各方终止或推迟针对类似应用的研发项目。此外，项目到项目的合并也会引发有关潜在的未来价格竞争的反垄断担忧，更复杂的是，未来的市场尚未出现。只有合并双方的项目在没有合并之时均能获得商业成功，且在相同的市场上竞争，项目到项目的合并才会威胁到未来的价格竞争。在这种合并中，一个项目将是合并伙伴拥有的项目的潜在竞争者，但前提是合并伙伴的项目在商业上获得成功。

项目到项目的合并可能会导致合并一方放弃项目，或者致使一方或双方减少投资以及转向更加缓慢的研发项目。项目到项目的合并使合并双方可以从互补性技能中获益，或者利用知识转移（公司内技术溢出效应），从而获得效率上的收益。

研发重叠的合并

第三种对创新具有潜在单边效应的合并是有研发能力的企业之间的合并，该能力可被运用于类似的应用，但没有针对这些应用的明确项目。其中一个例子是第7章讨论的汽巴嘉基和山德士之间的合并。合并时，两家公司都具备基因治疗的研发能力已久，且都拥有知识产权，但两家公司都没有任何一种基因治疗产品，甚至也不存在具有发展前景的基因治疗项目。

研发能力重叠的企业合并可能会对创新和未来竞争产生不利影响。因为缺乏有关项目和产品的信息，不能确定合并双方的研发工作是否指向类似的目的，若它们成功，也不能确定是否会产生相互竞争的产品，所以，这类合并的举证难度更大。此外，与项目到项目的合并一样，研发能力的整合能够带来效率上的收益，而且合并可以利用企业内知识转移来增强创新激励。

如同任何执法决策一样，反垄断机构评估合并对创新和未来价格竞争可能造成的影响，应避免执法过度和执法不足的错误。对于某些类型的合并，反垄断执法机构有可能相对精确地评估潜在损害。对于产品到项目的合并，反垄断执法机构能够识别研发项目以及研发项目成功后使利润面临风险的产品。如果合并后一家或多家企业的研发项目获得成功，该信息有助于可靠地评估阿罗替代效应，以及相对准确地估计未来价格竞争消失带来的损害。综合考虑这些因素，若对产品到项目的合并进行的调查显示该合并是反竞争的，则其应具有相当高的确定性。

有关项目到项目的合并产生竞争效应的信息可靠性相对较低。这些交易可能导致合并后的公司推迟或终止研发项目，但亦可通过合并方之间的互补活动和知识转移提高效率。此外，项目到项目的合并产生的未来价格效应比产品到项目的合并产生的未来价格效应更加不确定，因为只有当合并双方都有成功的项目，产生相互替代的产品或技术时，价格效应才会发生。如果只有合并的一方拥有成功的项目，或者合并双方都有成功的项目但由此产生的产品或技术彼此互不竞争，那么未来的价格竞争就不会消失。

评估研发能力重叠的合并对创新和未来价格竞争的影响，其精确度可能不如评估产品到项目或者项目到项目的合并所产生的影响。调查可能无法准确预测在没有合并的情况下，合并各方是否仍将研发能力指向相似目的。若如此为之，它们的努力可能就不会成功，若它们都成功，则很难可靠地预测由此产生的产品或技术是否能够相互替代。此外，研发活动重叠的合并可能从互补性资产的组合以及公司内部的知识转移中获得显著的效率上的收益。

这些因素导致反垄断机构对可能损害创新的合并采取金字塔式的执法（见图5.5）。从塔底向上，质疑合并带来的收益变得更加不确定，诉讼中证明损害的举证责任也变得更加不确定。金字塔的各个部分表明不同案件的相对数量，在这些案件中，对损害创新的指控是反垄断执法结果的关键。有很多案件指控的是产品到项目的竞争（product-to-project competition），有少部分指控的是项目到项目的竞争（project-to-project competition），只有少数几个案件指控的是没有针对具体项目或产品研发的能力重叠造成的损害。

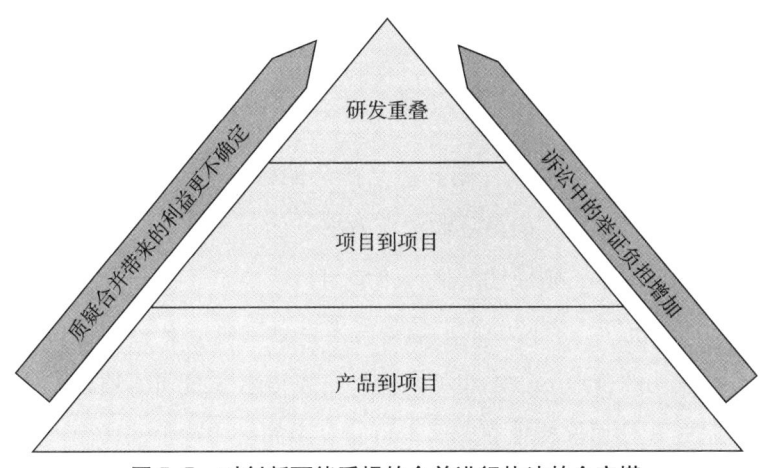

图5.5 对创新可能受损的合并进行执法的金字塔

如果合并涉及产品到项目的竞争，那么它们就类似于潜在竞争案例，即现有市场上的一家企业收购另一家可能进入该市场的企业。美国法院不接受消除潜在竞争对手会损害创新的指控。[45] 证据上的一个主要障碍，是要求证明被收购的企业原本会进入市场。[46] 类似的证据问题也适用于产品到项目的创新案例，唯其程度不同。与研发管线*中的项目相关的信息既有助于识别潜在竞争对手,也有助于确定项目商业化的可能性。

一些产品的研发管线可能很长,且管线中的项目取得成功的概率很低。[47]在评估一种有前景的药品化合物所需的时间内,其他疗法可能会以不经意的方式出现,该药品化合物可能会失败,或者可能在未曾预料到的应用中获得成功。[48]然而,项目处于开发初期且成败未定的事实,不应使收购项目豁免于反垄断执法。若在没有收购的情况下,项目成功的概率不可忽略,而且若项目成功,收购将具有反竞争效应,此种收购应引起反垄断关注。

例如,假设在治疗甲状腺癌的药品领域占据支配地位的 α 制药公司,试图收购 β 公司,而 β 公司的研发管线上刚好有一款甲状腺癌药物。反垄断审查机构担心,收购之后,α 公司将推迟或终止 β 公司对其药品的临床试验。

若 β 公司保持独立,则其药品成功的概率为 50%、5%或者其他数字这是否重要?如果收购没有效率上的正当理由,且反垄断执法没有机会成本,则成功的概率不应由执法决定。在 α 公司不收购 β 公司的情况下,有两种情形值得考虑,分别对应 β 公司项目的成败。在成功的情形下,收购可能会终止或推迟 β 公司的项目,或者通过缩减 β 公司保持独立时原本可能发生的价格竞争,从而损害患者。但在 β 公司作为独立竞争者失败的情形下,收购将没有反竞争效应。故反垄断执法的实质问题在于:(1) 在成功的情形下,收购是否具有反竞争效应;(2) 是否存在抵消这些不利影响的合并特有

---

* 研发管线(R&D pipeline)是指一家企业正在进行的不同阶段产品研发项目的集合。——编者注

的效率（merger-specific efficiency）。

假设在审查拟议收购之后，反垄断机构得出结论：假定 α 公司与 β 公司不合并，β 公司的研发项目将取得成功，则与 β 公司作为独立公司时的结果相比，收购 β 公司的药品将带来预期损害 H。预期损害是未来的价格竞争损失以及 β 公司推迟药品研发的成本，以及因为合并导致的成功概率降低。[49] 反垄断机构估计，如果双方不合并，β 公司药品成功的概率为 p。如果 β 公司的项目失败，收购也可能实现基于收购产生特有效率。该机构估计，合并特有的效率具有预期收益 Z。

如果预期净损害为正，反垄断审查机构应该质疑此收购。假定收购不改变项目成功的概率，预期净损害为：

$$pH-(1-p)Z$$

第一项是项目收购的预期损害，即收购带来的损害乘以没有被收购时 β 公司发展出一种安全有效的药品的概率。第二项衡量的是收购带来的合并特有的预期收益，也就是说，若没有被收购，该项目将会失败。如果 $Z=0$（即如果 β 公司的项目在没有收购的情况下失败，就没有合并特有的效率），那么在 $H>0$ 的情况下（即假定没有合并时项目会成功，则收购会损害创新或未来价格竞争），反垄断机构将质疑收购。[50] 如果 β 公司保持独立，那么对损害的估计将独立于项目成功的概率。当然，反垄断机构可能选择不质疑 H 为正的收购，因 pH 低于上述执法行动或者其他执法活动的执法成本或机会成本。例如，假设反垄断机构估计，与独立的 β 公司开发出安全有效药品的情形相比，此次收购将增加约 1 000 万美元的消费者成本。反垄断机构还得出结论，β 公司依靠自身努力获得成功的概率仅为 10% 左右。在还有其他执法机会的情况下，预计约 100 万美元的损失可能不足以让反垄断机构采取行动。

如果收购有可能损害创新或者未来的价格竞争，那么可以用一个成功的项目或者与项目成功无关的互补性资产（即 Z 的数量）否定净损害 H，从而使合并特有的效率成为可信的抗辩。对收购交易的审查可以确定收购各方是否受益于和被收购的药品项目成功与否无关的互补性资产，以及收购是不是实现这些收益所必需的。

对于项目到项目的合并以及将重叠的研发能力组合在一起的合并，一个关键问题是，结构性假设是否适用于确定那些提高研发活动集中度的合并对创新可能造成的损害。美国联邦最高法院在1963年费城国民银行案的判决中支持推定[51]：市场集中度提高会引发价格上涨。由美国司法部和联邦贸易委员会发布的《横向合并指南》和欧盟的《合并指南》包含了针对价格效应的可反驳结构性推定。

美国司法部和联邦贸易委员会于1995年发布的《知识产权许可反垄断指南》引入了"创新市场"的概念，随后在2017年修订《知识产权指南》时，将它更名为"研发市场"。确定研发市场能够评估研发活动的集中度可作为如何受合并或其他活动影响的第一步。根据《知识产权指南》[52]：

> 研发市场由多种资产构成，包括与识别商业化产品相关的研发，针对特定的新产品、改良型产品或工艺的研发，以及研发活动的近似替代品。当研发针对特定的新产品、改良型产品或工艺时，近似替代品可能包括研发工作、技术，以及显著限制相关研发市场势力行使的产品，例如，限制一个假定垄断者的能力和动机，进而降低其研发速度。

反垄断学者和从业者对创新市场或研发市场的概念提出了批评。[53]研发通常并不在市场上交易，是创新的投入品而不是创新的产出；创新和研发活动集中度之间存在复杂的关系。不过，单边效应的逻辑表明，在某些情况下，虽然一些在价格效应中不存在的因素，例如独占性，可能扭转合并对创新的损害，但合并会降低研发投资激励，其原因与合并导致价格上涨几乎相同。

虽然研发市场集中度与创新之间没有明确的联系，但这并不能否认界定研发市场的作用，它有助于识别既有能力又有动力开发商业化的新产品新工艺或改良型产品或工艺的企业。在所有其他条件相同的情况下，若合并各方参与高度集中的相关研发市场，则项目到项目的合并或者研发能力重叠的企业的合并更有可能对消费者造成损害。此外，研发市场可作为筛查工具，用于识别合并不可能损害创新的情况，就像非集中市场中的价格效应不可能损害创新的情况。

反垄断机构支持研发市场中的结构性筛查，以识别不太可能损害创新的研发市场。关于研发市场的知识产权许可协议的潜在竞争效应，美国司法部和联邦贸易委员会的《知识产权许可反垄断指南》指出[54]：

若无特殊情况，则反垄断机构在以下两种情况下不会质疑知识产权许可协议中的限制：

（1）这种限制看起来并不是反竞争的；（2）除许可协议的各方外，另有四个或四个以上独立控制的实体拥有必需的专用资产或特征，也有激励从事研发活动，而且其研发活动是许可协议各方的研发活动的近似替代品。

反垄断机构的《竞争对手合作的反垄断指南》进一步指出，

"若无特殊情况,反垄断机构将不会基于合并对创新市场竞争的影响质疑竞争对手的合作,在创新市场中,除合作各方外,另有三家或者更多独立控制的研究工作具备所需的专用资产或特征,并有激励从事研发活动,而且其研发活动构成合作研发活动的近似替代品"。[55] 虽然这些"安全区"并不专门适用于合并,但类似的考虑应该适用于项目到项目的合并以及并入重叠研发能力的合并引发的创新效应。[56] 此类安全港是否适用于产品到项目的合并尚不清楚,因为这类合并下可能会更广泛地对研发工作和未来的价格竞争产生不利影响。

5. 什么是"好"的创新案件

创新案件包括相对简单的潜在竞争案件和涉及多个研发项目的案件,在前一类案件中,支配型企业从极少数既有能力又有动力颠覆行业的实体中收购了其中一个。在后一类案件中,研发项目处于初期阶段,前置时间*长,而且对未来市场的影响不确定。本节概括这两类案件的一些特征,这些特征支持对可能威胁创新和未来价格竞争的合并进行反垄断干预。反垄断机构在指控合并损害创新案件方面的经验对这种分类产生影响。基于先前已经解释的原因,在证据门槛上,产品到项目的合并门槛要低于项目到项目的合并,但它们均高于研发能力重叠的合并。在这些广泛的类别中,其他因素与指控合并对创新和未来价格竞争造成损害的反垄断执法案件的力度相关。

---

* 前置时间(lead-time)指一个研发项目或产品的生产从开始到完成所需的时间。——编者注

第 7 章描述了一些被指控为损害了创新的著名合并案，以及它们对设计有效补救措施的启示。其中一些案件，如机械心脏泵制造商 Thoratec 和 HeartWare 之间的拟议合并在这些特征上得分颇高。第 7 章讨论的其他一些案件缺乏某些特征，因此就更难证明合并对创新或者未来价格竞争可能造成的损害。

相关研发市场的高度集中

研发市场的概念是评估同类研发活动集中度的工具。研发市场参与者是在同一产品范围内拥有创新所需的专用资产的企业。市场集中度可以通过研发支出、引用加权专利（citation-weighted patent），以及其他创新型努力或能力等指标进行衡量。

任何简单的公式都不可能确定一条明确的界限，界限以上的研发集中度意味着对合并进行反垄断干预。创新压力减小是合并导致的单边效应，但如果合并各方之间的转移只是每个合并方和其广泛创新对手之间转移的很小一部分，则单边效应的量级就很小。如果研发活动集中度不高，情况大抵如此。此外，竞争对手的反应可以抵消单边的创新压力减小，研发效率以及公司内技术溢出效应的收益也有抵消作用。这些定性论证表明，与知识产权指南中的安全区一致，如果合并后有五家或五家以上企业拥有必要资产，且与合并后的企业在同类研发上有竞争激励，则合并不太可能导致研发成果的显著减少。如下文讨论的，如果由合并导致或者增强的替代效应可以显著抑制创新，那么这一推定将被推翻。

合并导致或增强替代效应

如果企业的利润存在被创新侵蚀的风险，则创新激励将被严重削弱。如果合并会导致或者加大因任一合并方成功创新而面临风险的利润，则合并将增强替代效应。即使合并各方的现有产品不能相互替代，但只要这些产品的利润因为创新而面临风险，情况就是如此。如果合并提高了合并各方现有产品的价格和利润，因为这些产品是相互替代品，那么合并就可以增强替代效应。

创新是一种可占有性高的新产品

可占有性是一个笼统的术语，反映了创新者从创新中获取利润的能力。如果可占有性高，公司可以从竞争对手那里获取业务或者扩大销售，进而从新产品中获利。[57] 在所有其他条件相同的情况下，合并降低了创新激励，因为每个合并方都少了一个它可以从中窃取业务的竞争对手。如果成功的创新能够让合并伙伴在没有合并的情况下独占其合作伙伴的大部分业务，且若该业务利润率很高，则合并会导致研发压力减小。换句话说，如果创新可以增强合并方从创新中获利的能力，合并行为将激励技术创新。

强大的知识产权有利于对创新收益的占有，但对于从发现中获利而言，它们既非必要条件也非充分条件。知识产权并非必要条件，因为企业通常有其他方式占有创新收益，包括前置时间，以及能为创新者创造价值但竞争对手无法获取的专用资产。相反，强大的知识产权并不能保证发明者从创新中获利。例如，有助于降低血液中胆固醇水平的他汀类药品市场。他汀类药品有很多变体，包括阿托伐他汀、氟伐他汀、普伐他汀、瑞舒伐他汀、辛伐他汀和匹伐他汀，所有这些都具有或曾有专利保护。但专利并未能阻止因为发现新的他汀类药品而减少利润的竞争。

企业内技术溢出效应低

企业内技术溢出效应衡量了合并一方从另一方的发现中获益的程度。如果没有企业内溢出效应，则合并方本质上都是独立创新者，对定价和产出决定具有集中控制权。在此情况下，如果没有其他的合并特有的收益，合并将使合并方作为独立竞争者产生的业务窃取效应内部化，从而产生单边的创新减少压力。

与此相反，高度的企业内溢出效应会使合并各方将创新收益分享给对方，从而增强合并后的创新激励。本章前面讨论的降低成本的创新例子，阐释了企业内溢出效应的重要性。如果一项新技术降低了生产成本且该技术不能被有利可图地许可给他人，那么新技术的收益将与创新者的销售额成正比。如果合并后的企业未将价格提高至超过企业内溢出效应带来的收益，且若企业内溢出效应较大，则合并可以扩大从新技术中获益的销售额。当企业内溢出效应使合并后的企业从创新中占有更大价值时，与每个企业在投资前降低其生产成本的投资激励相比，它们可以增加创新激励。类似的论证也适用于产品创新。

仔细分析合并对创新的影响，需要采用一种平衡的方法评估可能的损害和收益。为了进一步实现这一目标，反垄断机构应该特别注意潜在的企业内溢出效应，因这将增强合并后的创新激励。

预期未来将产生巨大的价格效应

合并产生的一类潜在不利影响是对目前尚不存在但将由合并方通过研发努力创造的市场中的竞争造成损害。这些新市场的未来价格效应与现有产品的价格效应或者创新损害是不同的问题。

一些合并比其他合并更可能在新市场产生可预测的价格效应。如果创新涉及广泛的产品类别，且无法确定可能的竞争对手组合，那么这些影响将尤其难以识别和评估。例如，在仅有的少数几家从事肿瘤（治疗）研发的企业中，有两家合并，这将对治癌新药的开发产生可预测的影响，但如果不了解更多关于药品的临床目标、治疗效益和替代治疗方案，则将难以评估未来的价格效应。[58] 相比之下，在仅有少数几家从事大型卡车自动变速器研发的企业中，两家合并可能会对卡车的新变速器或者改良型变速器的价格和创新产生不利影响。

合并各方在短期内可能是创新者

如前文所述，仅就研发具有较低成功概率的事实，并不能防止合并带来的损害，也不能为不质疑合并提供正当理由。出于类似的原因，实现成功创新所需的时间不应成为对合并引发有关创新损害或者未来价格竞争做出执法决策的决定性因素。然而，创新和未来的创新者很难预测，反垄断机构是否应将不确定性作为其执法行动的考量因素。研发取得成果的时间是一个重要因素，因为未来的发展可能会使当前的研发工作过时，或者创造替代品，从而减轻因合并而减少研发活动所产生的影响。在所有其他条件相同的情况下，预测创新的竞争效应和未来价格竞争的难度，会随着完成研发项目和实现其作为商业产品的收益所需的时间而增加。

合并方没有独立于竞争的强大创新激励

合并各方能够具有独立于竞争的强大创新激励，如第 4 章所述，耐用品制造商可以从向新顾客以及选择升级到耐用品新版本的现有客户的销售中获利。增加销售的一种方式是通过创新吸引更多升级。与其他类似的非耐用品生产商的合并相比,合并对由升级驱动的耐用品创新激励几乎没有什么不利影响。

收购对创新激励并非必不可少

支配型企业收购有前景的初创企业,使得可能破坏现有垄断的潜在竞争面临消失的风险。反垄断机构应保持警惕,防止此类收购。

然而,这里也有一个重要的权衡,即一些企业受收购前景激励,投资于研发。风险资本家投资于许多高科技初创企业,期望这些企业成功后,就将它们出售给老牌企业。2014—2016年,仅制药行业就见证了1 200多宗合并,总交易额超过7 500亿美元。[59] 其中一些收购可能已经扼杀了潜在的竞争对手。但是,还有一些收购会给创新带来回报,如果企业家不能出售其研发资产或将其发现许可给老牌企业,那么这些创新就不会发生。许多此类收购合并了互补性资产,例如研发、临床测试、分销,且无论是收购方还是被收购方都不能经济合理地复制这些资产。

禁止收购会抑制创新,如果被抑制的发现数量超过收购各方压制的产品数量,消费者的境况会变糟。反垄断机构可以采取中间路线:他们可以评估老牌企业的收购在多大程度上激励创新,并探索其他合并方案。这项建议并不要求法院放弃其仅根据交易自身价值进行评估的传统职能,转而成为行业规划者。相反,这项建议意味着若存在其他收购方有动力收购目标企业,且对创新或未来价格竞争的损害风险要小得多,则法院应该减弱对合并所涉收益的重视程度。这些限制性较少的其他收购可以为寻求收购的企业家保留创新激励,且不会威胁创新或未来价格竞争。[60]

第5章 针对创新的合并政策

第6章　竞争与创新：实证证据

> 少数试图控制潜在技术环境影响的研发和创新分析，其最重要的共同特征在于，观察到的熊彼特规模和市场势力变量的影响急剧降低。
>
> ——威廉·鲍德温和约翰·斯科特，《市场结构和技术变革》
> （1987）

1. 引言

数十年来，研究人员一直试图确定和衡量企业及行业特征与创新速度之间的因果关系。韦斯利·科恩和其他研究人员全面概述了历史记录。[1] 本章不再重复这些概述，而代之以重点关注最近的几项实证研究，这些研究反映了目前有关竞争和创新之间关系的计量经济分析的前沿，并强调将合并作为一种关键的反垄断政策杠杆进行的研究。

创新的经济激励取决于技术机会、创新性质以及行业和企业的特征。第 2 节描述了使竞争和创新之间因果关系复杂化的诸多因素。第 3 节总结了几项研究成果，这些研究比较了不同行业的竞争对研发投资或创新产出的影响，并为控制这些混杂因素进行了最佳尝试。

第 4 节审视了对选定行业的研发竞争所做的实证研究，重点关注个人计算机硬盘驱动器和微处理器市场。对微处理器行业的实证研究强调产品耐久性对投资激励的影响，并表明即使垄断者也有创新激励，以便向已经购买其产品的顾客销售升级产品。本节还回顾了在位企业是否愿意改进产品和工艺，或者投资于更激进创新的经验证据。

第 5 节概述了合并对创新影响的实证研究。这些研究与本书主题尤其相关，因为合并政策是反垄断执法者监管竞争的最常见方式。而且，如第 5 章指出的，合并对研发投资激励的影响不同于竞争减少的影响，并强调从研究真实合并中得出的实证结果对政策的意义。

第 6 节提供了有关政策干预的一些案例研究，此类干预对创新和未来价格竞争产生了影响。这些案例研究包括拆分 AT&T 和其他若干案例，也考察了知识产权强制许可对创新的影响。反垄断机构要求知识产权所有人不收取许可使用费，或者以合理条件许可其知识产权，以解决对合并的众多质疑。在更久远的过去，法院和反垄断机构强制要求支配型企业许可其知识产权，对行业创新和价格竞争产生了正面影响。最后一节则简要总结有关竞争和创新的实证证据。

2. 解开行业创新之结

早期的计量经济学研究发现,产业集中度和创新度量指标之间呈现一种倒 U 形关系。[2] 这一结论受到热烈欢迎,因为它与阿罗替代效应的内涵一致,意味着垄断势力阻碍了创新。熊彼特认为,高度竞争的市场限制了创新者从他们的发现中占有价值的能力,从而对创新有害。然而,这些早期研究未能解释造成竞争与创新之间关系复杂化的许多因素。纠正此类缺陷的最新研究表明,在创新与企业及行业特征之间存在着更加微妙的关系。

创新的度量

实证研究将研发支出、专利和创新的数量以及收入作为度量创新产出的替代方法。研发是一种有缺陷的指标,因为它衡量的是创新投入而非创新产出。研发支出增加后,创新收益并不一定与之同步增加,且效率因素使企业在不损及创新的前提下减少研发支出。专利也是不完美的创新衡量指标,即使运用其他专利申请中的引用量进行质量调整后,也是如此。专利的价值被高度扭曲,在半导体等行业中,企业通常通过申请专利防御代价高昂的诉讼威胁,并以更优惠的条件通过谈判获得外部技术。这些因素使得专利数量成为衡量这些行业技术进步的弱指标。[3] 收入不仅反映了创新的重要性,而且包含了市场势力的混杂效应 (confounding effect)。

对创新的度量也很复杂,因为往往难以追溯其来源。创新往往来自意想不到的方向,包括与行业无关的企业或者个体发明者。半导体制造业就是其中一例,半导体线路微型化的光刻技术起源于另一个不同的行业,即光学仪器行业。⁴ 对很多行业而言,创新的来源及其经济收益可谓众多、分散且多变。

创新、企业规模与竞争是共同决定的

试图识别企业和行业特征与创新产出之间因果关系的研究必须应对创新、企业规模和竞争之间的循环关系。它们是共同决定的。大企业可能在研发上投入更多,但企业规模也是过去成功的结果。创新使竞争的度量标准无效,因为市场支配地位可能反映一个拥有更好产品或更优生产技术的企业进行了成功创新。创新也可能向行业新进入者或者规模较小的现有企业进行扩张敞开大门,导致市场集中度降低以及竞争明显加剧。距离技术前沿较远的企业若成功创新,就能够缩小它与市场领先者在质量或产品成本上的差距,形成新的竞争。但实证研究或许不能解释来自企业相对技术能力的竞争压力变化。⁵

用计量经济学的语言来说,企业规模、市场集中度和市场势力是内生于创新这一变量的,这也是计量经济学家试图解释的。早期的研究极少甚至不曾尝试去控制这些内生性,这导致了关于企业及行业特征与创新之间因果关系的错误结论。最近的研究意识到这些问题,并运用各种技术试图控制变量之间的相互作用。

控制技术机会和创新价值占有的影响

行业和企业特征与创新产出之间的关系取决于可利用的技术机会,技术机会往往也与企业和行业特征相关。当研究者运用解释市场差异的变量来重复早期的研究时,竞争或行业集中度作为研发支出或创新的独立决定因素就不再那么重要。⁶

第 6 章 竞争与创新:实证证据　　121

对很多技术机会而言，研发投资具有规模经济效应，这可能导致观察到的投资与企业规模以及市场集中度相关。[7]我们观察到的规模或集中度与创新相关，可能仅仅表明研发支出较多的企业往往也是规模较大的企业。这一点本身并不意味着公司规模决定了创新。

研发投资激励取决于公司从投资于可能产生的发明价值中获利的能力，发明价值与很多因素相关，包括专利权、获取商业秘密的机会、前置期收益以及生产和营销的互补因素，这些因素对试图模仿发明的企业可以构成竞争壁垒。这些影响占有的因素取决于企业拥有的技术和所处的行业，且随着时间推移而发生变化。此外，能够提供机会来降低生产成本的工艺发明与可以扩大企业销售额的新产品之间可能存在明显差异。[8]

数据限制

检验这些关系的可用数据通常是不足的。创新难以衡量。一些研究者，例如英国苏塞克斯大学科学政策研究所（SPRU），已经建立创新统计数据库，但是这些统计不能涵盖所有创新，只能按其重要性进行粗略分类。

对研发支出的会计核算通常并不精确，对于小企业和不需要报告其支出的私营企业而言，往往缺乏研发数据。这可能导致规模较小的企业低报其研发支出，并且大部分是保密的。企业通常拥有许可范围内的技术权利，但这是否被记录为研发支出并不确定。大多数企业都由在不同行业内经营的很多业务部门组成。相关的技术机会和行业效应存在于业务部门层面，但也有少数例外情况，数据存在于企业层面。认识到研发支出衡量的是创新投入而非创新产出，这一点非常重要。

一个相关的数据问题是对市场势力的度量。研究通常使用市场集中度或公司市场份额作为度量市场势力的指标。市场集中度和企业市场份额取决于市场的定义,而市场定义通常与竞争关系不大。可得数据通常只是在很多不同产品的汇总层面上可供利用,这削弱了数据作为真实竞争指标的价值,或因市场的定义过窄,导致无法说明重要的竞争来源。如果消费者很容易更换供应商以对涨价做出回应,那么市场集中度或企业市场份额高并不必然表明具备市场势力;如果消费者不愿意或者不能够更换供应商,市场集中度或者企业市场份额低也不一定意味着缺乏市场势力。

统计上的局限性

现代统计方法建立在独立但相似的样本群体差异的基础上,以度量相关影响。例如,可以利用不同地区的竞争差异,研究竞争对市场价格的影响。但这对创新而言难以如愿,因为创新通常发生在全球范围内或至少发生在全国层面。因此,对竞争和创新的实证研究只得求助于其他通常不太令人满意的方式来控制竞争和创新关系中混杂因素的影响。尽管检验创新、企业特征、市场结构和竞争之间关系的尝试层出不穷,但要有效地检验它们之间的关系仍存在困难,因此在解释实证结果时需要谨慎。[9]

生产率和创新

"生产率"是衡量生产效率的指标。"劳动生产率"衡量每个工人的产出。"全要素生产率"考虑了劳动力、资本和其他投入。[10]很多实证研究表明,竞争和劳动生产率或全要素生产率之间存在正相关关系。[11]尽管合并各方经常声称合并将带来效率收益,但很少有实证研究支持合并通常会提高生产率的推断。[12]

这些有关合并的实证研究会诱导我们推断，创新促进竞争但合并损害竞争。然而，大多数对生产率的研究并不支持这一结论，因为生产率的提高不同于创新的增加。竞争可以通过两种机制提高生产率。一种机制是达尔文选择效应，它迫使效率低下的工厂关门并激励企业将资源配置给生产率更高的活动。第二种机制通过降低生产成本的工艺创新或者能够增加产出的新产品来发挥作用。只有第二种机制反映了在竞争中存活的企业的创新，但很少有生产率研究能区分这两种效应。

一些研究表明，竞争和生产率增长率之间存在正相关关系。[13] 生产率增长也是一个有缺陷的度量创新的指标，因它度量的是静态生产效率的历史变化率。生产率的提高可能由无关创新的竞争增加而引发，竞争通过达尔文选择机制，使效率较高的企业随时间推移扩张，而效率较低的企业随时间推移退出。对竞争与创新之间关系的相关实证研究将竞争、市场结构、合并与创新产出这一指标、研发投资或专利、新产品数量等替代指标联系起来。我专注于这些研究。

3. 行业间计量经济研究

将这些警告牢记心头，我将简要总结一些运用现代计量经济学方法评估产业结构和创新之间关系的研究。

理查德·布伦德尔、瑞秋·格里菲斯和约翰·范雷恩利用1972—1982年在伦敦国际证券交易所上市的340家制造业公司的样本，探究企业规模、市场集中度和创新之间的关系。[14] 他们使用来自科学政策研究所的创新数量以及专利数据来度量创新。如果一项创新在技术上意义重大且被企业商业化，则科学政策研究所会将该创新计算在内。两位作者试图通过计算一个变量来控制企业创新能力差异的重要性，此变量度量样本期开始之前的企业创新存量。

他们的研究发现，行业越集中创新就越少。在行业内部，市场份额较大的企业引入了更多的创新，但是企业的绝对规模与创新的技术重要性之间不相关，也没有证据证实现金流是创新的重要决定因素。[15] 这一研究结果动摇了熊彼特的观点，熊彼特认为市场势力为促进研发投资提供了稳定的平台。当布伦德尔等人使用专利度量技术性能，以及当他们考察仅限于制药行业（制药行业因其高研发密度及专利保护的重要性而闻名）的数据子集时，发现了类似的结果。

布伦德尔等人的实证分析涵盖了前互联网时代的一段较短的时期，且仅限于英国企业。此外，他们假定市场集中度与创新之间存在线性关系。他们没有研究是否存在非单调关系，例如早期研究中未能控制行业和企业特征的倒 U 形关系。菲利普·阿吉翁等人在 2005 年的一项研究中专门解决了后一个问题。[16] 他们追踪了 1973—1994 年在伦敦国际证券交易所上市的 311 家公司获得的专利，并根据一项专利被其他专利引用的次数对每项专利进行加权。

阿吉翁等人使用行业平均的企业勒纳指数来度量竞争。勒纳指数度量的是一个企业将价格提高至边际生产成本之上而行使市场势力的程度。[17] 在此方面，平均勒纳指数虽然取决于其涵盖的企业，但能够比集中度指数更好地度量行业竞争。另一个问题是，该计算依据的会计数据可能与企业的实际边际成本相距甚远，导致勒纳指数度量市场势力的可靠性减弱。

通过进一步控制行业特有的创新倾向，阿吉翁等人发现通过加权引用专利度量的创新产出，与行业平均勒纳指数之间呈现倒 U 形关系。这些研究结果虽令人关注，但解释它们时仍需谨慎，因为指数计算适用于宽泛的行业分类，而阿吉翁等人使用的行业控制变量能否充分解释企业创新能力的差异，或者竞争与创新相互决定是否属实，仍有争议。

阿吉翁等人通过重复分析在竞争中引发意外变化的一系列政策措施，解决了其中的部分问题。这些政策措施包括发生在玛格丽特·撒切尔时代的行业私有化，使成员国之间贸易自由化的 1988 年欧洲单一市场计划，以及导致结构性或行为补救措施的英国垄断和合并委员会调查。在实证分析中将这些政策工具作为控制变量，并不会改变专利申请与行业平均勒纳指数之间的倒 U 形关系。但这些控制变量并不能消除宽泛行业分类指数汇总存在的问题。

在随后的一篇论文中，菲利普·阿吉翁等人进一步深入分析了新竞争对创新的影响。[18] 他们利用外国企业进入的新生产设施来度量新的竞争，用 174 家英国企业在 1987—1993 年的专利数量来度量创新。[19] 他们还跟踪每个行业与技术前沿的差距，将此作为度量英国现有行业与美国对应行业的平均劳动生产率差距（因为在那个时期，英国的生产率普遍落后于美国）。

阿吉翁等人发现，专利申请与用平均盈利能力来度量的行业竞争之间呈现倒 U 形关系，但对于接近或远离技术前沿的行业，专利申请与行业竞争的关系存在显著差异。新竞争刺激了接近前沿的行业申请专利，但对远离前沿的行业具有相反的效应。阿吉翁等人认为，这些不同的效应与逐步创新激励（stepwise innovation incentive）的理论模型是一致的。接近行业前沿的企业具有研发投资激励，以避免与高效的新进入者发生正面竞争，但高效新竞争者的进入降低了前沿企业追赶行业领先者的回报,从而抑制了这些企业的研发投资。

理查德·布鲁姆、米尔科·德拉卡和约翰·范雷恩研究了竞争对欧洲服装和纺织品制造企业创新的影响。[20] 这些行业中的企业通常不被视为高科技公司,但在该研究涵盖的1996—2005年这10年中,它们拥有超过30 000件欧洲专利。布鲁姆等人关注2001年中国加入世界贸易组织后的进口竞争,并通过引用加权专利以及研发、信息技术投资来度量创新。[21] 研究发现,面临中国进口竞争压力而幸存的公司申请了更多专利,并增加了它们在研发和信息技术上的投资。布鲁姆等人尚未发现来自发达国家日益增强的进口竞争对专利以及其他创新指标有任何统计上的显著影响。对此的一种解释是,就有能力凭技术在低工资竞争中脱颖而出的企业而言,中国的进口产品无疑敲响了警钟。技术先进企业之间的竞争提供了更少的差异化空间。

格尔曼·古铁雷斯和托马斯·菲利蓬研究了1995—2015年43家美国非金融企业集团为了应对进口竞争而进行的研发投资以及采取的其他措施。他们发现竞争和研发投资之间存在正相关关系。与其他研究结果一致,他们发现行业领先者(定义为市值排行前三分之一的最大公司)比行业落后者(市值排行后三分之一的公司)对来自中国进口产品的竞争冲击有更强烈的反应。[22]

然而,对美国制造业企业在1991—2007年进行专利申请以及研发活动的一项研究得出了相反的结论。戴维·奥托等人论证了美国企业面临的来自中国的竞争与其专利申请及研发投资之间的负相关关系。他们得出结论:"面对来自中国的日益激烈的市场竞争,美国企业的创新反应明显是消极的。"[23] 作者对此研究结果的解释是，美国企业缩减全球业务以应对全球竞争造成的需求减少，而业务缩减也包括减少研发支出和专利申请。

奥托等人的研究也包括纺织品制造商的专利申请，但与布鲁姆、德拉卡和范雷恩针对欧洲企业得出的结论相反。奥托等人通过证明进口竞争的负面效应集中于最初较少盈利或者资本密集型企业，来调和其相反的研究发现。这与竞争和创新之间关系的理论结果以及其他实证研究的结果是一致的，这些研究结果表明，竞争对不同特征的企业有不同的影响。[24]

表6.1总结了这些行业间研究得出的竞争和行业结构对创新有何影响的结论。不幸的是，这些研究除了注意到竞争和行业结构对创新的影响在不同技术成熟度的企业之间存在重大差异外，并未达成一致意见。尽管一些研究发现创新指标和竞争之间存在正相关关系（或者创新与行业集中度之间存在负相关关系），其他研究则发现它们之间呈现倒U形关系，在中等水平的行业集中度或竞争水平下影响最大，至少有一项研究认为竞争（以中国产品进口渗透率衡量）与创新（以引用加权专利和研发投资度量）之间是负相关的。一个一致的发现是，对远远落后于技术前沿的企业来说，增强竞争无益于创新激励，甚至可能适得其反。

这些研究中的不一致发现反映了度量竞争和创新以及解释其相互依赖性的困难。此外，这些研究与竞争政策的相关性有限。其中几项研究涉及的新竞争来源于贸易政策。这些政策促进了外国直接投资，并可能通过扩大出口商市场、挤压国内供应商需求以及降低中间投入品的价格产生额外的影响。

关注特定行业的那些研究有助于分离出竞争与创新关系的决定因素，这些因素只与行业能力和技术机会相关。下一节回顾了其中一些研究。第5节描述了有关合并如何影响研发投资和创新指标的研究。这些研究与反垄断政策特别相关，因为阻止合并或者以行为或结构性补救作为批准条件是执法机构应对创新效应的最常用工具。

表6.1 行业间竞争与创新研究概述

研究	企业和时间范围	创新的指标	竞争的指标	结论
布伦德尔等人（1999）	340家英国制造业企业；1972—1982年	创新和专利数量	行业集中度	竞争和企业份额与创新及专利正相关
阿吉翁等人（2005）	311家英国企业；1973—1994年	引用加权专利	勒纳指数	竞争与专利之间倒U形关系
阿吉翁等人（2009）	174家英国企业；1987—1993年	在美国注册的专利	外国企业的新加入	接近技术前沿的企业，竞争与专利之间正相关；与远离技术前沿的企业负相关
布鲁姆等人（2016）	欧洲服装及纺织品制造商；1996—2005年	引用加权专利，研发和信息技术投资	中国加入世贸组织；其他进入者	竞争与专利数量、研发和信息技术投资正相关，对来自发达国家的产品进入无反应
古铁雷斯和菲利蓬（2017）	43组美国非金融企业；1995—2015年	研发投资	行业集中度；中国进口渗透率	行业领先者的竞争与专利之间正相关；对于落后者，负相关
奥托等人（2020）	近400个行业的美国企业；1991—2007年	引用加权专利和研发投资	中国进口渗透率	竞争与专利及研发投资之间负相关。对较弱的企业产生更大的负面影响

4. 行业研究

发掘很多行业数据的实证研究通常试图控制宽泛行业分类之间的差异，但它们难以反映在更微观层面上存在的技术机会差异。尽管单一行业的技术机会可以且确实随着时间推移而改变，但单一行业研究避免了其中的一些变化。不过，单一行业研究可以为检验市场结构和创新的理论预测提供沃土。

研发竞赛

实证检验的一个候选对象是在竞争特征表现为赢家占有科学或技术发现的全部（或至少绝大部分）价值的行业中，市场结构和专利之间的关系。其中一个例子是下一项重要发明的专利竞赛。詹妮弗·莱茵加纳姆认为，与新进入者相比，现有企业投资研发的激励较弱，因为创新将取代其现有利润。[25] 阿罗替代效应意味着在下一项重要发现的专利申请上，在位企业比新进入者的可能性更低。相反，理查德·吉尔伯特和戴维·纽伯里的研究表明，支配型企业具有研发投资的激励，用以维持其支配地位，在某些情况下，比新进入者更可能获得下一项发现。[26] 克莱顿·克里斯坦森宣称，在位企业无法保持其技术领先地位，因它们过于关注直接的客户需求，并忽视最终将取代现有实践的新兴技术。[27]

经济学家运用计量经济学分析来解释这些不同观点。乔希·勒纳研究了硬盘制造商之间的竞争以及近 20 年来高密度驱动器开发企业的特点。他得出结论，硬盘行业中落后于当前领先者的企业，尤其是在技术包中处于中间位置的企业，比领先者更倾向于创新且更有可能赢得下一代磁盘驱动器的竞赛。他的研究结果和替代效应以及克里斯坦森关注现有顾客的理论相一致。[28]

日本学者伊神满（Mitsuru Igami）开发了一个硬盘投资动态模型，并将该模型应用于从 5.25 英寸硬盘向 3.5 英寸硬盘的转换，后一种硬盘在他所分析的那个时期是个人计算机的常用硬盘格式。伊神满的模型使他能够对在位企业和新进入者的创新进行三类不同的解释：（1）阿罗替代效应，（2）先发制人策略，（3）投资成本差异化。伊神满发现了一些证据支持在位企业先发制人的投资。不过，他证实了先前的研究结果，即在位企业在 3.5 英寸格式硬盘上的投资要少于新进入者。动态模型将此结果归因于阿罗替代效应。在位企业不愿投资一种将蚕食其现有产品的新产品。替代效应如此强大，足以抵消他的实证结论，即相较于新进入者，在位企业具有投资新产品的成本优势。

这些结果表明，替代效应和先发制人的创新激励相对重要，但仅限于硬盘驱动器行业，没有证据表明其他行业有类似的行为。[29] 此外，硬盘行业并非检验先发制人激励的好的备选行业。1982 年，3.5 英寸硬盘首次面世时，有 20 多家企业销售 5.25 英寸的硬盘（尽管到 20 世纪 80 年代末，有 4~6 家企业占据销售额的 50%以上）。在寡头垄断中，先发制人激励较弱，因为公司进行先发制人投资的成本高昂，且需要将先发制人所得的收益与竞争对手分享。尽管在伊神满所研究的大部分时间中，硬盘行业的结构相对不集中，但伊神满确认了在硬盘驱动器行业中先发制人的作用，这仍有其意义。

耐用品

很多创新都创造了新型耐用品或改良型耐用品。销售（而非出租）耐用品的公司有三种方式从额外销售中获利：向不在先前市场中的新顾客销售产品获利，降低价格诱使那些不想以高价购买产品的现有顾客购买，或者提供新产品和改良型产品吸引新顾客以及诱导现有顾客升级其已购商品。[30] 第一种方式在没有顾客增长的成熟市场上不可行；在第二个选项中，如果企业降价以吸引需求，可能会导致价格螺旋式下降却无利可图。如此使得创新对耐用品生产商来说是一项有吸引力的策略，即使对那些掌控很大市场份额的企业来说，也是如此。

如第 3 章所述，阿罗替代效应对耐用品的垄断生产者没有相同的威慑效应，因为即使耐用品的垄断销售者也有创新激励，用以增加对选择其升级产品的消费者的销售。遗憾的是，很少有实证研究专门针对耐用品分析竞争和创新之间的关系。

一个例外是罗纳德·戈特勒（Ronald Goettler）和布雷特·戈登（Brett Gordon）关于微处理器行业竞争与创新的研究。微处理器行业是探讨竞争和反垄断政策如何影响耐用品创新的极佳备选行业。微处理器是耐用品，它可在很多年内完美地运行。消费者更换微处理器的动机通常是希望升级至更强大的处理器。数十年来，该行业一直是双头垄断，英特尔和 AMD 公司约占台式微处理器销售额的 95%。创新可以通过微处理器的时钟频率（计算机运行速度）来度量。英特尔和 AMD 都在微处理器上投入巨资。在戈特勒和戈登所研究的 12 年间（1993—2004 年），最新微处理器的时钟频率大约每七个季度翻一番。

英特尔是几起反垄断行动的目标，这些行动指控英特尔排除 AMD 在微处理器上的销售。2009 年，英特尔支付给 AMD 12.5 亿美元以解决对英特尔违反反垄断法的指控，该指控涉及英特尔为那些同意取消或限制向竞争对手购买微处理器的日本个人计算机制造商提供回扣。[31] 同年，欧盟委员会对英特尔处以 10.6 亿欧元的罚款，并命令英特尔终止其返利计划。[32] 英特尔被指控为非法维持它对微处理器的垄断地位，并使用多种不公平的竞争手段，试图获取在图形处理器上的第二垄断地位，2010 年，美国联邦贸易委员会和英特尔达成和解。[33]

戈特勒和戈登建立了微处理器投资的动态模型。在使用 1993—2004 年的数据对模型参数进行评估后，他们提出了相反的事实，以探索不同的市场结构如何影响他们在行业结构、研发投资以及定价方面得出的结论。

他们提出的一个相反事实是将真实市场中的研发投资和定价与假定英特尔作为垄断者的投资和定价进行比较。他们得出了一个令人吃惊的结论：如果在他们所研究的时期消除来自 AMD 的竞争，微处理器的创新将增加。之所以产生反直觉的结果，原因可追溯至升级需求和价格上涨带来的投资激励。个人计算机微处理器的需求在他们所研究的时期大多是升级需求，例如 2004 年 82% 的个人计算机销售是对现有设备的取代。

若没有来自 AMD 的竞争，英特尔的微处理器价格将会更高。高价格带来的熊彼特占有效应增强了创新激励，但这种创新收益是以消费者的巨大成本为代价的。作者得出结论，若假设垄断者英特尔提供的更高价格将大大抵消从更多创新中获得的收益，消费者的情况将变得更糟。这一结果重现了前面章节讨论的理论模型中的发现。较高的价格可以促进创新，但较高的价格通常意味着消费者无法从由此促成的创新中获益。

渐进创新与激进创新

有关美国经济的市场集中度上升对创新影响的担忧，不仅限于集中度对研发投资水平的影响。另一个担忧是，集中化行业中的大企业偏向于对现有产品和技术进行渐进式改进而非变革式创新。[34]

关注企业规模和市场集中度对创新方向的影响是有理论依据的。第3章解释了为什么行业集中化中的企业能有研发投资激励，以抢先于竞争对手，但若创新非常激进，这些激励将不复存在。此外，老牌企业可能由于激进创新而面临巨大的破坏成本，因为激进创新需要企业改变界定其经营方式的内部架构。丽贝卡·亨德森等人强调[35]，这种组织效应会使大型老牌企业偏向于渐进创新。

韦斯利·科恩概述了一些实证研究，这些实证研究的结论是大型企业更多追求渐进创新以及与改进工艺相关的创新。[36] 对规模和工艺创新之间的正相关关系有清晰的理论解释，因为规模较大的企业通过降低生产成本可以获得更多收益。在新近的一项研究中，丹尼尔·加西亚-马西亚、谢长泰和彼得·克雷诺利用就业数据推断在位企业和新进入企业追求的创新类型。[37] 他们将就业的巨大变化等同于破坏性创新（熊彼特描述的"创造性破坏"），将较小变化视为渐进创新。就业变化可用创新之外的因素加以解释，作者得出的结论是，在位企业倾向于渐进地改进质量而非开发颠覆性产品。不过，大部分增长来自在位企业而非新进入企业，主要因为新进入企业在行业的就业和创新中占比较小。

5. 合并

合并执法是竞争主管机构最常采用的政策工具，几乎所有对高科技行业中的合并的质疑都包括对损害创新的指控。[38] 然而，有关合并影响创新的实证证据很少。表 6.1 总结的有关竞争与创新之间关系的实证研究文献，为集中化市场中的竞争加剧促进了技术先进企业的创新这一结论，提供了过于微弱的支持；然而，合并并不等同于减少竞争。

除了使竞争和创新的实证研究失效的因素外，对合并进行实证研究的复杂性还在于合并发生在反垄断执法的阴影下。《哈特-斯科特-罗迪诺法案》要求，如果交易超过适度阈值，企业应向反垄断机构报告其计划的并购，如果反垄断机构认为合并可能会提高价格或损害创新，将会阻止合并，抑或在消除反竞争影响的补救措施条件下同意合并。如果反垄断机构能够完美地完成以上工作，则任何合并都不会对消费者造成损害。然而，这并不可能，因为对合并的执法基于很容易出错的预测，而且反垄断机构经常会错过那些低于《哈特-斯科特-罗迪诺法案》报告阈值的合并。[39]

执法不足和执法过度的错误均可能存在。仅观察到一些合并损害了创新，不足以得出反垄断机构应该对所有拟议合并采取更严格措施的结论。一些糟糕的合并逃过了反垄断机构的质疑，而一些好的合并却被阻止。此外，仅观察到合并后的企业研发投资低于未合并的企业，并不足以得出合并损害创新的结论。选择合并的企业通常与不合并的企业有所不同。企业可能有合并的动力，因为如果单独行动，其研发活动的预期可能表现不佳，并且它们期望合并伙伴能够改善其前景。正如下文将讨论的，这是评估制药行业合并的一个关键议题。因为合并各方的研发管线的宽度以及互补的临床和营销能力可能是合并决策的关键决定因素。因此,仅仅将合并后的企业的业绩与未合并的企业样本进行比较,有可能导致重大错误。此外,一些合并通过消除冗余来降低研发支出,因而不会损害创新产出。

在了解了各种限制后,实证研究沿着不同路线评估了合并对创新或研发支出、专利申请等其他相关指标的影响。这些研究包括对合并效应的跨行业研究、预测创新成果的动态模型,以及对经历大规模合并浪潮的单一行业,例如对制药业的合并活动进行的研究。

在涉及多个行业合并的研究中,格尔曼·古铁雷斯和托马斯·菲利蓬给出了合并和投资的负相关关系。[40]他们假定大规模合并浪潮主要是外生事件,然后使用各次合并浪潮的发生去评估投资效应。这项研究表明,根据当前市场集中度和预期销售增长率指标,有更大规模合并活动发生的行业与相对较少的投资相关。这一结论应被谨慎对待,因为该研究并没有排除合并浪潮是研发绩效预期下降的结果而非研发投资减少的原因。

布鲁诺·卡西曼等人对合并所做的一项调查的受访者称,当企业具有互补性技术能力时,将会增加研发支出,如果它们在类似的市场上运营,则将减少研发支出。[41]该调查并非基于随机抽样,而是仅包括31宗合并交易,且依赖于对交易结果的自我报告,故从这项研究中难以得出强有力的结论。然而很多受访者称交易对创新产生了正向影响,该调查没有校准机制,用于比较与创新的结果及未合并的交易各方可能产生的结果。若无比较,受访者报告的合并对创新的正向影响可能仅仅反映了合并后的总体满意度,而非合并交易带来的实际创新收益。

对合并的行业内研究通常采取两种方法之一。第一种方法是评估定价和研发投资的动态模型，然后使用估计的参数评估假设的合并的后果。戈特勒和戈登使用此种方法的一个变体来探究个人计算机微处理器行业中不同市场结构的结果。伊神满和上田康介也沿用此种方法研究假设的合并对个人计算机硬盘市场的影响[42]，并得出了如下结论：在合并发生时该行业内有三家以上企业的情况下，硬盘行业的合并仅会产生温和的影响。当然，这些预测在可靠性上与产生它们的模型并无二致。

第二种方法则利用曾发生诸多合并的行业中的真实合并数据。如前文所述，这种方法存在截断偏差（truncation bias），即数据不太可能包括那些麻烦丛生的合并，因为反垄断机构将会阻止或调整这些合并。

分离合并对创新的影响需要一种不精确的方法来预测合并后的创新产出，并将此预测结果与企业未合并时的创新产出进行比较。因其药品的排他性专利保护接近尾声且将因仿制药失去销售额，一家制药企业可能预计其生产和销售药品的能力过剩。另一家企业可能在其研发管线中发现有前景的分子实体，但几乎没有能力生产和销售在研发过程中可能产生的新药。两家企业的合并有利于更好地利用生产、销售以及研发等互补的生产要素。未能控制企业特有的这些属性可能会导致错误的结论，即合并损害创新，而正确的解释是合并是对拟合并公司中的一方或双方预期创新下降做出的反应。

就另一些研究而言，区分创新产出与研发支出的投入甚为重要。尽管合并后的研发增加意味着预期创新的增加（如果此增加并非浪费性重复），但相反的情况未必正确，因为合并可以增加创新产出，与此同时减少多余的研发支出。

数据限制困扰着这些研究。它们可能有企业收购方面的数据，但仅有收购后企业的有限数据。一些企业参与了并购狂潮，故很难界定个别交易的结果。很少有研究观察合并的长期结果，以充分识别创新效应，也很少有研究真正控制那些与合并无关且易使其结论失效的其他因素。另一个限制是，大多数对合并的评估仅审查合并对交易方创新造成的影响。一次合并可以改变一个行业的竞争环境，从而增加或减少未合并企业的创新激励。未合并企业对研发的反应，可能会抵消或者放大合并企业的影响。

受这些限制的影响，制药行业可成为研究并购对创新绩效影响的对象，原因包括以下方面。其一，合并改变了生物技术和制药行业。图 6.1 显示了 2000—2015 年该行业发生的重大交易。其二，制药和相关生物技术行业是经济部门中研发投资最密集的行业之一。其三，与其他一些行业相比，通过计算新药申请或专利数量度量制药创新的产出相对容易。[43] 其四，与其他一些行业相比，通过检查公开数据中企业临床研发管线的项目，更容易识别企业特有的创新能力。

1995—2015 年，制药业的研发支出增加了 3 倍以上，而在此期间新药生产每年增长 30% 左右。这些数据，连同大量的合并活动，显示制药业合并降低了研发生产率。然而，随着新药的发现更具挑战性，这一判断混淆了合并效应与每 1 美元研发对应的新药发现量下降的一般行业趋势。研发出成功商业化的新药的成本（包括失败的机会成本），从 1987 年的 2.71 亿美元增至 2013 年的 26 亿美元（未经通胀调整）。[44] 其他行业也经历了研发成本大增的过程。[45]

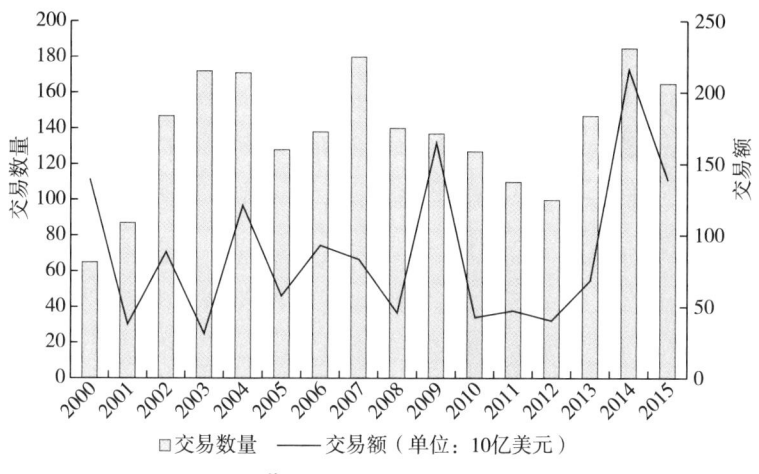

图 6.1　制药和生物技术行业选定的并购活动

资料来源：Visnji（2019）。

一些实证研究考察了制药行业合并对药品发现的影响，并探讨了企业特征的控制变量，这些特征可能区分了选择合并的企业与该行业的其他企业之间的创新绩效差异。卡迈恩·奥尔纳吉（Carmine Ornaghi）检验了 1988—2004 年发生的 27 次重大制药业并购的绩效。为了解释合并企业与未合并企业之间的具体差异，他利用合并倾向法创建了一组对比的企业。这种方法基于专利即将到期的药品的比例、新上市药品的比例和其他可识别的特征，评估企业合并的可能性。他发现，与对比组的企业相比，在合并后的三年内，合并企业的研发及重要的药品专利较少。

帕特里夏·丹森（Patricia Danzon）、安德鲁·爱泼斯坦（Andrew Epstein）和肖恩·尼科尔森（Sean Nicholson）进行了一项类似的研究，考察 1988—2000 年 165 起制药业的转型合并（transforming merger）。他们将转型合并定义为价值超过 5 亿美元或占合并

第 6 章　竞争与创新：实证证据　　139

前企业价值20%以上的合并交易。他们的研究将企业划分为大企业和小企业两个子群体。在他们所研究的时期，大企业的价值至少有一年不低于10亿美元。丹森等人还使用合并倾向法，根据公司已上市药品的数量、排他性专利即将到期药品的比例以及其他可识别的特征，将拟合并企业与合并可能性相似的企业群体进行匹配。[46]

这项研究追踪了合并后三年内的企业价值、销售、就业以及研发费用的增长。该分析表明了对可能选择合并的企业的特征进行控制的重要性。与作为整个样本群体相比，无论是否实际合并，在某一年内合并可能性较高的企业在未来三年的销售额、员工以及研发增长相对较低。这一结果表明，若未能控制住引发企业合并的条件，将会高估合并对研发投资和创新的负面效应。

通过控制合并倾向，丹森等人宣称，合并后的大企业与未合并企业在创新绩效上没有明显差异。小企业在合并后的第一年会经历研发活动减少，但研究还发现，合并对小企业产生了一些有益影响，这些小企业原本可能因药品的排他性专利到期等不利事件而业绩下滑。

贾斯特斯·豪卡普、亚历山大·拉什和乔尔·斯蒂贝尔也对医药行业的合并进行了实证研究。[47]他们考察了欧盟委员会于1991—2007年审查的65起合并，并将专利申请作为度量创新的指标。为评估合并倾向得分，豪卡普等人使用了合并事件前滞后一至三年的专利申请、样本前的专利数量平均值、引用加权专利的存量、一个表示合并前非零创新活动的变量、销售额以及利润与销售的比率。与奥纳吉（Ornaghi，2009）以及丹森（Danzon）、爱泼斯坦（Epstein）和尼科尔森（Nicholson，2007）不同，在计算合并倾向得分时，豪卡普等人的研究不包括专利即将到期药品的比例以及新面世药品的比例，这可能是估值误差的一个来源。

豪卡普等人发现合并后专利数量显著降低。他们估计，在合并的三年后，合并企业的专利存量比它们未合并时减少30%以上。此外，豪卡普等人宣称合并会带来连锁反应（knock-on effect）：在合并样本的平均值中，合并企业的竞争对手的专利存量比没有合并时的预期低15%以上。竞争对手在合并各方减少专利申请后，也会降低自身的专利申请水平。如果竞争者所做的反应更为普遍，这将表明合并各方对创新的负面影响低于合并对整个行业的损害。

这三项研究的结果并不一致。尽管奥纳吉和豪卡普等人宣称，合并后相关创新活动会显著下降，但丹森等人发现大型制药公司合并后未（对创新）产生任何影响。对不同结论的一个解释是，合并倾向法使研究者不可能精确地比较一个行业中的合并企业与未合并企业，而且这些研究以不同的方式计算合并倾向得分。企业的很多相关特征被省略或者未被计量经济学家观察到。尽管存在相似的合并倾向得分，一些企业选择合并，另一些企业却不会如此为之，这一事实表明上文引用的分析忽略了可能与合并及创新绩效相关的关键特征。不过，这些研究并不支持合并促进制药行业创新的结论。这是一个重要的实证结果，尤其是考虑到那些观察到的交易没有引发对竞争是否足够多的担忧，进而遭到反垄断机构的质疑。

亨利·格拉博夫斯基（Henry Grabowski）和玛格丽特·凯尔（Margaret Kyle）使用一种不同的方法，即通过检验合并事件发生后药品开发项目的进展来研究合并的创新效应。他们利用了一个数据库，其中包括4 500多家在1990—2007年从事药品研发的企业。他们对研发绩效的度量指标是研发管线中的一个项目进入下一个研发阶段的概率（例如，一个项目从第二阶段进入第三阶段即临床试验阶段的概率）。他们发现，同未合并企业相比，在1985—2006年经历过合并的企业，其项目进入下一个阶段的比例较高。

格拉博夫斯基和凯尔的观察未表明合并会增加药品研发的产出。他们的结果可能反映了拟合并企业对选定研发项目做出更多承诺，但不一定会配置更多研发努力。合并后的企业可能更擅长通过临床试验推进药品研发进程，因它舍弃了前景不明的早期药品研发项目，而这意味着研发努力的下降。此外，他们的分析没有控制导致制药公司合并的因素。

科琳·坎宁安等人（Colleen Cunningham、Florian Ederer and Song Ma）的一项研究提出了一个重要的问题，即制药行业的收购对拟收购企业研发活动企业配置的影响。在这项文如其名的"扼杀式收购"（Killer acquisition）的研究中，坎宁安等人发现，相比于制药公司自己发起的研发项目，他们更可能终止从其他企业收购过来的药品研发项目。他们收集了60 000多个制药项目的数据。到2017年，发起这些项目的公司终止了它们在1990—2011年自行发起的85%的研发项目，此结果反映了一个众所周知的事实，即大多数研发项目夭折于奔赴商业化的过程中。同期，它们终止了92.1%的从其他公司收购的研发项目。换句话说，与内部研发项目相比，这些公司只推进了从其他公司收购的研发项目的一半左右。这种差异具有统计学上的显著性，意味着很多被收购项目失去了商业化的机会，而这与被收购研发项目和内部研发项目具有相同成功率的假说形成鲜明对比。

坎宁安等人的结论是，技术和生产的重叠能够解释被收购药品研发项目终止率的大部分差异。技术重叠是指收购企业的研发管线中与被收购项目有相同生物相互作用（biological interaction）

的项目。产品重叠是指与发起收购的公司提供的药品具有相同治疗类别（therapeutic class）的被收购项目。产品重叠仅在产品类别高度集中时，才会对合并后的公司继续投资于被收购项目的概率产生显著的负面影响。

这些结果与研发激励的经济理论一致。集中治疗类别中的产品重叠意味着发起收购的公司在利润上面临阿罗替代效应的风险，这对项目的存续会产生负面影响。此外，先发制人激励意味着，拥有集中治疗类别产品的公司存在一种激励，即对威胁企业现有业务的收购目标，报价超过竞争对手。因此，在位企业可能收购具有研发前景的项目，但这项研究表明，同其他收购者相比，在位企业将收购的研发项目推进至商业应用的可能性更小。这意味着，支配型企业有利用收购消灭潜在竞争的动机。此外，坎宁安等人还得出结论，在其研究中观察到的收购对研发持续性的负面影响要大于多样化和协同效应带来的收益。

这些是重要的观察结果。它们是否意味着反垄断政策应该更积极地管制收购？答案是肯定的，尽管完全禁止收购与既有产品或研发项目重叠的项目将适得其反。在合并后终止研发项目的收购与促进创新激励的收购之间存在一种权衡。收购研发项目是制药行业和其他高科技行业常见的商业策略。一些被收购研发项目将被终止，但若无将其出售给老牌企业的策略选择，很多其他研发项目可能不会存在。当收购并不是激励研发活动的商业策略，或其他收购方没有重要的竞争性重叠项目或产品时，为了避免破坏创建研发项目的激励机制，反垄断政策应将执法重点放在收购目标上。

6. 资产剥离和强制许可

反垄断机构可以通过剥离或者强制专利许可来解决创新受损问题，这既可作为同意合并的条件，也可作为垄断的补救措施。本节简要评论了反垄断剥离的最著名案例之一，即拆分美国电话电报公司（以下简称 AT&T），并描述了纠正垄断的一些强制许可的著名案例。第 7 章评论了几个合并案例，在这些案例中执法机构要求剥离研发资产或者强制许可义务来解决创新受损问题。本章说明资产剥离明显解决了某些合并的创新受损问题，但在另一些情况下，剥离不太成功。大多数强制许可义务产生了有益影响。

拆分 AT&T

1974 年，美国司法部对 AT&T 提起反垄断诉讼，指控它在电信服务和产品的广泛范围内垄断市场，违背了《谢尔曼法案》第 2 条。AT&T（也称贝尔系统）完全整合了电信服务的各个方面。它通过贝尔运营公司提供本地信息交换服务并在本地交换间提供远程服务。AT&T 在其西部电气子公司制造电信设备，并拥有贝尔实验室。贝尔实验室是一家有着辉煌历史的研究中心，从中诞生了很多重大发现，包括晶体管、激光、射电天文学、信息论和 Unix 计算机操作系统。

1982 年，各方就反垄断指控达成了一份同意令，即"修正版终审判决"（MFJ），这个标题有些自相矛盾，它将 AT&T 远程服务公司、贝尔实验室和西部电气公司与区域贝尔运营公司分离。"修正版终审判决"还撤销了 1956 年的同意令，该同意令限制 AT&T 提供受监管的公共通信服务以及这些服务的附加业务。

AT&T剥离是威廉·巴克斯特（William Baxter）领导的反垄断执法的一个大胆例子，威廉·巴克斯特是里根总统任命的负责反垄断事务的助理司法部长。里根总统担心剥离过于激进并告知巴克斯特："当我年轻的时候，花费2美分可将信件寄往全国各地，打一个电话只花2美元。到了20世纪80年代，寄一封信要花20美分。"据说巴克斯特回答："好的，总统先生，当我完成AT&T的工作后，我很乐意接手邮政的职务。"[48]

该同意令于1984年生效。拆分对创新的影响不一，但总体上是积极的。遗憾的是，贝尔实验室繁盛的基础科学研究成为拆分的牺牲品。此次剥离将贝尔实验室拆分为AT&T贝尔实验室和贝尔通信研究所（俗称"Bellcore"）。Bellcore是两家运营公司共同拥有的一家较小规模的运营机构。Bellcore后来更名为特尔科迪亚科技（Telcordia Technologies）并于2011年被爱立信（Ericsson）收购。1996年，AT&T贝尔实验室的大部分归属于朗讯（Lucent）；2007年，朗讯与阿尔卡特（Alcatel）合并时，实验室剩余部分也归朗讯所有。2016年，诺基亚收购了朗讯，实验室剩余部分被冠名为"诺基亚贝尔实验室"。爱立信和诺基亚在通信研发上投入重金，但其重点更多在于应用，而非贝尔实验室过去肩负的研究使命。

尽管AT&T的剥离对基础科学研究是沉重一击并导致巨大的行政成本，但随着1996年《美国电信法案》对美国电信业的拆分和进一步自由化，电信行业的竞争和应用创新蓬勃发展。电信服务价格下跌，同样下跌的还有基础设施以及顾客场所设备（customer premise equipment）的价格。总的研发支出大幅增加，尽管仍集中在应用上。新进入者提供可供选择的多种设备并提供诸多服务选项，而这些在"巨无霸"贝尔系统下是不存在的。对贝尔系统的剥离及随后的自由化表明,竞争市场对应用研发投资具有正面效益。

强制许可对行业创新和价格竞争的影响

正如第 7 章详细讨论的那样,反垄断机构通过协商达成很多同意令以解决拟议并购引发的竞争问题,包括对损害创新的担忧。这些同意令通常包括许可知识产权的要求以及其他条件。在更久远的过去,包括反垄断机构在内的监管机构就已经使用强制许可解决持续存在的垄断问题。因为许可扩大了潜在创新者的范围,这些义务带来的经验提供了一个窗口,透过该窗口可以研究更激烈的竞争对创新激励的影响。

1956 年,远早于 AT&T 被拆分之时,美国司法部和 AT&T 通过一项同意令解决反垄断指控,该同意令规定 AT&T 有义务免费许可其现有专利,并对未来的任何专利都合理收取许可使用费。[49] 同年,美国司法部通过一项同意令解决针对 IBM 的反垄断指控,同意令的条款包括,要求 IBM 对同意令颁布时的任何现有专利都免除许可使用费,并对随后五年内的任何专利收取合理的许可使用费。[50] 这两则同意令都要求申请人对其专利给予交叉授权。1975 年,美国联邦贸易委员会要求施乐公司以收取适当许可使用费的形式,将其相关专利授权给任何意图取得该授权之人,解决了对施乐公司垄断普通纸办公室复印机市场的指控。[51]

对于强制许可,人们仍存在争议,因为它剥夺了专利制度赋予专利权人的权利,并因其削弱了创新激励,获得的结果可能适得其反。人们对 AT&T 和 IBM 的同意令也存在争议,因为它们未能削弱这些公司的垄断力量。AT&T 维持其对电信领域几乎所有方面的控制,直至同意根据修正版终审判决进行剥离。IBM 对计算机行业的控制，一直持续到微型计算机的技术进步打破了它对大型机的垄断。只有对施乐的同意令才真正为新竞争打开了市场，然而，有人质疑施乐公司是否从事了导致反垄断判决的行为。[52]

尽管如此，有证据表明，这些同意令对创新和价格竞争产生了有益影响。马丁·瓦辛格（Martin Watzinger）等人依据AT&T专利引用的详细信息并得出结论：1956年的AT&T同意令增加了建立在AT&T专利基础上的创新。具体而言，他们报告称，相比于同意令没有覆盖的相同技术类别的相似专利，AT&T专利的引用率增加了17%。受益者主要是在电信领域之外运营的小型和年轻的企业，作者将其归因于进入壁垒，这些壁垒为AT&T免于受监管电信市场竞争的影响提供了持续保护。作者还发现，该同意令对后续技术的正面影响足以补偿AT&T专利小幅减少而有余。[53]

其他人也得出了相似但更加定性的结论。英特尔的联合创始人戈登·摩尔认为，1956年AT&T的同意令很大程度上促进了美国商业半导体行业的发展。[54]AT&T最初不愿意授权其晶体管的标准必要专利，但随后让步，部分原因是为了避免遭遇反垄断执法。[55]戴维·莫厄里的结论是，1956年AT&T同意令支持了高水平的知识扩散，并促进了半导体行业新竞争的进入。[56]彼得·格林德利和戴维·蒂斯断言："（AT&T的许可政策由反垄断政策促成）仍然是对经济发展做出的最不为人所知的贡献之一，它在美国内外创造的财富，可能远超马歇尔计划。"[57]

与AT&T同意令相比，鲜有证据能证明1956年IBM同意令中强制许可带来的益处，可能因为该案中有争议的专利不如AT&T拥有的一些专利那样是根本性的。但是，没有证据证明1956年IBM同意令抑制了创新。基于同意令发布之时或之后的研发工作，IBM

在 1964 年推出了特别成功的 360 系列大型计算机。此外，一些评论员认为，该同意令和随后的反垄断诉讼推动了 IBM 大型机外设进入市场，并促进了阿姆达尔（Amdahl）和控制数据（Control Data）销售的竞争性大型计算机的开发。[58]

1975 年的施乐同意令值得一提，因为用威拉德·汤姆的话说，"尽管案件结果今日看起来是错误的，但它似乎带来极大的好处"。[59]同意令是"错误"的，在解决歧视性定价安排等诸多指控的意义上确实如此，这些指控如今很少受到反垄断审查。但该同意令通过降低价格，为企业和消费者增加了普通纸复印机的多样性，带来"极大的好处"。[60]

尽管在 1975 年之前，IBM 和利顿（Litton）就已经成功进入普通纸复印机市场，但施乐公司宽泛的专利组合保护其免受新的竞争。同意令颁布后，普通纸复印机领域出现了来自低容量涂布纸复印机及高容量摄像复印机生产商的创新和新竞争，这些生产商包括佳能、东芝、夏普、松下、柯尼卡和美能达。同意令给消费者带来"极大的好处"，但没给施乐带来好处。新竞争对手进入后，施乐的市场份额暴跌。施乐的高管批评联邦贸易委员会的强制许可令使它暴露于外国的竞争，但他们也承认，竞争迫使施乐成功再造自身，成为一家效率更高的公司。[61]

其他研究证实，专利技术以零许可使用费或者较低许可使用费授权后，创新进程加快了。阿尔贝托·加拉索（Alberto Galasso）和马克·尚克曼（Mark Schankerman）研究了使专利无效的诉讼结果的影响，这些诉讼结果使专利涵盖的技术可以无偿使用，这在某些方面类似于零许可费的强制许可。专利无效判决之后，专利的引用率平均上升 50%，此种效应主要集中在计算机和通信、电子、生物技术和医疗器械等领域。当专利被大企业拥有，专利无效判决才会增加[62]，专利引用的增加主要来自较小创新者。

佩特拉·莫斯和亚历山德拉·沃纳探讨了美国在第一次世界大战期间或之后根据《与敌国贸易法案》进行强制许可事件的后果。[63]该法案起初允许美国企业采用敌人拥有的专利，若这些专利能有助于战争。1918年，美国国会修改这一法案，对敌人持有的专利予以没收，至1919年，德国拥有的专利被系统性地无偿授权给美国企业。莫斯和沃纳发现，在至少拥有一项德国专利被没收的技术领域，美国发明人获得的专利数量相对于没有被没收专利的类似领域，平均增加了约20%。后续研究表明，被没收知识产权并未抑制被没收企业的创新。1918年被没收之后，德国企业增加了对研发的投资，产出专利增加30%。[64]

迈克尔·谢勒对强制许可义务进行的研究证实了强制许可对后续创新的好处，但不支持如下一般性结论：强制许可会损害受影响企业的创新激励。科琳·奇恩回顾了强制知识产权许可的合并同意令案例，这些案例和第7章评论的案例得出了类似的结论。

通过研究和观察AT&T、IBM和施乐同意令，我们可以发现，促使专利以免费或者合理许可使用费的形式得到应用，对建立在发明专利基础上的后续创新产生了正面影响。创新者显然需要一些保护，以免被模仿，但几乎没有证据表明，在一些强制许可令出现的被出乎意料地大大削弱的情况，抵消了（专利）对发明的负面影响。主张强制许可益处甚多的立场，与如下观点针锋相对，即认为强制许可义务将削弱知识产权保护提供的创新激励从而敲响创新丧钟。有证据表明，如果有选择地实施强制许可，除了解决合并损害竞争的担忧以及限制行业支配地位而产生的有益效果外，亦可促进创新。

尽管强制许可遏制某些创新，但也有充分的理由得出如下结论：专利权的轻微削弱对行业创新和竞争具有正面效应。如第4章所述，减少前沿创新者收取的许可使用费或者增加获取这些技术的机会，可促进后续创新，从而增加经济福利，这可以通过合理收取许可使用费的强制许可义务来实现。

7. 对实证证据的总结性评论

关于竞争和创新关系的实证研究已经进行了几十年。早期的研究发现，行业集中度处于中等水平时，创新指标达到峰值。然而，这些研究没有考虑行业因素和技术特征，这些因素和特征会影响创新机会以及从研发投资中获取适当回报的能力。最近的跨行业研究试图考虑这些因素，并应用最佳统计实践来控制虚假相关性。其中几项研究发现竞争与创新之间存在正相关关系。其他研究发现，适度的行业竞争更有利于创新，但有些研究支持相反的观点，认为二者之间存在负相关关系。

尽管证据清晰地表明技术不对称对企业创新激励有重要意义，但实证经济研究仍未就市场竞争与创新激励之间的相互作用达成一致意见。竞争似乎对接近行业技术前沿的企业的研发投资和创新会产生更大的有利影响。这与渐进创新理论模型一致。竞争增加使接近行业技术前沿的企业通过创新来避免竞争，从而获利更多。另一方面，竞争可能会抑制那些远离技术前沿的企业从事创新，这些企业欲从追赶更先进的竞争对手中获利，变得难上加难。

反垄断执法者通常推定，在高科技行业中实质性地减少竞争的合并可能会损害创新。遗憾的是，很少有实证证据证实这一推定。就合并对创新的影响进行实证分析，具有挑战性，因为难以找到一个自然实验，其中的合并对某些企业的创新激励造成的影响与其他类似企业不同。此外，很少有数据可供研究高度集中行业中的合并造成的影响，因为反垄断机构通常会阻止高度集中行业中的合并，或者以消除所谓反竞争影响的补救措施为条件而同意合并。不过，现有证据并不支持合并通常会促进创新或者促进未来产品或服务竞争的结论。

更积极的反垄断执法能够阻止所谓的扼杀式收购，即一家老牌企业收购一个有前景的研发项目，随后将之扼杀。制药行业数千次收购的经验证据表明，如果发起收购的企业处于一个集中化的行业，且被收购项目面向类似治疗应用的产品或研究项目构成潜在竞争，那么发起收购的企业更有可能终止这个研究项目。然而，禁止此类收购可能会造成负面影响，因为它会破坏依赖收购将其研发成果变现的实体投资于研发的激励。更适宜的政策是鼓励那些没有重大产品或技术重叠的企业进行替代性收购。

来自强制许可义务的证据支持如下结论：使知识产权更加普遍易得，开放市场竞争，将对后续创新及价格竞争产生有利影响。广泛的强制许可将对根本性创新的投资激励产生负面影响，但证据并未显示反垄断当局和监管机构利用强制许可开放市场竞争的少数事件会造成负面影响。下一章将探讨有关剥离和强制许可的若干实例，这些实例可解决合并带来的创新受损问题。

第 7 章　支持创新的合并执法：补救措施的案例及教训

制定正确的合并补救措施是合并执法政策的核心……补救措施应该全面而直接地矫正违法行为。它需要有效解决合并交易带来的任何或所有反竞争影响，并维持受影响市场的原状。

——代理副司法部部长比尔·贝尔，在美国反垄断协会第 17 届年会上的讲话，华盛顿特区（2016）

1. 引言

美国和欧洲的法院尚未对仅涉及创新效应的反垄断案件发起诉讼，但这些地区或者其他司法辖区的反垄断机构质疑众多威胁创新的合并。本章选取并回顾一些反垄断执法可能保护了创新激励和未来竞争的合并案例，以及在这方面明显不太成功的一些案例。

交易各方放弃拟议合并，以回应反垄断机构对创新影响的担忧。在大部分案例中，反垄断机构通过同意令允许合并的进行。本章将指控合并损害创新的质疑分为三大类：

- 无条件质疑：在这些质疑中，合并各方和审查机构不能就弥补被指控的创新受损的补救措施达成一致，审查机构将采取措施阻止合并行动。各方通常会在受到无条件质疑之后放弃拟议交易。一些当事方已经提起诉讼，请求对无条件质疑做出裁决，不过，尚无法院仅基于或者主要基于被指控的创新受损而受理对合并的质疑。
- 结构性补救措施：通过同意令要求合并各方剥离资产以补救因合并而丧失的竞争。资产剥离除实物资产外，还包括知识产权、专有技术及其他资源。
- 行为补救措施：这些都是对合并实体施加限制的同意令，但不要求剥离资产。虽然行为补救可能包括广泛的活动，但本章将集中于强制许可义务，即要求合并各方以免费或者收取较低许可使用费的形式对其专利或其他知识产权进行非排他性许可。[1]

若干研究考察了结构性补救措施或者行为补救措施等附条件批准的合并，分析这些补救措施是否成功阻止现有产品或服务在合并后的价格上涨。[2] 本章讨论了涉及研发资产和相关知识产权的合并条件，以应对创新和未来价格竞争的问题。从这些实例中吸取的教训有限，因为在没有反垄断干预的情况下，可能发生的创新无法确定发生。不过，它们揭示了一些有用的模式。

本章第 2 节首先回顾美国反垄断执法机构对一系列合并的无条

件质疑。为了应对这些无条件质疑，合并各方放弃了拟议的交易，并继续作为独立实体成功地创新。这意味着反垄断机构不应轻易被合并对创新激励非常关键的证词或证据左右。第 3 节还讨论了审查机构不曾质疑的一宗合并交易，这宗合并交易对创新具有非常重要的意义。

第 4 节评论了运用结构性补救措施，应对合并引发的创新问题的实例。在很多情况下，定向的研发剥离促进了创新，然而在其他一些案例中，剥离并未恢复创新激励。被剥离资产的一些收购者没有投资于相关研发，或者遭遇财务困难。收购了被剥离资产的若干企业随后发起了合并或者被收购，其继任者并未继续从事相关研发。在一些案例中，创新有意想不到的来源，从而否定了剥离的重要性。

资产剥离是解决创新问题的复杂工具。关键的研发资产是科学家和工程师，他们不能被迫转移至另一家公司。发起收购的公司可以选择购买被剥离的研发资产作为探索潜在技术的一个成本相对较低的选项，或者获得对其他应用有益的知识产权及人力资本。

一些资产剥离的实例引发了令人失望的创新结果，但不足以由此得出结论，认为结构性补救措施对创新而言是无效的合并执法措施。我们无法确定，未能实现的预期究竟是由资产剥离设计不当造成的，还是更应归因于创新的变数太多。在解释这些实例的结果时，应保持适当的谨慎，但是这些结果也表明，对于旨在弥补创新损害的合并补救措施的后果，需要深入研究。

第 5 节评论的若干实例涉及强制许可义务的合并补救措施。与结构性补救措施相反，强制许可的实例似乎显示出更加始终如一的好处。当然，这些结果反映了反垄断机构寻求结构性补救措施或行为补救措施时面临的情况。以结构性补救措施为条件的合并案例，可能提出了尤其难以解决的创新问题，这并不意味着在这些情况下强制许可将是更有效的补救措施。

不过，有证据表明，在某些情况下，知识产权强制许可可能是一种有效的合并补救措施。尽管强制许可允许被许可人以较低成本复制专利，因而可能削弱对突破性创新的激励，但通常情况并非如此。案例分析和学术研究表明，大多数情况下强制许可都有利于后续创新和价格竞争，很少会产生抑制创新的负面激励。[3]

第 6 节将转向几起被欧盟委员会质疑的合并案例。欧盟委员会是面向创新的合并执法的后来者，在美国控诉合并损害创新的几年后，欧盟才首次质疑合并。不过，欧盟委员会后来居上，此后发起了好几次对合并的质疑，意在解决创新受到损害的问题，而且至少在其中一次质疑中，欧盟委员会对所谓合并造成的创新损害表现出比美国更积极的立场。最后一节总结了本章评论的案例为面向创新的合并执法政策提供的经验教训。

2. 无条件质疑合并

有时，反垄断机构得出某合并对创新构成威胁的结论，而且它们的担忧并非通过只言片语的承诺就可以解决。在这些情况下，反垄断机构要么选择无条件地允许引发创新担忧的合并，要么不以结构性承诺或行为承诺为条件质疑合并。

创新的提速：通用汽车和采埃孚股份公司合并案

本书第 1 章始于 1993 年美国司法部阻止采埃孚股份有限公司

拟收购通用汽车艾莉森变速箱分部的案例。美国司法部的控诉状界定了一个创新市场，即"民用和军用中型及重型汽车自动变速箱设计、开发和生产的技术创新"，并进一步解释说，"拟议交易将创新市场中的竞争者数量由三个减至两个，既减少了创新面临的实际竞争，也减少了存续企业为未来创新而展开激烈竞争的激励"。[4]

通用汽车-采埃孚合并案的控诉状为指控研发能力重叠的合并损害创新提供了蓝本。具体方式为：定义相关创新市场（美国反垄断机构如今称之为"研发市场"）；证明很少有企业拥有参与市场竞争所需的专用资产；（专利）引用证据证明，合并或收购可能会削弱公司对新产品开发的投资激励，或者导致未来价格竞争的丧失。阻止合并的决定显然是合理的。其后，民用和军用中型及重型汽车自动变速箱市场的竞争和创新蓬勃发展。

两颗心胜过一颗：Thoratec-HeartWare 合并案

心力衰竭是导致发达国家人口死亡的主要原因之一。处于心力衰竭末期的病人可能选择接受手术植入机械血泵，其中左心室辅助装置（LVADs）最为常见，21 世纪初，Thoratec 是这项技术的领先者。Thoratec 销售 HeartMate XVE 和第二代产品 HeartMate II。当时仅有 LVADs 被美国食品药品监管局（FDA）批准为终点治疗方法（destination therapy），而非移植前桥接治疗（bridge to a transplant）。HeartWare 拥有名为"HeartWare HVAD"的设备，从而成为左心室辅助装置生产线的潜在进入者。

2009 年 2 月，Thoratec 提议以 2.82 亿美元的价格收购 HeartWare。[5] 提议收购之时，HeartWare 的 HVAD 正处于临床试验阶段，初步结果表明该装置前景良好。医生对该 LVADs 的创新设计及较小尺寸赞誉有加，因为它简化了手术移植过程。不过，尚不能确定的是，HeartWare 的 LVADs 是否优于 Thoratec 的同类产品。心力衰竭末期患者的高死亡率，以及使用机械装置替代或辅助正常心脏功能的困难，导致对临床试验的评估以及与其他设备的比较变得复杂。

美国联邦贸易委员会对该起合并展开了调查并得出如下结论：若允许合并，将消除 Thoratec 和 HeartWare 当前以及未来的竞争，拒绝为心力衰竭末期患者提供延续其生命的治疗，迫使患者支付更高的价格，从而消除在创新上的竞争。2009 年 7 月，联邦贸易委员会正式质疑此合并，交易各方随即放弃了此次交易。[6]

联邦贸易委员会做出的决定是正确的吗？这次合并引起了对第 5 章所述的产品到项目的创新竞争受损的明确担忧。在合并之前，Thoratec 是 LVADs 治疗的唯一供应商，几乎没有替代品。LVADs 只有在药物、手术和其他医疗设备等所有可能的治疗手段用尽之后，才能使用。HeartWare 有望成为这个市场上强有力的新竞争者。价格竞争对 LVADs 的重要性不如对其他很多产品的重要性，但创新竞争至关重要，若 Thoratec 控制了所有经美国食品药品监管局批准的 LVADs，创新竞争可能被削弱。

假如 Thoratec 质疑联邦贸易委员会的决定，它本可以提出如下几项反驳意见：

- HeartWare 的 LVADs 未经验证，且在合并时，该 LVADs 很可能并非一种可接受的装置；也就是说，很可能存在"没有损害即不犯规"的情况。
- 还有其他 LVADs 处于临床试验的早期阶段。
- 合并后的公司可利用协同效应开发新的 LVADs。

- 阻止 Thoratec 收购 HeartWare 将损害创新，因为 HeartWare 这类企业在新技术上投资了数百万美元，它们期望将新技术出售给 Thoratec 这样的老牌企业。

第 1 项反驳意见不能令人信服。如第 5 章讨论的，如果合并特有的效率并不存在，那么对收购潜在竞争者提出疑问的决定不应取决于成功进入的可能性。若 Thoratec 收购 HeartWare 将扼杀或者严重损害 HeartWare 保持独立时可能发生的创新和价格竞争，即使创新成功的可能性很低，反垄断执法也应该阻止这样的结果发生，前提是收购没有创造出效率收益以抵消损害。

第 2 项反驳意见提出了一个实证问题。如果大量的 LVADs 作为安全有效、经济实惠的新替代品进入市场，那么消除或者压制其中一种 LVADs 可能不会对竞争造成严重影响。事实上，在 Thoratec 提议收购 HeartWare 时，只有少数其他几种 LVADs 处于开发之中，直至 2019 年，除了 Thoratec 和 HeartWare 出售的 LVADs 外，美国食品药品监管局只批准了一种 LVADs 用于成人的终点治疗方法。

第 3 项反驳意见是一种以合并特有的效率为基础的抗辩。Thoratec 可能会辩称它将投入开发 HeartWare 版 LVADs 的资金，将多于 HeartWare 作为独立公司时可能有利地吸引并投入的资金，或者二者在 LVADs 上的合并有可能创造出不合并时可能没有的互补疗法。这些抗辩基于合并特有的效率，故举证责任由合并各方承担。

第 4 项反驳意见提出了一个更普遍的议题，第 5 章也有涉及。反垄断执法机构必须评估允许合并将造成的扼杀创新和未来价格竞争的风险，但也应允许创新企业有机会将寻求收购作为退出策略。美国联邦贸易委员会似乎在 Thoratec 和 HeartWare 合并案上取得了平衡，Thoratec 和 HeartWare 仍是美国食品药品监管局批准销售

（甚或研究）LVADs 的极少数实体中的两个。2016 年，医疗设备巨头美敦力（Medtronic）在一次收购中以 11 亿美元的价格购买 HeartWare，该价格几乎 4 倍于 Thoratec 于 2009 年同意支付给 HeartWare 的收购价。圣裘德医疗于 2016 年收购 Thoratec，之后又被雅培实验室收购。作为大型公司的子公司，Thoratec 和 HeartWare 继续在此领域进行创新。Thoratec 近来开发出 LVADsIII，它比 LVADsII 更小，并有一个磁悬浮转子。HeartWare 支持一种新型 LVADs 的临床试验，该新型 LVADs 的大小仅为已经很小的 HVAD 设备的三分之一。

前沿创新：应用材料公司和东京电子合并案

2015 年，应用材料公司（Applied Materials，AMAT）和东京电子（Tokyo Electronic，TEL）拟议合并，这是另一起合并交易案例，美国司法部反垄断局认为，这起合并对于创新和未来价格竞争造成的预期损害，没有可接受的补救措施。当反垄断局向两家公司告知它对竞争的担忧后，它们放弃了拟议的合并交易。

应用材料公司和东京电子属于极少数能够开发和制造尖端半导体工具，并可将这些工具应用于大规模半导体制造业的两家公司。美国司法部反垄断局认定，（两家公司）在既有产品市场和研发管线项目上存在着狭窄的重叠，故而其合并引发人们担心产品到项目的竞争会受到损害。它还强调更广泛的问题，这些问题与合并双方在半导体行业具备开发未来高价值制造工具的不同能力相关。[7]

参与审查拟议合并的美国司法部反垄断局经济学家尼古拉斯·希尔、南希·罗斯和托尔·温斯顿写道："因为应用材料公司和东京电子的能力如此之强，它们通常是解决先进半导体制造商高价值沉积和蚀刻问题的两个最佳（或三个最佳中的两个）开发合作伙伴。"[8] 他们补充道："在一个几乎等同于创新的行业中，复制一个对竞争有重要意义的最具创新的公司，将是极其困难的。"[9] 反垄断局驳回了提议的补救措施，因为解决未来创新问题所需的资产不能独立于两家公司在材料科学和工程上更广泛的能力和经验。

应用材料公司和东京电子在试图合并后继续进行研发投资。表7.1 表明了两家公司在 2013—2018 年的研发支出。尝试合并后的两年与之前两年相比，两家公司都大幅增加了研发支出。当然，表7.1 并未断定，若合并（成功），两家公司将减少研发支出。此外，正如本书其他章节强调的，研发是创新的投入而非产出的度量指标。合并后的企业可能以较小的投资实现相同或更多的创新。不过，有证据表明，这两家公司在试图合并后的两年内仍继续致力于创新。应用材料公司报告称："继续在当前和新市场中优先对技术能力和关键研发项目进行研究、开发和工程方面的投资，同时重点关注半导体技术。"[10] 东京电子强调它致力于技术差异化，旨在提高盈利能力和市场份额。[11]

表 7.1　年度研究、开发和工程费用（2015 年提议合并）

	2013	2014	2015	2016	2017	2018
应用材料公司（百万美元）	1 320	1 428	1 451	1 540	1 774	2 019
东京电子（百万美元）*	664	718	645	694	764	883
两者相加	1 984	2 146	2 096	2 234	2 538	2 902
两者相加比例的变化		8.2%	(2.3%)	6.6%	13.6%	14.3%

注：* 以 110 日元/美元兑换成日元
资料来源：应用材料公司和东京电子年度报告。

一年后，美国司法部告知另外两家半导体设备公司——泛林研究公司（Lam Research）和克拉滕科公司（KLA-Tencor），它严重关切拟议的合并交易对创新的影响，这两家公司随后放弃了合并计划。泛林研究公司是半导体制造中蚀刻、沉积和清洁工具以及工艺技术的领先供应商，克拉滕科公司则是半导体制造测量和检测设备的领先供应商。

与应用材料公司和东京电子的拟议合并不同，这起拟议合并的两家企业是在互补市场上运营的。两家提供互补制造工具的企业能够协调价格及产品开发，使半导体制造商受益。[12] 不过，美国反垄断局仍反对合并，因为它"担心合并后的公司有能力及时阻止竞争对手开发前沿制造工具和工艺技术"。[13] 反垄断局没有解释为什么合并后的公司将比单独行动的任何一方有更强的激励排除竞争对手。显然，有人担心，通过收购克拉滕科公司，泛林研究公司将获得竞争对手的技术信息，并利用这些信息获得战略优势。[14]

反垄断局对此次合并所持的反对态度，与反垄断局或联邦贸易委员会在其他合并执法行动中接受互补产品供应商的行为承诺形成了鲜明对比。[15] 联邦贸易委员会批准了博通（Broadcom）对博科系统（Brocade System）的收购，但博科必须满足设置防火墙以保护机密商业信息的要求。[16] 博科公司制造用于光纤通信网络上传输流量的通道交换机。博通为光纤交换机制造专用集成电路（ASIC），并向思科（Cisco）供货，因此思科是博科在光纤通道交换机市场上的主要竞争对手。一个关键的问题是，博通与思科的关系涉及竞争敏感型机密信息的提供，合并后的公司可能会利用这些信息损害光纤通道交换机的竞争。双方接受了一项同意令，该同意令要求博通设立防火墙以防止思科的机密商业信息流出指定的博通相关员工群体。

反垄断执法是一个基于特定事实的过程，对看起来类似的案件做出不同的执法决定，并不罕见；但是，反垄断机构若能解释为什么在其他类似的案件中得出不同的结果，将是好事一桩。尚不清楚的是，为什么美国联邦贸易委员会认为，若博通滥用思科的竞争敏感型机密信息，设立防火墙就足以抵挡竞争可能受到的损害，而反垄断局却不能为泛林研究公司与克拉滕科公司之间的合并寻得可接受的补救措施。

1997年，美国司法部阻止了洛克希德·马丁公司和诺斯罗普·格鲁曼公司的拟议合并。控诉状引用本书第5章所述的产品到项目以及项目到项目的竞争受到的损害，以及几种高科技系统的价格竞争受到的损害，这些高科技系统包括高性能固定翼军用飞机、机载预警雷达、红外对抗、反潜战系统、导弹预警系统。[17] 一年后，美国联邦贸易委员会批准美国最大的两个民用飞机制造商波音和麦道的合并，委员会虽未比较其决定与司法部在洛克希德·马丁和诺斯罗普合并案中的决定，但它解释说，麦道已经远远落后于民用飞机的技术前沿，不构成重要的竞争。[18]

反垄断机构以存在重大创新问题为由阻止的合并案例为数甚多。2002年，美国联邦贸易委员会阻止了Cytyc和Digene的拟议合并，这两家公司皆开发并销售用于筛查宫颈癌的产品。[19] 2009年，美国司法部就美高森美公司（Microsemi）和萨米科亚公司（Semicoa）完成的合并提起诉讼，这两家公司是生产小信号晶体管和超快恢复整流二极管的制造商，其产品用于关键军用及民用应用上。这导致美高森美撤销合并，并完全剥离了萨米科亚的资产。[20]

这两起案件皆被指控合并导致了垄断，并对价格和创新造成不利影响。参与这两起合并案件的各方都在继续创新。Cytyc声称其液基细胞学系统是美国使用最广泛的宫颈癌筛查方法[21]，Digene 声称它是分子诊断领域的领先者，开发、制造和销售专门针对女性癌症和传染病的脱氧核糖核酸（DNA）和核糖核酸（RNA）检测。[22] 美高森美公司和萨米科亚公司都宣传其高度可靠、军用级别的半导体器件。[23]

3. 一起未受质疑的著名合并交易

上一节指出被反垄断机构质疑的几起合并，部分是因为它们可能对创新造成损害，且不存在双方可接受的减轻损害的条件。当反垄断机构决定不质疑高度集中行业的合并时，也会考虑到创新。健赞（Genzyme）收购诺唯赞制药公司（Novazyme Phamaceuticals）即为一例，它们是仅有的两家积极研究庞贝病的公司。庞贝病是一种导致肌肉功能紊乱且通常会致命的罕见基因疾病。

健赞于 2001 年 9 月收购诺唯赞。美国联邦贸易委员会随后审查该交易，并选择不采取任何执法行动。在一份冗长的新闻稿中，联邦贸易委员会主席蒂莫西·穆里斯辩称，不能推定一起合并甚至一起垄断式合并将损害创新，他还指出了这一合并案的特殊实情。[24] 约翰·克劳利是诺唯赞的董事长兼联合创始人，他的两个孩子被确诊患有庞贝病，故克劳利下定决心寻找治疗方法。[25]

收购后不久，健赞终止了诺唯赞的研发项目。联邦贸易委员会可能错误地做出了不质疑这一收购的决定，因为这起收购导致了庞贝病治疗研发市场的垄断，而且仅有一个研发项目在收购中幸存。但是，案件事实表明，健赞终止诺唯赞研发项目的决定是寻找庞贝病治疗方法面临困难的结果，如果健赞保持独立，诺唯赞不太可能作为庞贝病疗法的替代供应商存活下来。

收购之时，诺唯赞远落后于健赞。如果诺唯赞仍作为一家独立公司，且在健赞之后生产一种药品，则诺唯赞将面对挑战健赞之排他性的高壁垒。庞贝病符合《罕见病药品法案》规定的特殊治疗条件，若无另一种药品被对比新药的临床试验（head-to-head clinic trial）证明更优越，则该法案能够确保一种新药在治疗影响少数人群的疾病时具有七年的排他使用权。此外，合并对研发具有可靠的、合并特有的协同效应。健赞不仅有酶替代疗法方面的经验，而且有生产药品的制造能力，而诺唯赞在这两方面皆不具备。健赞和诺唯赞的合并案例证明了事实对竞争分析的重要性。

4. 针对创新的结构性合并补救措施

自 1995 年以来，美国司法部和联邦贸易委员会针对 100 多起合并案件提出了创新受损的问题。在多数情况下，审查机构在交易各方就特定条件达成一致意见后会批准合并，此类特定条件有知识产权许可，或者资产剥离，也包括有效研发所需资产的剥离。

补救措施的目标是弥补合并造成的竞争损失。这对创新竞争而言是一项具有挑战性的任务。被剥离的研发资产或知识产权的接收方可能无法重置受损的创新，因为它不具备有效研发的必要资源；它的策略目标偏离了投资于因合并而失去竞争的技术领域的初衷；或者相关科学家或工程师不愿前往收购了资产或知识产权的企业。科琳·坎宁安等人研究了 8 000 个新药研发项目的收购，发现仅有 22% 的收购前的发明人在收购后前往收购方赴任。[26]

尽管存在这些障碍，但很多研发资产剥离的例子似乎表明，剥离成功地恢复了因合并而被指控受到威胁的创新激励。将柯惠医疗（Covidien）用于治疗心血管疾病的药品涂层球囊血管成形术的研发资产剥离给史派克公司（Spectranetics Corporation），恢复了因为美敦力收购柯惠医疗而受到威胁的创新竞争。将诺华的肿瘤化合物剥离给列阵生物制药（Array BioPharma），解决了诺华收购葛兰素史克（GSK）的肿瘤治疗组合引起的创新受损问题。

还有很多其他研发资产剥离的案例显示，因合并受到威胁的创新激励被成功恢复。成功的案例大抵如此：被剥离资产是进入开发后期的明确项目；被剥离资产包括相关知识产权、专业制造设备和关键人员；被剥离资产的接收方是一家在研发活动上具有良好业绩记录的公司。

上述条件若无法满足，合并同意令中要求的研发剥离有时就无法带来人们希望的创新。我在本节回顾了若干此类案例。[27] 它们显示，零星剥离可能无法解决创新受损问题。一种替代措施是无条件质疑。然而，通过对可能威胁创新的合并采取强硬政策，反垄断机构可以激励合并各方在申请批准合并之前或者在合并审查期间剥离问题资产。没有理由相信这种"先行剥离"（fix it first）策略在恢复创新竞争上，要比与反垄断审查机构协商达成的补救措施更有效。或者，反垄断机构应注重强制许可义务，如第5章所示，这些义务往往具有促进竞争的好处。

需要提醒的是，对市场表现的事后研究只为我们观察同意令能否有效弥补合并对创新的损害提供了一个狭窄的视角，因为创新本身具有内在不确定性。获得被剥离资产或知识产权许可的公司带来的未来竞争不足，可能反映了商业上的不够成功，但未必表示研发投资的缺乏。

第7章 支持创新的合并执法：补救措施的案例及教训　　　165

美国家庭用品公司和美国氰胺的合并案（1995年）

1994年8月，美国家庭用品公司（AHP）和美国氰胺公司（American Cyanamid）同意合并。除了其他业务，两家公司都生产并销售破伤风和白喉疫苗，而且积极推进治疗轮状病毒感染的疫苗研究项目，轮状病毒感染是导致严重腹泻的常见原因。脱水是轮状病毒的一种严重并发症，而且是发展中国家儿童死亡的主要原因。

作为批准合并的条件，美国联邦贸易委员会批准了美国家庭用品公司的资产剥离申请，也就是把氰胺公司有关轮状病毒疫苗研究的知识产权和相关资产及信息剥离给积极参与疫苗研究和制造的韩国绿十字会公司（Green Cross Korea）。[28] 韩国绿十字会公司后来更名为GC制药公司。2002年，美国家庭用品公司将它改名为惠氏，辉瑞于2009年收购惠氏。

迄今为止，韩国绿十字会（或GC制药）、美国家庭用品公司、惠氏和辉瑞皆未开发出美国食品药品监管局批准的保护人类免受轮状病毒疾病的疫苗。2006年，美国食品药品监管局批准默克公司生产的轮达停用于预防6周至32周龄婴儿的轮状病毒肠胃炎。2009年，美国食品药品监管局批准葛兰素史克公司生产罗特律，用于预防6周至24周龄婴儿的轮状病毒肠胃炎。

没有证据表明韩国绿十字会（或GC制药）为开发轮状病毒疫苗做出了坚持不懈的努力。在合并后的20年里，该公司没有申请任何有关轮状病毒的美国专利。当前，GC制药公司提供一种水痘疫苗，并有针对若干疾病的疫苗处于不同的研究和临床试验阶段，但是，唯独不见针对轮状病毒的疫苗。[29]

葛兰素威康和史克必成的合并案（2000年）

2000年1月，葛兰素威康制药公司（GW）和史克必成制药公司（SB）宣布了一项拟议合并计划，在时值约1 820亿美元的交易中组建葛兰素史克。合并之前，葛兰素威康与吉利德科学（Gilead Science）建立了合作关系，共同开发用于治疗某些癌症的拓扑异构酶Ⅰ抑制剂。史克必成已经在销售此类药品的主要药品海康平（Hycamptin）。美国联邦贸易委员会审查了拟议合并，要求合并后公司把它对葛兰素威康正在开发的拓扑异构酶Ⅰ抑制剂的权利剥离给吉利德科学，作为批准合并的条件。[30]

葛兰素威康和史克必成属于开发预防性疫苗以预防疱疹感染的少数公司中的两家。葛兰素威康的疫苗研究相对较新，但它正在推进的一个重要项目使用了坎塔布（Cantab）制药公司开发的技术，以开发针对生殖器疱疹的疫苗。为消除该领域的研发竞争可能受损的问题，欧盟委员会要求合并后的公司将坎塔布开发预防性疱疹疫苗所需的所有权利、信息和临床试验结果，归还给坎塔布。[31]

这些行动皆未引发新药竞争。在欧盟委员会批准合并后不到一年，即2001年11月，吉利德将其肿瘤项目的资产（包括拓扑异构酶Ⅰ抑制剂项目）出售给OSI制药公司。[32]OSI对拓扑异构酶Ⅰ抑制剂项目的研发工作持续了一段时间，但于2004年终止，因为OSI得出了该项目的临床结果与葛兰素史克出售的海康平没有足够差异的结论。[33]

有几家公司正在进行临床试验，以推进对预防性疱疹疫苗的评估工作，但迄今为止市场上尚未出现预防性疫苗。2002年，坎塔布与葛兰素威康联合开发的药品未能通过Ⅱ期临床试验。[34]坎塔布陷入财务困境并于同年被色诺娃（Xenova）制药公司收购。[35]凯尔特（Celtic）制药公司于2005年收购色诺娃。[36]葛兰素史克有一个处于开发中的治疗性疱疹疫苗项目，但在Ⅲ期临床试验中未能显示其疗效，故该公司于2010年终止了此项目。[37]通过网站clinicaltrials.gov检索，没有发现任何由坎塔布、色诺娃或凯尔特制药公司发起的正在进行的疱疹疫苗试验。

贺利氏电气和中西部仪器有限公司的合并案（2014年）

2012年，贺利氏电气（Heraeus Electro-Nite）收购了中西部仪器公司（Minco）。这两家公司都出售用于测量及监测钢水温度和化学成分的一次性传感仪器和器械。起初，这项交易逃脱了反垄断审查，因为其交易额低于《哈特-斯科特-罗迪诺法案》要求向美国联邦贸易委员会发出合并通告的阈值。

美国司法部从投诉的客户那里得知此次收购的风声。2014年，美国司法部发起一项诉讼，指控此次收购在美国炼钢用传感仪器和器械的开发、生产、销售和服务上抑制了竞争，并导致价格上涨和创新减少。[38]美国司法部要求贺利氏剥离它从中西部仪器公司获得的资产及知识产权。[39]被指定的收购方基斯通传感器有限公司（Keystone Sensors LLC）是一家新进入企业，成立于2013年，它打算进入美国传感仪器和器械市场，并为贺利氏提供替代品。遗憾的是，基斯通于2016年4月30日宣布重组计划，此后再无相关消息。

若美国司法部事先知晓，几乎肯定会质疑这起交易，因为该交易本质上是垄断合并。在收购时，贺利氏约占传感仪器和器械销售额的60%，其余部分几乎全由中西部仪器公司出售。收购结束后，美国司法部被迫采取行动，唯一可供选择的是，要么听之任之，要么组织资产剥离。美国司法部选择了后一条路,但其经验表明,欲弥补失去的竞争和创新殊为困难。

尼尔森控股公司和阿比创的合并案(2014 年)

美国联邦贸易委员会于 2014 年审查了尼尔森控股公司(Nielsen Holdings)拟收购阿比创(Arbitron)的提议。两家公司的业务都是提供受众测算服务。受众测算服务能够为广告商和媒体网络在商业广告播出时间段的广告买卖谈判提供有用的参考。

尼尔森是美国电视受众测算服务的主要提供商。2014 年,阿比创在无线电受众测算服务供应上的地位与尼尔森比肩。美国联邦贸易委员会诉称,这两家公司都有能力提供全国性的联合跨平台测算服务。联合跨平台受众测算服务跨多个媒体平台,包括电视和广播在内的在线和移动平台,测算其受众的参与度,并向用户提供数据。在提议收购时,随着各种媒体平台的大量涌现,此类服务的需求增长迅猛。[40]

电视是跨平台受众测算服务的关键组成部分,美国联邦贸易委员会得出的结论是,只有尼尔森和阿比创拥有具有代表性的大规模面板数据,能够根据客户所需的个人层面的人口统计数据来测算电视受众。其他公司与尼尔森及阿比创相比,在开发全国性联合跨平台受众测算服务上不具备竞争优势,因为它们缺乏尼尔森和阿比创的代表性面板数据、现有的受众测算技术资产的质量和特征,以及在受众测算上的强势品牌。[41]

尼尔森拟收购阿比创,对第 5 章所述的项目到项目的创新竞争构成了威胁。这两家公司的研发管线中都有一个全国性联合跨平台项目。美国联邦贸易委员会声称,若不附加条件,此次收购将扼杀未来的竞争，并导致全国性联合跨平台受众测算服务的创新减少。

美国联邦贸易委员会批准拟议收购的条件是，剥离与阿比创跨平台受众测算业务相关的资产，包括其代表性面板数据。同意令还要求，尼尔森向这些资产的收购方提供免许可使用费的永久数据许可，包括个人层面的人口统计数据，以及与阿比创跨平台受众测算业务相关的技术，且该技术的许可期限不少于 8 年。此外，联邦贸易委员会要求尼尔森在接受收购方要求及费用的情况下，改进和提升阿比创面板数据，以进一步提高其提供全国性联合跨平台受众测算服务的能力。

康姆斯克公司（Comscore Inc.）收购了相关资产。康姆斯克看似合适地替代了因收购而失去的竞争。阿比创之前曾与康姆斯克合作，为美国娱乐与体育电视台提供定制的跨平台受众测算服务，这两家公司都在开发全国性联合跨平台产品。[42]

时至 2018 年，尼尔森和康姆斯克均声称提供全国性联合跨平台受众测算服务，但该服务尚处萌芽状态。[43] 康姆斯克在组织结构上存在严重问题[44]，这两家公司因对同意令中的承诺各有解释而陷入诉讼。[45]

如果未对收购进行必要的资产剥离，结果将会更糟，这一点并非显而易见。电视和广播受众测算服务与跨平台受众测算服务是互补的。美国联邦贸易委员会显然低估了尼尔森和阿比创合并之后，在不剥离康姆斯克的情况下，利用其互补资产，成为更高效创新者的可能性。从中得出的经验没有让人们相信美国联邦贸易委员会的预测已经成真。

当目标公司有能力、有动力朝着预期方向从事研发时，有针对性地剥离资产能够成功恢复竞争和创新激励。下文将描述诸多成功的资产剥离案例中的一例。

诺华和葛兰素史克合并案（2015 年）

2015 年，诺华同意从葛兰素史克收购肿瘤项目的资产。美国联邦贸易委员会担心，此次收购将损害 BRAF 基因和 MEK 蛋白抑制剂的开发和未来销售的竞争，这些分子药能够抑制癌症的发展。葛兰素史克是两家获得 BRAF 抑制剂批准的公司之一，美国联邦贸易委员会认为诺华是唯一的另一家能在后期研发阶段获得 BRAF 抑制剂的公司。葛兰素史克也是唯一一家获得 MEK 抑制剂批准的公司，联邦贸易委员会认为诺华是临床研发后期少数拥有 MEK 抑制剂的公司之一。[46]

为解决竞争受损问题，美国联邦贸易委员会要求诺华将其在临床试验中与 BRAF 和 MEK 抑制剂药物相关的所有权利和资产剥离给阵列生物制药公司。[47] 这一补救措施是为了恢复创新竞争。阵列公司的文件表明，它继续支持从诺华公司获得的药品的临床试验。[48]

将诺华公司的药品剥离给阵列公司成功地恢复了研发激励，部分原因在于阵列公司是一家专注于发现、开发和商业化小分子抗癌药的公司。因此，阵列公司非常适合收购诺华的药品。此外，诺华的相关药品已经处于临床试验阶段的后期，阵列公司只需选择是否继续现有试验。

5. 作为合并补救措施的强制许可

强制许可是解决合并和收购引发的竞争受损问题的现成工具。[49] 虽然强制许可采用非补偿性费率，可能损害对易复制产品的创新激励，但它们能够降低必要知识产权的组合成本、消除代价高昂的侵权诉讼、促使公司提供互补产品，以及消除公司利用知识产权阻止新竞争的做法，从而促进创新和未来的价格竞争。

第 6 章评述了若干重要的强制许可令，以及对解决了竞争受损问题的强制许可进行的学术研究。在涉及具体合并时，钱为德研究了 6 个合并案例中的强制许可令是否导致合并后的企业减少其专利活动，发现 5 个案例中的专利活动没有明显减少。[50] 她的研究集中于强制许可对许可方专利申请的影响，而本节则研究了合并补救措施中的强制许可义务对许可方、被许可方和其他相关创新者的专利申请的影响。本节提及的经验与钱为德的发现以及第 6 章评述的研究相一致：强制许可通常是促进创新和未来价格竞争的有效机制。

汽巴嘉基和山德士合并案（1996 年）

山德士（Sandoz）和汽巴嘉基（Ciba-Geigy）是基因疗法的早期研究者，后者得益于拥有凯龙（Chiron）制药公司的所有权。1996 年，两家公司达成合并协议组建制药巨头诺华。根据美国联邦贸易委员会的数据，汽巴嘉基、凯龙和山德士是能够商业化开发广谱基因治疗产品的极少数公司中的两个。美国联邦贸易委员会称，如果合并不以恢复竞争的补救措施为条件，则可能会消除或减缓基因治疗产品的开发，降低合并后的公司许可知识产权或与其他公司合作的激励，从而损害创新。

为弥补所谓的竞争损害，美国联邦贸易委员会以专利许可要求和其他限制为条件同意合并。最终的法令强制要求合并后的公司以低许可使用费的方式非排他性地许可调节细胞生长的蛋白质专利以及有关基因治疗细胞工程的广泛专利。此外，该法令要求合并后的公司向罗纳-普朗克·乐安（RPR）公司授予涵盖某些基因疗法[51]的非排他性许可；或者将基因治疗中使用的部分Ⅷ因子基因（与血友病相关）由排他性许可转变为非排他性许可；或者向罗纳-普朗克·乐安授予这些基因治疗中使用的Ⅷ因子专利权利的分许可（sublicense），以及技术信息和专有技术（如果分许可权持有人要求）。美国联邦贸易委员会之所以选择不剥离基因治疗资产，是因为它认为许可足以解决竞争受损问题，竞争者拥有竞争所需的诸多硬资产，资产剥离将破坏各方的研发努力。[52]

美国联邦贸易委员会认为，基因治疗的风险极高。当时，它认可以下预测：到2010年，基因治疗产品销售额将达到450亿美元，以及到2000年，脑肿瘤的治疗方法将获得监管批准。罗纳-普朗克·乐安起初积极支持基因治疗，并计划投资3亿美元开发新药。[53]遗憾的是，基因治疗辜负了这些期望。很多原本前景光明的药品，结果却是不安全或者无效的。罗纳-普朗克·乐安于1999年与赫切斯特马林鲁斯公司（Hoechst Marion Roussel）合并成立安万特（Aventis），并于2004年被赛诺菲（Sanofi）收购。截至2009年，赛诺菲仅有一种基因治疗药物处于研发当中[54]，但在Ⅲ期大型临床试验中未能显示疗效。[55]2017年，美国食品药品监管局批准诺华的急性淋巴细胞白血病疗法，直至此时，人类基因治疗产品的使用才获得美国食品药品监管局批准。[56]

人类基因治疗科学要比美国联邦贸易委员会在1996年的预测更具挑战性，这并非联邦贸易委员会之错。设计针对合并的补救措施的一个重要问题并非基因治疗是否达到了早期的预期效果，而是联邦贸易委员会命令中的强制许可条款是否促进了基因治疗药品行业的研发，或者是否限制了合并后的企业对其研发支出进行资本化的能力，从而可能导致研发趋缓。

证据并未表明美国联邦贸易委员会的强制许可令减缓了基因治疗的研发。作为研发努力的衡量标准，表7.2比较了合并前后5年的窗口期内成功申请并在描述中引用"基因治疗"一词的专利数量。[57]第一个窗口期在合并一年后结束，用以说明研发和相关专利申请之间的滞后性，即1996年申请的专利和最终获得批准的专利可能反映了1995年或更早的研发。

合并后5年内，合并后的公司申请面向基因治疗的专利数量与合并前的公司相当，但在该领域申请成功的专利总数翻倍。这表明，美国联邦贸易委员会的强制许可令对基因治疗技术的专利申请没有产生不利影响，而且可能防止了合并对基因治疗研发活动可能产生的阻碍作用。

表7.2 引用"基因治疗"的美国专利

申请日期	所有美国专利	汽巴嘉基、凯龙、山德士或诺华的专利
1993年1月1日至1997年12月31日	10 654	202
1998年1月1日至2002年12月31日	20 222	194

安进和英姆纳克斯公司合并案（2002年）

2001年12月，安进（Amgen）提议收购英姆纳克斯（Immunex）公司。这次交易涉及两家公司的合并，且这两家公司对利用重组DNA技术开发药品的投资甚巨。连同其他一些问题在内，美国联邦贸易委员会发现这起合并可能会损害坏死因子抑制剂和IL-1

抑制剂的创新。坏死因子抑制剂可抑制坏死因子的反应，该反应是身体对炎症反应的一部分。IL-1 抑制剂是与人类白细胞介素-1 结合的分子，白细胞介素-1 是一类参与炎症反应调节的蛋白质。坏死因子抑制剂和 IL-1 抑制剂可用来治疗类风湿性关节炎等疾病。美国联邦贸易委员会称，安进和英姆纳克斯公司是拥有坏死因子抑制剂和 IL-1 抑制剂后期研发项目的少数公司中的两家。

美国联邦贸易委员会同意合并，条件之一是安进必须将与坏死因子抑制剂相关的某些专利授权给雪兰诺（Serono），后者是瑞士的一家生物技术公司，有一款已处于临床试验阶段的可溶坏死因子抑制剂。联邦贸易委员会称安进拥有的专利可能会阻止雪兰诺的坏死因子抑制剂在美国的销售。为维持 IL-1 抑制剂的竞争，联邦贸易委员会要求合并后的公司向雷杰隆（Regeneron）颁发许可证。雷杰隆是由委员会认定的在 IL-1 抑制剂后期研发中的唯一其他实体。如此可以解决一个问题，即英姆纳克斯公司的专利组合可能阻碍雷杰隆的 IL-1 Trap 技术，或者带来足够高的诉讼成本，从而阻碍雷杰隆开发商业化产品。

同意令显示美国联邦贸易委员会达成了它的目标。表 7.3 比较了合并后的安进、英姆纳克斯、雪兰诺在收购前后 5 年内引用"坏死因子抑制"专利的专利申请活动，并列出在此领域中美国发布的所有专利及其申请日期。如表 7.3 所示，第一个窗口期在收购发生一年后结束，收购的目的是获取收购前研发工作产生的专利。安进和英姆纳克斯以及合并后的公司在收购前后获得的专利与收购前后所有涉及坏死因子抑制剂的专利总数之比大致相同。雪兰诺将其专利从收购前 5 年的 18 项增至收购后 5 年的 42 项。值得注意的是，在安进和英姆纳克斯合并后的 5 年内，雪兰诺的年报中描述了坏死因子抑制剂的研发工作。[58]

表 7.3 引用"坏死因子抑制"的美国专利

申请日期	所有美国专利	安进或英姆纳克斯专利	雪兰诺专利
1998年1月1日至2002年12月31日	5 530	165	18
2003年1月1日至2007年12月31日	6 475	198	42

表 7.4 展示了雪兰诺年报中描述的引用了"白细胞介素-1"或"IL-1"的专利。同样,安进和英姆纳克斯许可收购前后的所有专利许可率大致相同,但雷杰隆将其专利从 3 项增加到了 14 项。值得注意的是,雷杰隆的年报描述了其 IL-Trap 技术的持续研发活动,而这正是美国联邦贸易委员会同意令的核心目标。

表 7.4 引用"白细胞介素-1"或"IL-1"的美国专利

申请日期	所有美国专利	安进或英姆纳克斯专利	雷杰隆专利
1998年1月1日至2002年12月31日	5 619	222	3
2003年1月1日至2007年12月31日	6 053	221	14

福禄国际股份有限公司和傲马公司合并案(2008年)

福禄国际股份有限公司(Flow International Corp.)主要开发、制造和销售使用高压水射流的系统,该系统可用于范围广泛的切割任务。2008 年提议合并之时,福禄国际公司和傲马公司(OMAX Corp.)分别是生产水刀切割系统的第一大和第二大公司[59],傲马还拥有两项广泛的专利，涉及指挥切割头的控制器。美国联邦贸易委员会同意合并的条件是向任何寻求许可的公司免费授予傲马的这两项专利。[60]

许可要求看起来达到了促进竞争的目的。有一则消息指出，除福禄国际和傲马，另有十几家公司提供水刀切割系统，其中包括截至 2014 年 1 月尚未出现的 5 家供应商。[61]

搜索合并前 5 年窗口期内的描述中带有"水刀"和"切割"词汇的成功专利申请，可得到 170 项专利，其中 10 项由福禄国际或傲马发明或转让（见表 7.5）。在合并后的 5 年窗口期内，成功申请的专利总数增至 326 项，其中 33 项由合并后的公司提交。这些数字表明，强制许可义务对水刀切割系统的研发工作产生了有益影响。

表 7.5 引用"水刀"和"切割"的美国专利

申请日期	所有美国专利	福禄国际或傲马的专利
2005 年 1 月 1 日至 2009 年 12 月 31 日	170	10
2010 年 1 月 1 日至 2014 年 12 月 31 日	326	33

3D 系统公司和 DTM 公司合并案（2001 年）

2001 年，美国司法部质疑 3D 系统公司（3D Systems）对 DTM 公司的拟议收购。当时，3D 系统和 DTM 是为数不多的工业快速原型打印系统（rapid prototyping）供应商中的两家。[62] 快速原型技术是机器将计算机设计转换为三维模型的处理过程。质疑函称，此次合并将减少竞争，并损害美国工业快速原型打印系统的开发、制造和销售方面的创新。

质疑函还称，进入快速原型打印这一业务领域存在困难，部分缘于 3D 系统公司和 DTM 拥有制造快速原型打印系统的多项专利组合。[63] 在交易双方同意至少向一家目前在美国境外制造工业快速原型打印系统的公司许可其开发、制造和销售快速原型打印系统的相关产品，并向该公司提供任何必要的支持或维护服务，以便在它进入美国市场后，美国司法部允许合并继续进行。[64]

本案是横跨定向剥离和强制许可的案例。专利许可要求适用于广泛的知识产权组合，但与定向剥离一样，它仅限于单一公司。2002 年 7 月，美国司法部批准合并后的公司向索尼公司许可部分专利和软件的版权，但仅限于在北美范围内使用立体光刻（一种 3D 打印技术），作为交换的许可使用费为 90 万美元。但该许可不适用于合并后的 3D 系统公司和 DTM 公司未来可能开发的技术。[65]

资产剥离令成功地促进了新的竞争[66]，而且并未对快速原型打印系统的专利申请产生不利影响。[67] 此外，3D 系统公司在接受资产剥离令并与 DTM 公司合并之后，加大了研发支出。[68] 在合并之前的 3 年（1998—2001 年），该公司每年的平均研发支出为 920 万美元，在合并后的 3 年（2002—2005 年），该公司每年平均研发支出为 1 160 万美元。

自 3D 系统公司和 DTM 公司合并后，另有几家公司跨越专利壁垒，成为快速原型打印系统的重要供应商，3D 系统公司和索尼在美国的快速原型打印系统的销售落后于很多其他公司。一则消息显示，截至 2018 年 4 月，3D 系统公司在工业 3D 打印系统供应商中排名第四，落后于斯特塔西、EOS 以及 GE Additive。[69] 事后看来，美国司法部和合并各方同意补救措施并非毫无成效，但也可能是不必要的。

6. 欧盟委员会关于创新的执法

直到 21 世纪初，欧盟委员会才在合并案中指控创新受到了损害。[70] 1994 年，欧盟委员会审查了巴斯德-梅里埃（Pasteur-Mériex）和默克（Merck）在欧洲建立一家合资企业以生产和销售疫苗的提议。欧盟委员会认为两家公司的研发管线中存在重叠的疫苗研发项目，但通过引述技术方面的收益，选择不质疑合资企业。[71] 1995 年，欧盟委员会和美国联邦贸易委员会调查制药公司葛兰素和威康提议的合并，这两家公司成立了葛兰素威康。两家（反垄断）机构都发现，在对抗偏头痛发作的非注射药品方面的产品到项目的竞争有可能受损。欧盟委员会认为，因为有来自其他大型制药公司足够的研发竞争，该合并不会威胁创新。[72] 美国联邦贸易委员会则持有异议；它要求葛兰素剥离威康的全球研发资产以弥补合并中失去的竞争，以此为条件同意合并。[73] 这是成功剥离研发资产的一个例子。捷利康公司（Zeneca）收购了这些资产。其继任者阿斯利康制药有限公司于 1997 年获得美国食品药品监管局对新型偏头痛药物佐米曲普坦的批准。[74]

2001 年，当葛兰素威康和史克必成合并成立葛兰素史克时，欧盟委员会和美国联邦贸易委员会在评估创新竞争方面再次出现分歧。如本章前文所述，美国联邦贸易委员会认定用于治疗某些类型癌症的拓扑异构酶 I 抑制剂类药品和疱疹疫苗的创新竞争受损，尽管它提出的剥离研发资产的要求也未必带来收益。欧盟委员会承认，合并各方在研发管线中存在重叠项目，但得出的结论是：合并不大可能对研发活动产生重大不利影响。至于预防性疱疹疫苗，欧盟委员会认为这项研究太不确定，即使证明研究能够成功，未来的

第 7 章 支持创新的合并执法：补救措施的案例及教训　　179

产品亦太遥遥无期以致无法预测其竞争效应。[75]欧盟委员会还注意到，在新的抗癌药领域，存在大量活跃的竞争者。[76]

欧盟委员会在其后的合并执法中更加积极地追求创新竞争。该委员会的大部分行动与美国联邦贸易委员会及美国司法部对合并的评估结果并行不悖。在评估如下几起合并案对创新可能造成的损害时，这些反垄断机构得出了相似的结论：阿斯利康与诺华的合并，诺华是农药巨头先正达（Syngenta）的前身[77]；拜耳（Bayer）收购安万特作物科学公司（Aventis Crop Science）[78]；个人计算机硬盘制造商的两项拟议合并[79]；美敦力收购医疗器械制造商科维登（Covidien）[80]；以及其他一些合并交易。

欧盟和美国的反垄断机构最近在评估一些合并对创新的影响时，得出了不同的结论。2015年，欧盟委员会在审查辉瑞收购赫士睿（Hospira）时，引述了合并对创新的损害，以证明它要求辉瑞剥离其正在开发的药品是合理的，因为该药品可能与赫士睿销售的现有药品构成竞争。[81]与之相反，美国联邦贸易委员会在审查交易之后，没有就减少创新竞争问题采取任何行动。[82]

赫士睿出售的药品是一种生物药英夫利西单抗（Infliximab）（商标为"Remicade"）的生物仿制药（biosimilar）[83]，这种药品价格高昂，用于治疗一系列自身免疫类疾病。赫士睿在市场上使用商标"Inflecta"销售其生物仿制药。欧盟委员会认为，辉瑞收购赫士睿的生物仿制药将导致辉瑞推迟或停止对英夫利西单抗生物仿制药的研发，导致创新竞争减少。[84]

欧盟委员会正确地要求辉瑞剥离其生物仿制药项目，但其理由是错误的。收购赫士睿并没有导致辉瑞推迟或停止其研发管线项目。诺华收购并继续推进该研发项目，而后在欧洲经济区（EEA）

销售。欧盟委员会的法令使辉瑞公司有权在欧洲经济区之外开发和销售英夫利西单抗生物仿制药。辉瑞寻求美国食品药品监管局批准其第二种英夫利西单抗生物仿制药，并以商标名称"Ixifi"命名。然而，到目前为止，辉瑞已选择不在美国销售 Ixifi，因为它将在美国与两种生物仿制药形成竞争：一种是旗下的 Inflectra 生物仿制药，另一种是来自另一家公司的名为 Remicade 的英夫利西单抗生物仿制药。[85] 此次收购减少了未来的价格竞争，欧盟委员会要求的资产剥离成为欧洲经济区内的补救措施，如果美国联邦贸易委员会要求辉瑞将其生物仿制药项目剥离给适当的收购方，则受损的竞争也可在美国得到补救。本案非比寻常，因为辉瑞可以选择在不销售 Inflectra 的地区销售 Ixifi。如果辉瑞未做出这样的选择，它就有可能推迟或停止 Ixifi 的研发活动。

欧盟委员会、美国联邦贸易委员会和美国司法部经常就创新损害提出指控，以补充现有产品市场竞争受损的传统反垄断指控。在欧盟委员会对通用电气收购阿尔斯通重型燃气轮机业务的审查中，对创新受损所做的讨论即为一例。[86] 欧盟委员会强调阿尔斯通作为一个集中行业中的独立创新者对竞争的重要意义，但合并交易导致价格竞争受损可能是质疑交易的充分理由。不过，在诉讼中吸纳相关的创新受损主张仍有裨益，因为这使法院有机会进一步了解此类指控。

在另一些案例中，创新受损的指控不仅是执法决策的核心，而且决定了弥补竞争受损的补救措施。在大多数此类案例中，反垄断机构都会处理已识别的产品到项目或者项目到项目的创新竞争受损问题。这些案例是"创新执法金字塔"的基础（见图 5.5）。少数几个指控研发能力重叠的合并造成损害的案例，大多涉及仅有两三家公司具备必要能力的行业,例如美国司法部对通用汽车和采埃孚合并的质疑。

欧盟委员会对陶氏和杜邦农药业务合并的质疑,标志着对此模式的重大偏离。[87]在提议合并之时,陶氏和杜邦的价值约为1 300亿美元,而且是少数开发、制造和销售农作物保护化学品的大型综合研发公司中的两家。美国司法部反垄断局(连同几个州)对拟议合并进行调查,并担心合并将消除冬小麦阔叶除草剂和咀嚼害虫杀虫剂市场上的直接竞争。尽管质疑函提到,合并将消除两个领先的新型作物保护化学品开发商之间的创新竞争,但交易双方接受了一项同意令,该同意令仅要求杜邦剥离一种除草剂和一种杀虫剂产品,以及开发、制造和销售这些产品所需的资产。[88]

欧盟委员会也对这起合并进行了调查,并表达了它的担忧,该担忧包含了美国反垄断局识别的单一重叠(isolated overlap)问题,但远比这一点深刻。在一项包含600多页正文和近300页附录、内容大多涉及农作物保护化学品的合并裁决中,欧盟委员会认为,合并将消除交易双方在一些重要除草剂、杀虫剂和杀真菌剂上继续开展并行创新的激励。[89]作为批准合并的条件之一,欧盟委员会要求杜邦剥离其现有农药业务的很大一部分,而且包括杜邦几乎所有的全球农药研发机构。[90]

欧盟委员会引用单边创新损害的经济理论来支持其决定。它认为,在合并之前,一方可以通过加大研发投入与另一方的业务形成竞争,而且从研发中获得的发现受到强有力的专利权保护,这将减少把溢出效应内部化带来的合并收益。据此理论,合并将消除有利可图的竞争性激励(contestability incentive),产生单边效应,减少研发投资。欧盟委员会还发现了一方执行的研发项目将侵蚀另一方的产品销售利润的风险,即产品到项目的竞争受损的问题。此外,欧盟委员会还回顾了农药行业合并和创新的历史以及公司文件,从中推断出合并将损害创新的证据。

欧盟委员会指控的新元素,是将单边效应理论应用于一个拥有多个潜在创新者的行业的早期研发激励。许多企业和公共机构投资于农业研究。虽然农业杀虫剂的上游研发并非高度集中,但欧盟委员会将创新者的范围限制在投资于价值链所有阶段(即发现、开发、混合/配方及商业化)的公司。根据欧盟委员会的观点,只有先正达、拜耳、巴斯夫、陶氏和杜邦符合这一描述。除了排除很多小企业和研发实验室外,这一定义排除了富美实(FMC)公司和孟山都,因为据称前者已退出了新农药的研发,后者将研发几乎完全集中在种子上。

此外,欧盟委员会认为,研发活动集中于"创新空间",即各类农作物和相应害虫的组合,其中通常只有四个或更少的实际或潜在创新竞争对手。[91]这些集群排除了在其地理区域内研究和开发水稻及其他农作物杀虫剂的日本公司,以及那些只是偶尔将其杀虫剂应用于欧洲农业的日本公司。

欧盟委员会收集的专利数据说明了其创新空间方法的含义。它将研发范围限制在5家综合性公司和前25%的专利(以外部引用次数衡量)上,并认为,合并将使除草剂的专利赫芬达尔-赫希曼指数(HHI)上升约800~900,使杀虫剂的专利赫芬达尔-赫希曼指数上升1 100~1 200,并导致交易后的赫芬达尔-赫希曼指数为3 000~3 500。[92]这些数字表明,集中效应明显,在狭窄的创新空间中可谓更高。如果将分析范围扩大至包含日本公司提交的专利(同时仍排除了许多其他参与农药研发的公司和机构),合并导致赫芬达尔-赫希曼指数上升400~600，交易后的赫芬达尔-赫希曼指数仅为1 500~2 500。这些数字表明，（此时）集中造成的影响低得多。

考虑到从事农业杀虫剂研发的公司众多，陶氏和杜邦的合并对创新造成损害的经济证据不是决定性的。当然，反垄断机构不可能准确预测创新结果，因此可能存在执法不足和执法过度的错误。此外，陶氏和杜邦剥离资产可能会阻止未来农用化学品价格的上涨。有能力测试、制造和分销这些化学品的公司数量远远少于能够投资于研发以发现有前景的新分子的公司数量。令人好奇的是，尽管欧盟委员会提及多样性丧失和未来产品竞争受损的问题[93]，但其裁决更强调对创新竞争受损的预测而非对未来价格竞争受损的预测。

7. 支持创新的合并政策的经验教训

本章的案例研究证据通常支持反垄断执法在保护创新激励上的积极作用。无条件质疑合并的案例未能确定放弃的交易对创新造成了损害。在这些案例中，企业继续作为独立实体进行创新，没有证据表明对合并的质疑导致这些企业减少了研发活动。

案例研究的证据还显示了与研发资产剥离相关的风险，这一剥离是协商达成的补救措施，也是反垄断机构批准合并的条件。本章综述的一些研发资产剥离填补了失去的竞争，保留了投资研发激励，但另一些则以放弃研发项目告终。成功的案例通常涉及研发后期的特定项目，收购这些项目的企业通常有能力也有动力继续推进合并后的研发项目。一些企业收购早期研发项目，它们可能将这些项目视为以低价收购人力资本和知识产权的可选方案。

这些例子是否表明，反垄断机构应该理直气壮地阻止更多拟议合并，而非定向剥离资产？尽管有充分的理由令人担心，一些合并会损害创新和未来价格竞争，但无条件质疑可能无法消除这些损害。如果拟合并的企业拥有大量的产品和研发活动组合，而且预期一两个领域的重叠将招致质疑，则它们可以在面临反垄断审查之前或在审查过程中通过剥离问题资产来达成交易。如果反垄断机构无法通过协商推进资产剥离，以恢复失去的创新竞争，那么由合并双方协商推进资产剥离就不太可能更加成功。

本章回顾的案例和第 6 章给出的研究表明，强制许可义务通常不会对行业的专利活动或研发投资产生不利影响，且在某些情况下似乎可以促进研发活动和竞争。当然，反垄断执法必须重视过多使用强制许可也可能抑制研发的风险。然而，与强制许可会威胁创新的论断相反[94]，合并同意令或其他强制许可的例子中没有证据表明，当有选择地运用强制许可义务来解决竞争受损问题时，对研发激励产生的负面影响，通常会压倒其促进竞争的收益。

第 8 章 "我们将切断他们的空气供应"

微软案与排他行为对创新的损害

我们对本案做出判决的背景是，学术界和实务工作者针对反垄断法第 2 条"旧经济"滥用市场支配地位规则在多大程度上适用于具有网络效应的动态技术市场中的企业竞争而展开的意义深远的辩论。

——美国政府诉微软案，上诉法院（2001）

1. 引言

自美国司法部、几个州和欧盟委员会指控微软违反反垄断法以来，弹指二十多年已逝。[1] 这些指控引发了争议，观察家们表达了各种担忧，从警告反垄断执法将抑制个人计算机行业创新，到愤怒于错过落实更有力的补救措施的良机。[2] 这些案件得到解决以后，个人计算机行业已经发生剧变。不过，微软反垄断案仍为法院如何评估高科技市场中的企业行为提供了宝贵经验。

20世纪90年代，微软作为世界上最受欢迎的个人计算机操作系统Windows的供应商一直占支配地位。超过80%的IBM兼容型个人计算机上安装了Windows，而IBM兼容型个人计算机是当时世界上最流行的个人计算机。[3]微软对个人计算机市场的控制看上去很安全。该操作系统是一项受知识产权网络保护的技术成果。然而，维护微软安全的真正关键不是其技术复杂性或知识产权，而是它为Windows操作编写的数千个应用程序。

个人计算机操作系统是具有强大的跨平台网络效应的平台。计算机用户重视在操作系统上运行的应用程序的数量和质量，而应用程序开发人员重视操作系统的用户数量。激励开发人员编写在新操作系统上运行的应用程序构成了进入壁垒，操作系统的新进入者只有跨越此壁垒才能成为独当一面的竞争者。

IBM耗费10多亿美元开发、测试和销售一款个人计算机操作系统，以与Windows竞争，但遭遇了应用程序壁垒。[4]第一台面向大众市场的个人计算机由IBM制造，但IBM没有专有软件或硬件将其技术变现。经历难以从迅速发展的个人计算机行业中获利的挫折后，IBM在1994年推出另一款名为OS/2 Warp的个人计算机操作系统[5]，但它最终放弃了OS/2 Warp，并非因为其技术不如Windows，而是因为它无法吸引足够数量的应用程序使计算机用户切离Windows。[6]

尽管微软成功地压制了挑战者，但1995年，微软董事长兼首席执行官比尔·盖茨依然为其帝国面临的新威胁感到焦虑。微软在互联网新技术上落后于人，盖茨正确地将互联网描述为"自1981

年推出 IBM 个人计算机以来最重要的单项技术开发"。[7]互联网用户通过一个新程序,即网景导航者(Netscape Navigator)网络浏览器连接到万维网。盖茨的担忧不仅是因为微软是这场"互联网派对"的迟到者,还因为他担心此浏览器是一种特洛伊木马,可以通过创建另一种软件开发平台来打破应用程序的进入壁垒。

导航者(Navigator)是一种被称为中间件的软件,它占据了操作系统和应用程序之间的空间。与操作系统一样,中间件通过公开应用程序编程接口(APIs)来促进应用软件开发,APIs 是一种例行程序,用于执行某些广为使用的功能。与操作系统不同,网景 APIs 并不限于特定操作系统。网景采用一种新的编程语言 Java,该语言允许应用程序在不同操作系统上运行。[8]盖茨警告微软内部的同事,网景正在"推行一种多平台战略,将关键的 API 转移给客户,使底层操作系统商品化"。[9]网景的联合创始人马克·安德烈森预测该浏览器将成为一个元操作系统,并将微软操作系统简化为"一个略有缺陷且不重要的设备驱动程序集合",这使盖茨更加忧心忡忡。[10]

若非因为网景对操作系统构成威胁,微软本应乐意接纳网景。互联网浏览技术是对个人计算机提供的其他服务的补充,就此而言,它们通过让用户访问万维网提升了微软操作系统的价值。让盖茨感到不安的是,网景浏览器可能会使竞争对手的操作系统受益于同样的网络效应(即用户从广为使用的应用程序中获益),而这种网络效应原本可以增加用户对微软操作系统的需求。网络效应导致个人计算机市场在 20 世纪 90 年代向 Windows 平台倾斜。[11]盖茨明白,推广使用独立于平台的 Java 编程语言的网景浏览器等中间件,可以撬动个人计算机市场并打破 Windows 的垄断。

作为对网景威胁的最初回应，微软试图将网景浏览器排除在Windows操作系统之外。1995年5月，微软高管在同网景高管会见时，建议两家公司划分浏览器市场，网景成为Windows唯一的浏览器供应商，作为回报，微软不在其他操作系统使用的浏览器上与网景竞争。[12]网景没有接受微软的提议。如果网景接受，反垄断机构可能会以共谋划分市场的名义质疑此安排。

盖茨找到了另一种解决方案来填补应用程序隔离墙上的漏洞。微软拥有自己的浏览器IE，但网景领先一步；1996年，IE浏览器仅占互联网使用量的5%左右。当时网景将其浏览器作为独立产品销售，零售价49美元。微软最初也将IE浏览器作为独立产品出售，可用于Windows 95。但盖茨可以免费提供IE浏览器，作为Windows 95的赠品，微软随后将IE浏览器集成至其新版本的操作系统中。Windows是微软的王牌。几乎所有购买IBM兼容个人计算机的用户都希望配备Windows操作系统。通过将IE浏览器与操作系统捆绑，消费者不必为微软浏览器支付额外费用，但如果他们想要将网景浏览器作为附加组件，就只能额外支付49美元。据称，一位微软的高管说，"我们将切断他们的空气供应"。[13]Windows和IE浏览器的捆绑剥夺了网景对使用导航者浏览器的付费要求。

在广为人知的第一次"浏览器大战"中，微软采取众多其他策略压制网景导航者浏览器，使IE浏览器获得优势地位。[14]微软竭力打压网景，同时改进IE浏览器，使得微软在IBM兼容型个人计算机浏览器中的市场份额由1996年的约5%增至1998年的50%以上。[15]

本章第2节描述了美国司法部和几个州提起的案件，它们指控微软从事非法行为以维持Windows的垄断。第3节描述的案例由欧盟委员会发起,提出了一个不同的关注重点:微软将个人计算机操作系统中的垄断势力扩展至工作组服务器(work-group server)操作系统的违法行为。[16]尽管美国司法部和各州关注的是微软阻止用户采用独立于平台的中间件这一做法,但欧盟委员会聚焦于Windows 的特性,这些特性使 Windows 与非微软服务器软件不兼容。欧盟委员会还指控微软对媒体播放器和浏览器进行捆绑。[17]

第4节从经济学视角审视美国和欧洲的反垄断指控。这两个司法辖区的反垄断机构皆得出结论:微软的行为在很多方面损害了创新。不过,它们大多运用传统的反垄断法评估微软的行为是否违反反垄断法。一个例外是,美国上诉法院拒绝认定微软将 IE 浏览器与 Windows 操作系统绑定的责任,并将案件发回地方法院做进一步分析,要求考虑销售软件包或集成软件产品的效率抗辩。

美国案件的一个核心(对欧洲案件影响程度相对较低)前提是浏览器和其他中间件有可能消除微软在个人计算机操作系统中的支配地位。这一可能性尚未实现。不过,这些案件阻止了微软消灭竞争对手的浏览器,并鼓励微软开放其软件产品以便和其他产品互操作。这些案件还确立了一个法律先例:支配型企业扼杀新生的竞争威胁是违法的,且无须证明这种威胁是显著并可实现的。

美国和欧洲的原告在未经进一步诉讼或者未采取拆分之类严厉惩罚的情况下,达成了和解。第5节提出和解是否会错失机会的问题。尽管很多人批评和解措施对微软而言过于轻柔,但和解条款终止了微软的排他行为,促进了浏览器和其他中间件的竞争并鼓励微软支持互操作产品。第6节总结美国案例的经验教训,这些经验教训可适用于高科技经济中的其他竞争问题。

2. 美国政府诉微软案

1998年5月18日,美国司法部诉称微软垄断了个人计算机操作系统及浏览器,违反了《谢尔曼法案》第1条和第2条。美国19个州和哥伦比亚特区也加入诉讼。它们诉称微软将IE浏览器与Windows捆绑,排除浏览器和个人计算机操作系统的竞争。另称,即使微软将IE浏览器集成到Windows中,也存在捆绑关系,因为微软拒绝将IE浏览器作为单独产品销售(一种技术捆绑)。此外,起诉状指称微软与个人计算机原始设备供应商(OEMs)、互联网服务提供商(ISPs)、互联网内容提供商(ICPs),以及有利于IE浏览器却不利于网景导航者浏览器的独立软件供应商(ISV)签订协议,用来排除竞争。

到1999年,当该案在哥伦比亚特区法院由彭菲尔德·杰克逊法官审理时,司法部和作为原告的各州在起诉状中增加了原本没有的指控。[18]这些指控支持原告的诉由,即微软试图阻止中间件的出现,而中间件支持不依赖Windows平台的应用程序。一项直接针对浏览器打破应用程序进入壁垒能力的主张,指出微软采取相关行动以阻挠竞争对手采用Java实现软件互操作。微软从太阳微系统(Sun Micro-systems)获得Java许可,并声称推广太阳微系统的独立于平台的Java技术。美国政府和作为原告的各州诉称:微软修改了Java编程语言,使之与太阳微系统的Java程序执行(Java implementation)不兼容;与主要独立软件供应商签订合同,推销微软专有的Java版本而非任何与太阳微系统兼容的版本;没有充分告知独立软件供应商微软的Java版本与太阳微系统的版本不符;强制英特尔停止与太阳微系统在推进Java技术上的合作。[19]

该起诉状没有特别指控微软的行为对创新造成的损害。这些损害如下[20]：

- 限制竞争对手从任何创新中获得回报，从而削弱微软竞争对手的研发激励和能力。
- 损害竞争对手或者潜在竞争对手获取研发资金的能力。
- 阻止成功开发出有前景的创新产品的竞争对手向顾客有效销售其改良型产品。
- 降低原始设备制造商通过创新或差异化产品吸引顾客的激励和能力。
- 减少竞争以及减弱只有竞争才能提供的微软和他人的创新激励。

杰克逊法官得出结论，微软参与了一场排他行动，该行动"成功地在数年内甚至永久延误导航者和Java实现其潜能，以促进英特尔兼容型个人计算机操作系统市场的择优竞争"。[21]且微软未为其行动提供任何合法的商业理由。[22]中间件和独立于平台的Java编程工具对微软形成的威胁是法院认定该事实的核心，虽然法院认为"这些中间件技术距可能危及微软应用程序的进入壁垒还有很长一段距离"。[23]

法院认为微软垄断了英特尔兼容型个人计算机操作系统许可的全球市场，并试图垄断互联网浏览器市场，此皆违反《谢尔曼法案》第2条。此外，法院还发现微软涉嫌非法捆绑，要求用户安装IE浏览器作为获取Windows的条件，违反《谢尔曼法案》第1条。[24]

杰克逊法官总结道[25]：

尽管没有证据表明，若无微软的行为，（新竞争者）将会成功，但现有证据已表明，微软减少了竞争，从而有效确保其在相关市场的持续支配地位。更广泛地看，微软的反竞争行为束缚了计算机行业通常激励创新并协助顾客获取最佳利益的竞争过程。

法院接受原告提议的补救措施。除一系列临时的行为限制外，这些补救措施还要求对微软进行结构性拆分，使之成为两个独立的公司，其中一个继续从事微软的操作系统业务，另一个负责平衡公司的业务。[26]

微软提起上诉。上诉法院维持地区法院关于微软垄断英特尔兼容型个人计算机操作系统许可市场的判决。但上诉法院驳回了对微软试图垄断互联网浏览器市场的判决，主要是因为原告没有为互联网浏览器界定出单独市场，也未说明为什么这样一个市场（若存在）会被垄断。上诉法院还驳回了杰克逊法官关于微软将 IE 浏览器与 Windows 95 捆绑以及其后将 IE 浏览器集成至 Windows 98 的行为构成本身违法的裁判。[27]

上诉法院在驳回对捆绑软件产品适用本身违法规则时指出，"对于微软将附加功能集成至平台软件的做法是否影响了消费者剩余或者限制了消费者选择，我们并无足够的经验证据对这类行为做出合理判断"。[28] 法院将捆绑问题发回重审并要求进行合理规则分析，以考虑销售捆绑软件或集成软件产品的效率抗辩，但双方最终在这一评估之前达成了和解。

本案的一个关键问题在于，微软有无阻碍其所在行业采用独立于平台的 Java 编程语言，即微软是否支持其专有的 Java 版本，并

第 8 章 "我们将切断他们的空气供应" 193

鼓励软件开发人员使用该版本而非太阳微系统推出的独立于平台的版本。杰克逊法官认为，这些行为是微软垄断英特尔兼容型操作系统和互联网浏览器市场整体计划的一部分。上诉法院认同微软对 Java 的行动具有排他性的观点，但它认为"垄断者不会仅仅因为开发与竞争对手产品不兼容的产品而违反反垄断法"，它还认为微软有足够正当的理由推广其 Java 修改版以免承担反垄断责任。[29]

在结构性补救措施的关键问题上，上诉法院判决认为，地区法院未能对救济令的可能后果举行听证会，也未对其做出充分解释。故上诉法院全部撤销了地区法院的救济令，将案件发回重审，并要求（案件重审法院）根据上诉法院的判决，即微软应承担更有限的责任，举行针对补救措施的听证会并做出新的判决。[30]

在审理微软案期间，杰克逊法官与媒体有过数次互动，他猛烈抨击微软的行为。他还一度将结构性补救措施比作训练骡子，要用窄木条抽打骡子才能引起它的注意。上诉法院对杰克逊法官向媒体做出如此评论表示异议，并撤销案件且将其发回地区法院，由另一名初审法官就补救措施举行了听证会。

关于补救措施的全面听证会从未真正举行。美国司法部反垄断局和 9 个州同意达成和解协议，即放弃结构性补救措施并施加一些行为方面的条件。另外 9 个州转而向法院提出更严厉的补救措施，但它们于 2002 年 11 月同意终审判决（和解协议），这与反垄断局和此前已接受和解的 9 个州提出的和解协议仅略有不同。[31] 终审判决内容包括要求微软不得因为原始设备供应商和独立软件开发商支持竞争性产品而发难。微软同意原始设备供应商以灵活方式显示图标、快捷方式和菜单选项，包括对非微软中间件的推广。此外，终审判决迫使微软披露应用程序接口、通信协议以及中间件与操作系统、微软服务器操作系统进行信息传递所需的相关文档，并强制微软以合理或者非歧视条款许可必要的知识产权，以提供相关的互操作性信息。[32]

3. 欧盟委员会加入反垄断之战

1998年12月，欧盟委员会对微软损害竞争的指控进行调查，该调查基于以下几点：（1）微软将Windows媒体播放器（WMP）与Windows操作系统非法捆绑；（2）设计Windows 2000，使之与竞争对手的工作组服务器操作系统不兼容。欧盟委员会最终认定，这两项被指控的行为均违反了欧盟反垄断法，构成滥用市场支配地位。[33]

有关捆绑行为的这种指控与美国案件中对浏览器捆绑的指控相似，但结果有异。在美国案件中，上诉法院承认捆绑软件产品的潜在效率抗辩，并驳回了地区法院的判决，要求其依据合理规则做进一步审查。欧盟委员会在考虑微软关于捆绑的效率抗辩后予以驳回。欧盟委员会未采信微软的主张，即Windows媒体播放器是Windows整体的组成部分，将Windows媒体播放器作为便捷默认选项的捆绑行为有利于降低消费者的交易成本。此外，欧盟委员会并未考虑其他媒体播放器是否可以在不收取费用的情况下展开竞争（如通过广告或内容获取收入）。

欧盟委员会判定："Windows媒体播放器的捆绑……保护微软免于可能挑战微软地位且更高效的媒体播放器供应商的有效竞争，因此可能会减少这些供应商在媒体播放器创新上投入的人才和资本。"除了因滥用市场势力被罚款外，欧盟委员会对Windows媒体播放器诉讼的另一个解决办法是要求微软以同样的价格出售一个不带有媒体播放器的 Windows 版本。不出所料，这种裸版的 Windows 几乎没有销售量。[34]

针对互操作性指控，欧盟委员会的结论是：微软未能提供互操作性信息，并在工作组服务器市场上置竞争对手于不利的竞争地位，违反了欧盟反垄断法。[35] 欧盟委员会驳回了微软关于部分信息受知识产权保护的主张，也不认为微软不许可其知识产权的决定构成对互操作性指控的客观抗辩。[36] 2004 年，欧盟委员会命令微软向潜在竞争对手无期限地提供"Windows 工作组服务器，以便向 Windows 工作组网络提供文件、打印、分组和用户管理服务而使用的完整准确的 Windows 工作组服务器协议"[37]，并以合理且非歧视性条款许可这些协议。[38]

2008 年，欧盟委员会就 IE 浏览器与 Windows 的捆绑以及互操作性信息的披露对微软展开新的调查。[39] 因微软自愿承诺提高第三方产品和 Windows、Windows Server、Microsoft Office、Microsoft Exchange 及 Microsoft SharePoint 这些微软产品之间的互操作性，对互操作性信息披露的调查结束。[40] 微软同意支付罚款，并在其初始显示屏上添置"选择界面"，允许用户安装不同的浏览器产品并可选择默认浏览器[41]，对浏览器的捆绑调查随之停止。微软的这一义务于 2014 年底到期[42]，这适逢其时，因为此时 IE 浏览器的使用份额约为谷歌 Chrome 浏览器使用份额的一半。[43]

互操作性指控以及对此达成的和解具有特别意义，因为它们针对的是美国反垄断法难以触及的某些行为，这些行为影响企业在关键信息经济领域的竞争能力。美国反垄断法甚少规定企业有义务进行知识产权许可或者以其他方式协助竞争对手。在威瑞森诉特林科

(Verizon v. Trinko)一案中,原告指控威瑞森通过延迟或阻碍竞争对手与威瑞森线路的连接,试图区别对待在本地电话市场竞争的对手。美国最高法院认为,威瑞森没有包容竞争对手,但不构成非法的排他行为。最高法院在其 2004 年的判决意见书中表示:"企业可通过建设可为顾客提供独特服务的某种基础设施获得垄断势力。迫使这些企业分享其优势来源与反垄断法的根本目的之间存在一定的冲突,因为这可能减弱垄断者或竞争者对这些具有经济效益的基础设施进行投资的激励。"[44]

欧洲的反垄断法更倾向于支配型企业有义务协助竞争对手的主张。[45] 作为微软拒绝提供互操作性信息从而损害竞争和创新的先例,欧盟委员会引用了 IBM 在 20 世纪 80 年代初的一项承诺,即向欧共体的竞争对手披露足够多的接口信息,使后者能够将其硬件和软件产品连接到 IBM 的系统/370 主机上。[46] 欧盟委员会还引用了与限制版权所有者的权利相关的《1991 年欧洲软件指令》,并陈述了"使计算机系统的所有组件,包括不同制造商的组件,能够连接起来以实现协同工作"的目标。[47]

在一些其他案例中,欧盟委员会声称支配型企业有义务协助竞争对手。在 1993 年的一份判决中,欧盟委员会裁定"支配型企业不得从事歧视行为,优待它自己在相关市场上的活动"。[48] 在对微软做出裁决前的两起重要案例中,欧盟委员会判定,版权保护并不能免除其所有者与竞争对手分享信息的义务。[49]

4. 对美国和欧洲的微软反垄断诉讼的经济评估

微软诉讼案是高科技经济中最重要的反垄断执法行动之一。本节从经济学角度分析诉讼是否能够有效解决关键的竞争受损问题，并着重于创新。

美国法院执行反垄断法以促进创新吗？

美国司法部及若干州发起的诉讼强调微软的行为对个人计算机行业创新造成的影响。杰克逊法官的事实认定书中三十多次提及"创新"。上诉法院在其判决意见书中一开始就阐明："我们对本案做出判决的背景是学术界和实务工作者就如下议题展开的意义深远的讨论，即反垄断法第 2 条'旧经济'滥用市场支配地位规则多大程度上适用于具有网络效应的动态技术市场中的企业竞争。"判决意见书还指出，"这类行业中的竞争是'争夺该领域'的竞争而不是'在该领域内'的竞争"。法院还引用了约瑟夫·熊彼特的观点，以支持"垄断可能是这类市场短期现象"的主张。[50] 在达成这一判决意见书的过程中，上诉法院几乎没有评价微软的行为是促进还是损害了创新。

上诉法院运用合理规则分析了与 IE 浏览器和 Windows 的设计相关的三个要素：（1）微软从 Windows 98 的添加或删除程序功能中删除 IE 浏览器；（2）Windows 和 IE 浏览器软件代码的混合；（3）微软拒不允许原始设备制造商卸载 IE 浏览器或者将它从 Windows 桌面上删除。上诉法院维持前两个要素具有反竞争特征的事实认定，且微软未提供其有利于竞争的抗辩。对于第三个要素，法院认同微软做出的有利于竞争的抗辩，并认为原告未能完成对反竞争效应的举证责任。[51] 上诉法院回避了在微软产品设计决策的反竞争效应与有利于竞争的抗辩之间进行平衡的艰巨任务。它仔细审查了所有三起与设计相关的行为案例，要么发现了反竞争效应，要么发现了有利于竞争的理由，两者不会同时存在。[52]

上诉法院判决的另一个要素确立了重视创新和未来竞争的有价值的先例。上诉法院维持了原来的判决，即微软通过消除网景和其他中间件带来的新生威胁，非法维持其在 IBM 兼容型个人计算机操作系统上的垄断地位。上诉法院并未要求原告提供损害实际竞争的证据，也未要求原告提供可能损害竞争的证据。

法院是否应该进一步评估创新受损问题？毫无疑问，美国司法部和相关州提起诉讼时，微软是一家高度创新的公司。从 1994 年到 1996 年，微软将其近 15% 的收入用于研发，远高于制造业平均研发强度，并花费数百万美元开发和改进 IE 浏览器。微软被迫进行创新，以向新客户销售操作系统软件，并为安装了 Windows 的计算机用户群提供升级服务。

反垄断执法的相关问题并不在于微软是不是一家创新型公司，而在于被质疑的微软的做法是否阻碍了创新。第 3 章解释了具有垄断势力的企业可能在研发上投入重金以在竞争中先发制人。作为垄断者，微软通过阻止竞争而获得的收益超过了竞争对手通过与微软展开面对面竞争而获得的收益。但微软并未通过比竞争对手更多地创新来先发制人地竞争。相反，微软通过签订协议来限制网景进入关键的分销渠道，并阻止独立于平台的软件被采用。这是排他性协议，而非先发制人的创新。

针对排他性协议展开的反垄断执法，能够改变如下三者之间的平衡：制造新产品的激励、对后续创新者的激励以及消费者从创新中获得的收益。允许企业合法排除竞争对手的薄弱的反垄断规则增加了从创新中获取的利润，从而增加了创新激励。但薄弱的反垄断规则也允许垄断者将随后的创新者排除在外，并索取高额费用。[53]

在反垄断执法的现实世界中，在初始创新和后续创新的回报之间找到最优平衡，是颇具挑战的任务。[54] 不过很明显，微软作为一个成功的垄断者获利丰厚，而且其行为给后续创新者设置了障碍。就反垄断执法而言，增加企业在个人计算机领域的竞争机会，比微软通过保护自身免于竞争而获利更为重要。没有证据表明，微软的排他行为因为增强了企业的创新激励而具有正当性。

有观点认为，针对微软的反垄断执法将无功而返，因为个人计算机行业的网络效应使支配型供应商成为不可避免的市场结果。然而事实却是，竞争对手可以共存，即使在赢家通吃的市场中，上述观点也有缺陷。尽管强大的网络效应可能保护成功的创新免于进一步的市场内竞争（competition in the market），但争夺市场的竞争（competition for the market）是创新的动力。若无微软的排他行为，竞争对手将从研发中获得巨大的增量回报，如果另一竞争对手首先占领市场，微软的排他行为可能将决定其回报颇丰还是颗粒无收。在竞争性市场上，研发带来更大的增量回报能够激励创新。

地区法院认为，微软的协议有助于垄断，故违反《谢尔曼法案》第2条，但未违反其第1条，因为这些协议并未实质性地排除竞争。鉴于网络效应在个人计算机行业中的作用，有经济上的理由认为这些协议违反了《谢尔曼法案》第1条，因为若允许这些协议继续存在，则其排他性影响将足以导致市场向IE浏览器倾斜，并阻止来自网景和其他独立于平台的中间件的竞争。

微软将Windows作为一个平台进行开发运营，在平台中协调应用程序开发人员、设备制造商和计算机用户。无论是杰克逊法官还是上诉法院均未具体分析微软作为一个平台的行为，可能因为平台在当时并不是一个（计算机网络）术语。双边分析本可以影响法院对 Windows 与 IE 浏览器集成的相关责任做出事实认定（上诉法院将其驳回，要求进行进一步分析）。IE 浏览器与 Windows 的集成使软件开发人员可以使用应用程序接口来实现互联网功能，例如执行超文本标记语言（HTML）文件的代码。这是 Windows 平台应用程序端获得的收益，而计算机用户和原始设备制造商可能因此付出代价，因为他们乐于看到 IE 浏览器与 Windows 的集成度更低。然而，微软的排他协议违反《谢尔曼法案》的结论不太可能被双边或者多边分析推翻。没有证据表明微软的限制性协议会促进 Windows 平台任何一边的创新。

总之，关于竞争对创新激励造成影响的经济学理论支持美国司法部和若干州对微软的指控以及对其反垄断责任的事实认定。

欧盟委员会案例：互操作性义务促进了创新？

欧盟委员会强调，它的判决，即要求微软提供互操作性信息以促进工作组服务器和媒体播放器的竞争，将带来有利于竞争的好处。欧盟委员会驳回了微软的抗辩，即微软没有义务许可其协议，且其中部分协议受知识产权保护，欧盟委员会对此表示[55]：

> 如果竞争对手获得了被拒绝提供的信息，则它们可能会向消费者提供新产品或改良型产品。特别是，市场证据表明，消费者注重安全性和可靠性等产品特征，尽管微软的互操作性优势使这些特性处于次要位置。因此，微软拒绝提供互操作信息的行为间接损害了消费者。

欧盟委员会并不认同如下关切：对微软施加提供互操作性信息以协助竞争对手的义务，将削弱创新激励且有违知识产权保护的目标。

在支配型企业协助其竞争对手方面，美国和欧洲的做法相去甚远。美国法律对支配型企业排除竞争对手的行为可谓宽容有余，但欧盟反垄断法未能明确在什么情况下支配型企业履行协助竞争对手的义务可以促进竞争。不过，即使不支持互操作性也未必违反反垄断法，对反竞争行为采取有效补救措施也是一种支持互操作性的要求。

补救措施的目的是恢复竞争并阻止未来的反竞争行为。要想恢复微软不压制网景以及独立于平台的中间件带来的威胁时本可能发生的竞争，并非易事，因为中间件带来的威胁为侵蚀微软的垄断地位提供了极佳机会，而且在个人计算机操作系统等具有强大网络效应的行业，仅仅禁止排他行为不足以堵截不义之财。互操作性要求是具有前瞻性的补救措施，可以防止微软将其在客户端操作系统中非法维持的支配地位扩展至工作组服务器。至少在理论上，这是美国和欧洲反垄断案的和解方案中最重要的因素之一。在实践中，欧盟委员会和美国反垄断案中的原告在执行互操作性要求时，面临重重困难。

在欧盟委员会要求微软提供完整准确的界面信息，以使非微软工作组服务器能够与 Windows 个人计算机和服务器实现完全互操作之后的两年，欧盟委员会认为，微软没有提供足够的技术文档支持竞争对手开发互操作服务器。欧盟委员会还认为，在微软降低许可使用费之前，即它与欧盟和解令达成 3 年后的 2007 年 10 月，微软的许可使用费过高。欧盟对微软的不法行为罚款 8.99 亿欧元。[56]

一份关于美国案件终审判决有效性的报告也称，微软并没有如实履行其提供互操作性信息的义务。[57]终审判决最初设置了5年的许可期限，即2007年11月到期，但在该法令规定的最初期结束时，一个为监督合规情况而成立的技术委员会发现了数百起微软没有披露足够文档支持互操作性的事例。[58]为了回应诸如此类的问题，微软同意将终审判决中与客户服务器（lient-server）通信协议许可相关的部分条款延长至2009年11月。主审法官又将之展期至2011年5月。

美国和欧洲的微软诉讼案和解协议包含的披露和许可义务有可能恢复竞争，并促进个人计算机和工作组操作系统的创新。遗憾之处在于，其范围太过有限以至于无法促进实质性竞争，且要求也非明确具体，导致对要求的披露、文档的必要程度以及合理的许可条款产生冗长而复杂的争议。更广泛的披露义务可能使执法更加便捷有效，从而产生类似于1956年美国电话电报公司和IBM的同意令以及1975年施乐同意令中强制许可义务带来的积极结果（见第6章）。

中间件对微软的威胁

对美国政府诉微软案的一个批评是，该案建立在错误的假定之上：网景的导航者浏览器和其他中间件产品将消除应用程序的进入壁垒，这一壁垒保护微软免受操作系统软件竞争的影响。此假设在欧洲的诉讼中也存在，只是程度较轻。但在美国司法部和作为原告的相关州以及欧盟委员会就其对微软的指控达成和解十多年后，此假设仍未完全成为现实。

此外，个人计算机行业的发展促进了互操作性，Java已非必需品。微软继续支持适配苹果计算机以及基于 Windows 的个人计算机办公软件，并支持开放式 Office XML 等协议，该协议允许计算机用户在同一平台内以及平台之间（如用于 Windows 的 Microsoft Word 和苹果操作系统）的微软办公软件应用程序中打开和保存文档。Apache 开放式办公软件等开源程序也有助于在不同的计算机平台之间转移工作产品（work product）。

浏览器在没有为 Java 提供标准化支持的情况下演进和扩展其功能。[59]谷歌提供了一套高效应用程序，用户可以通过 Chrome 浏览器在运行该浏览器的任何平台上访问这些应用程序。[60]其他很多重要的应用程序建立在"云"上，包括 Salesforce.com、Dropbox 和 Adobe 提供的产品和服务。还有文档创建工具、财务软件以及用于托管软件开发工具和提供协作的网站。这些应用程序安装在远程服务器上，可被计算能力很低的客户端访问。在这方面，它们接近于微软案件原告设想的没有应用程序进入壁垒的世界。

尽管网景和 Java 消除微软控制个人计算机操作系统的威胁未成为现实，但就经济学意义而言，让微软为其行为负责仍是正确的。微软的限制性合同即使有效率上的理由，这一理由也是微不足道的。重要的是，如果微软被免除所有的垄断责任，它就可以继续采取限制性做法，此举将为浏览器和互联网应用程序的新竞争设置进入壁垒。

总之，虽然美国和欧洲对计算机行业发展的预测存在缺陷，但它们针对微软提起的反垄断诉讼促进了计算机行业的竞争和创新。

微软分割 Java 的努力

美国地区法院发现，微软试图通过有效拆分 Java 标准，用以挫败行业采用独立于平台的 Java。上诉法院一致认为，微软在其专有的 Java 程序执行的便携式跨平台方面欺骗 Java 开发人员，并强迫英特尔停止协助太阳微系统改进 Java 技术，从而损害竞争。上诉法院还认定，这些行动佐证了微软违反《谢尔曼法案》从事非法垄断的事实认定。但上诉法院驳回了地区法院的判决，即微软通过设计 Windows 平台专有的 Java 虚拟机（JVM）构成了反竞争行为。上诉法院遵循了美国反垄断法的先例，即使垄断者也对其产品设计和创新具有广泛的自主选择权。此外，上诉法院发现，微软的 Java 设计有其效率上的正当理由，因为它努力提升了 Java 在 Windows 环境中的性能。

基于本案的逻辑以及恢复因微软的行为而失去的竞争这一目标，终审判决本可合理地要求微软为太阳微系统的 Java 程序执行提供支持，且不禁止该公司推广自身版本的 Java。针对微软反垄断案关注微软为阻止网景的导航者浏览器和其他基于 Java 平台的中间件打破应用程序进入壁垒而采取的相关行为，非专有平台 Java 的前景是本案的关键。如果微软没有打碎 Java 的标准，Java 可能已经实现其前景，成为开发便携式个人计算机应用程序的平台。

处理捆绑的合理规则

经济学为产品捆绑（tying）及其近亲软件赠送（bundling）和技术捆绑为什么可能产生反竞争效应提供了若干论据。通过要求客户一并购买操作系统和 IE 浏览器，不同的浏览器带给顾客的收益就不会超过其他浏览器相对于 IE 浏览器的增量价值。[61] 这就是捆绑如何切断竞争对手的"空气供应"，而且若竞争对手必须收费以弥补成本，则更难进入。[62] 如果客户在购买和安装竞争对手的浏览器时存在交易成本，或者磁盘空间不足，又或者兼容性问题造成额外成本，IE 浏览器替代品的净收益甚至可能小于其增量价值。

对一家企业来说，向客户提供分别购买产品的选择而非捆绑销售，通常更加有利可图，因为企业可以根据顾客对产品的付费意愿，更好地对顾客进行有利可图的分类。如果一家具有垄断势力的企业拒绝提供这种选择，则可能引发一种合理的担忧，即捆绑的意图是增加进入难度以排除竞争对手。当然，这不能构成这家企业具备垄断意图的确凿证据，因为没有强大市场势力的企业通常只以赠送的方式销售产品，且无法成功运用赠送方式垄断市场。[63]

一个有关垄断意图的论据是，微软本应有动力与网景合作，而非与其对立，因为导航者浏览器是一种产品，如同其他补充应用程序一样，其可增加 Windows 操作系统的价值。事实上，微软不择手段地阻止网景，表明它更加担心导航者浏览器将走上一条与微软竞争之路而非为 Windows 增加价值。[64]

与支持和反对纯粹赠送类似的观点也适用于操作系统和浏览器的技术集成。技术上的连接或可构成清白的理由。微软已经预料到，几乎所有顾客都希望获得带有操作系统的浏览器，并且可能已经将赠送式供应视为满足顾客需求的积极步骤。单独提供浏览器将增加交易成本，使消费者通过互联网安装产品和升级变得更加困难。此外，独立的浏览器产品将会产生额外的产品支持成本。如今，提供不带互联网浏览器的操作系统的观念，如同文字处理程序不应含有拼写检查功能或者手机不应带有摄像头的观念一样，皆已过时。

集成带来的收益并不能成为微软排除网景和其他中间件竞争的借口，但它们支持上诉法院的结论，即赠送软件和产品集成本身不应被视为违法。上诉法院正确地驳回了有关捆绑的指控，并要求根据合理规则的标准分析这一指控，但此案在上诉法院要求的分析之前就达成了和解。

5. 终审判决构成机会错失吗？

美国政府诉微软案的终审判决未能满足原告的最初请求，也即将微软拆分为独立的操作系统和应用程序公司。一些人认为，剥离能够激励独立应用程序公司将应用程序移植到竞争对手的操作系统，并激励操作系统公司促进应用程序和中间件的竞争。[65] 作为操作系统、应用软件和中间件供应商，微软有动力排除或削弱竞争对手的产品。[66] 剥离将消除或者显著削弱微软偏爱自身应用程序及中间件的动机。

和解协议中相对温和的条件招致严厉的批评[67]，即拟议的剥离可能会提高价格并减少创新，亦会产生巨大的管理成本。微软办公软件 Office 套件的独立供应商不会考虑 Office 套件的价格降低给 Windows 操作系统需求带来的积极影响。对操作系统公司而言，亦是如此。一家同时销售操作系统和 Office 套件的公司将考虑这些积极的相互作用，并可能为这两种产品选择一个相对较低但能实现利润最大化的总价。此即第 2 章讨论的"古诺互补效应"。在合理的需求假设下，类似的古诺互补效应将适用于操作系统和互补应用程序的创新激励。[68]

如果和解协议要求剥离，法院将不得不解释并限制业务线部门的活动（line-of-business activity），包括界定操作系统公司、应用程序和中间件的技术要求。霍华德·谢兰斯基和格雷戈里·西达克认为，解释和执行拟议的结构性补救措施，至少与解释和执行 1982 年同意令的繁重程度相当，该令状为拆解贝尔体系提供了框架。[69]

此外，根据 1996 年《电信法案》，电信行业最终重建了剥离前贝尔系统的垂直整合结构。类似的整合将很可能出现在结构性剥离之后，因为网络效应推动企业和顾客支持一个支配型供应商。

尽管垂直整合的企业有激励削弱竞争对手，但若被允许，操作系统的独立垄断供应商将为操作系统设定更高的价格，或者通过积极投资研发以开发互补应用程序，打压互补应用程序的其他独立供应商。独立的操作系统垄断者有动力积极投资于互补应用程序，因为即使其研发无法打造出最好的应用程序，也能创造出约束市场价格的产品，从而使公司能为操作系统设定更高的价格。这是一个"正面我赢，反面你输"的案例。独立的垄断供应商的积极行动可能会影响整个行业的创新。[70]

操作系统和应用程序的集成有利于研发工作的协调，并能促进互补活动之间的知识流动。当一家独立企业进行研发投资，随后就发明人和用户或者发明的其他受益人之间的利润分配讨价还价时，整合或集成还可以缓解可能发生的"要挟"（holdup）。要挟是指交易对手在发生大量且不可弥补的支出（例如研发投资）之后进行的策略性谈判。因为这些投资是过去花费的成本且无法收回，因此做出此类投资的一方不会仅仅因为无法补偿这些成本，就给出拒绝谈判的可信威胁。未来谈判的要挟风险可能会阻碍独立的研发投资。而一家综合性企业不会面临相应的策略性谈判风险。[71]

终审判决本可能会对微软更加严厉，但和解协议以及美国和欧洲反垄断执法机构的持续监督产生了有利于竞争和创新的后果。终审判决中有关限制性协议的禁令，可能促进了互联网浏览器的竞争。谷歌的 Chrome 浏览器显然是最受欢迎的网络浏览器[72]，它可以赋能以网络为中心的应用程序，其中许多由运行 Unix 和 Linux 操作系统的服务器驱动，从而部分实现了美国政府诉微软案的前景。微软的副总法律顾问戴维·海纳在2008年的一份政策声明中解释了微软对互操作性做出的承诺，部分源于微软希望将开发人员吸引至其平台，还有部分源于正在进行的竞争法审查。[73]

将微软拆分成独立的运营公司和应用公司的结构性剥离，最终可能为个人计算机行业带来更激烈的竞争和更多的创新。但这一结果非常不确定，剥离可能会造成效率低下，至少在短期内如此，而且会带来巨大的管理成本。遗憾的是，地区法院未经听证即批准原告请求拆分微软的提议。因此，没有关于拟议剥离的优点及成本的评估记录，这导致上诉法院撤销杰克逊法官的令状，将案件发回地区法院重审，并指示地区法院考虑专门针对补救措施的证据听证会（但和解协议先于此前达成）。

6. 美国政府诉微软案的教训

美国政府诉微软案阐释了若干主题，这些主题通常与高科技经济的竞争政策有关，而且在本书讨论的诉称损害创新和未来价格竞争的其他反垄断执法行动中，这些主题反复出现。本节将列举其中几个主题。

保护新生竞争的重要性

对于试图消除来自网景和Java的新生竞争，地区法院采取强硬态度，且不问竞争是否能够实现。杰克逊法官认为："我们并不清楚如果没有微软的干预，太阳微系统开发Java的努力到今天是否会充分促进Windows和其他平台之间的移植（porting），从而削弱应用程序的进入壁垒。但显而易见的是,微软已经通过一系列行动相当成功地阻止 Java 达成上述目的(即削弱进入壁垒)的进程,微软采取这些行动的唯一目的和结果就是精准打击 Java。"[74]

上诉法院表示同意,并给出了如下解释[75]:

本案的问题不在于 Java 或导航者是否实际上发展成可行的替代平台,而是(1)一般而言,排除新生的威胁是否属于能够实质性地帮助被告维持其垄断势力的行为,以及(2)在微软从事被诉的反垄断行为时,Java 和导航者浏览器是否合理地构成新生的威胁。对于第一点,允许垄断者不受约束地任意挤压虽然未经证实的新生威胁,可以说是与《谢尔曼法案》背道而驰的,尤其是在以技术快速进步和范式频繁变换为特征的行业中。

法院判定微软的行为违法,但并未要求提供来自 Java 和网景的实际或潜在竞争的证据,由此确立了高科技行业反垄断执法的一个重要先例。支配型企业通常能够识别行业中的新生竞争威胁,并在它们成长为重要竞争对手之前将其消灭。上诉法院在审理美国政府诉微软案时判定,反垄断法可以阻止充满活力的行业中威胁竞争的行为,无须原告非常确定地证明受威胁的竞争本将对市场结果造成重大影响。这一先例可被合理地适用于支配型企业对潜在竞争对手的收购,即使没有业绩记录表明,如果被收购的公司继续独立存在,将成为支配型企业的重要竞争对手。

创新难以预测

虽然这可能是显而易见的,但反垄断执法者仍不应忘记,创新以难以预料的方式发展，而且从难以预料的来源中产生。创新改变了企业竞争的方式，挫败了法院对未来可能发生竞争的市场进行界定的尝试。

计算机行业的发展方式是美国司法部和作为原告的各州在起诉时始料未及的。此时苹果与1998年相比已经成为更重要的竞争力量，个人计算机面对来自智能手机和其他便携设备的新竞争。消费者不再从计算机商店购买浏览器。云计算为客户端桌面操作系统未知的应用程序提供基于服务器的远程平台，从而改变了计算机行业。云计算将应用程序移出客户端桌面，实现了微软反垄断诉讼的部分目标。但云计算并未将操作系统商品化，它的成功更多的是由于整个行业范围的互联网协议，而非采用通用Java技术。这些事件并未证明，若无微软"切断网景的空气供应"，个人计算机操作系统应用程序的进入壁垒就会消失。

不过，尽管对微软的反垄断调查可能已经落后于计算机行业的发展步伐，但仍有正当理由质疑微软的行为。微软反垄断诉讼的价值在于它能适用于个人计算机行业不同的未来情景。浏览器没有取代操作系统，但浏览器本身也发展成为一个有价值的多元化产品类别。如果不加约束，微软的行为可能在诸多方面损害消费者的利益，例如限制软件开发人员支持其他计算机平台的能力，并强制执行专有协议以击退互操作性。如果法院不对微软的行为施加限制，则企业和消费者可能不会享有今天这样广泛的选择机会。

传统分析适用于某些涉及创新的垄断案件

美国地区法院和上诉法院都将创新视为微软案的核心问题，但该案主要依据经典反垄断法理，执行《谢尔曼法案》。法院没有明确提及对创新的关切是否能证明更大程度地容忍支配型企业采取的限制性做法是合理的,或者它们是否过多强调关注价格效应的传统关切,而对软件产品捆绑做特殊的例外处理。

幸运的是,对创新的关切通常不能证明对垄断行为的例外对待具有正当性。在计算机软件等行业,支配型企业获益于将它与价格竞争和创新竞争隔离的进入壁垒。进入壁垒的例子包括品牌特有的网络效应,例如 Windows 生态系统,它对忠诚于微软的软件产品予以回报。专利保护、规模经济和声誉也有助于企业免受竞争。人为的进入壁垒,如排他性交易安排以及有意设置系统不兼容,进一步保护这些行业的老牌企业免受价格和创新竞争。[76] 虽然在有些情况下,进入壁垒能够带来效率收益,但对竞争政策而言,一个合理的初始推断是,这种壁垒并不一定促进竞争。企业还有很多其他获取价值的方法,而不必采取排除竞争对手的行为。

阿罗替代效应表明,现有企业的利润阻碍了对新产品的投资,因为新产品可能取代企业的既有利润。薄弱的反垄断执法至少有可能增加现有企业从既有产品中获得的利润,正如有可能增加从新产品中获得的利润一样。因此,薄弱的反垄断执法的净效应可能会增强阿罗替代效应,并阻止老牌企业的创新。

某个行业的新进入企业如果能够从成功的发明中获得相当的收益,则它比老牌企业有更强的创新激励。新进入企业的利润不会因创新而面临风险,也就是说,它们将不会遭遇阿罗替代效应。如果老牌企业采取策略性行为,比如排他性交易或者掠夺性定价,剥夺了新进入企业从其发明中获利的能力,则老牌企业将会扼杀新进入企业强大的创新激励。

这些论据支持强有力的反垄断执法,阻止支配型企业采取威胁创新的排他行为。当然，例外情况也是存在的，但最近似的结果是垄断者采取的排他行为，也可能会削弱垄断者的创新激励，从而损害消费者。[77]

平台竞争并非总是需要双边市场分析

Windows 操作系统是一个将计算机用户连接到计算机应用程序及设备制造商的平台。不过，微软诉讼案并不取决于双边经济问题。微软的排他性协议、操作系统和浏览器的捆绑与集成，以及分割 Java 标准，都是为了阻止中间件带来的潜在竞争威胁。仔细考虑双边交互作用也不大可能揭示平台互动效应，而此互动效应为推翻法院判决提供了正当理由。双边平台提出了有关互补活动的重要议题，但并非每一起涉及平台市场的诉讼都需要双边分析。

互补者和竞争者之间存在细微的界线

互补产品和服务为销售或许可互补产品的企业增加价值，也能带来新的竞争，那就是微软对导航者浏览器的担忧。微软案暴露了保守派反垄断执法者提出的"单一垄断利润"理论的诸多缺陷之一。根据这一理论，某一产品，例如操作系统的垄断供应商没有动力排除互补产品（软件应用或工作组服务器）的高效供应商的竞争，因为垄断者收取的价格可以攫取互补产品对于组合系统的价值贡献。

当互补者对垄断者的市场支配地位构成威胁时，单一垄断利润理论就将失灵。网景用一款可能会打破应用程序进入壁垒的浏览器产品威胁微软的支配地位。工作组服务器也是一种威胁，因为它可以通过在网络上运行应用程序将桌面操作系统边缘化。单一垄断利润理论也可能由于其他原因而失灵。例如，竞争可能妨碍垄断者依据使用情况收取价格，垄断供应商对互补产品的投资激励可能无效。[78]

对互补方带来竞争的担忧也出现在其他反垄断案件中。在较早以前的一些案件中，企业销售磁盘驱动器和打印机等外围设备，且这些设备能够与 IBM 主机接插兼容（plug-compatible），故可轻松连接至主机并与之互操作。这些组件增加了 IBM 的价值，但也为竞争者提供了进入点，并对 IBM 依据使用情况定价的自由决定权形成制约。

标准和互操作性对创新来说是关键，但难以监管

微软案提出了有关标准和互操作性的两个相互独立的议题。一个是指控微软分割 Java 编程语言的行为。上诉法院认为微软干预 Java 的行为是反竞争的，但未要求微软支持通用 Java 标准。法院的意见表明，它们不愿对遵守行业标准的情况进行监管，而且与竞争政策不应阻止企业开发自有解决方案的观点是一致的，即使这些解决方案导致标准支离破碎。该政策更多取决于对执行行业标准的情况进行监管的难度，而非基于整个行业标准的合意度。上诉法院本可责成微软支持通用 Java 标准，且不阻止微软开发使用自身的 Java 程序执行。欧盟委员会则采取此种方式，迫使微软提供选择界面（ballot box），允许用户选择不同的浏览器。

第二个与标准相关的议题是在美国案件的终审判决以及在欧盟委员会的判决中，要求微软支持 Windows 操作系统和非 Windows 服务器操作系统以及其他产品之间的互操作性。尽管美国在案件中没有质疑微软妨碍互操作性的行为，但披露与服务器相关的信息、以非歧视性的合理条款许可相关知识产权的义务，是终审判决中一个具有前瞻性的重要因素。

终审判决中的许可义务和欧盟委员会的判决并没有严重破坏微软的创新激励。有争议的协议和相关信息不允许某个企业克隆微软的产品。相反，它们为提升互补产品和服务的大型生态系统提供了必要信息。遗憾的是，事实证明这些义务是最难执行的。困难之一是缺乏记录和许可互操作性技术方面的经验。微软虽有向程序员提供 APIs 的历史（因为这符合微软的利益），但没有记录和许可互操作性技术的历史。在识别并充分记录所需技术、定义许可范围以及确定合理的许可使用费结构方面出现了问题。[79]

微软案提出的互操作性要求，对其他案件中的执法行动产生了影响。但履行提供互操作性信息和相关知识产权的义务存在管理上的困难，除非这些义务被规定得非常明确具体；或者这些义务过于笼统，无法质疑必须提供的信息和知识产权许可或互操作性要求的范围。

易于整合相关技术领域使反垄断执法变得困难

数字经济中的支配型企业很容易通过整合相关市场来拓展其支配地位，这对反垄断执法构成了棘手的挑战。在很多行业，整合相关市场不但需要大量投资，而且会持续产生制造、营销和分销相关产品的成本。计算机软件和更广泛的数字服务并不相同。虽然软件销售商开发新产品的前期成本可能很高，但生产、营销和分销产品的增量成本可能很低。将媒体播放器、绘图程序或拼写检查程序与 Windows 或 Office 等软件产品捆绑在一起，成本并不高。微软将 IE 浏览器及 Windows 95 置于同一张 CD 上，并将 IE 浏览器代码集成到 Windows 98 及后续操作系统中，成本亦相对较低。顾客可从新产品销售的低成本中获益，但这样的整合也可能阻碍新市场中的实际和潜在竞争对手，减少竞争，并损害后续创新。

很多技术平台轻易就能扩大规模，并以相对较低的增量成本迅速进入新的活动。由于很多技术平台轻易就能整合新的应用程序，他们通常会抄袭试图竞争的初创企业，这会损害独立创新，除非初创企业的意图就是将创新出售给现有平台。易于整合技术市场使得阻止支配型企业垄断相关市场的反垄断执法变得复杂，反垄断执法者通常很难确定相关活动何时构成独立市场，竞争因此受到损害，执法者也很难权衡垄断成本与一家老牌企业提供新产品的收益。即使执法者确认一家支配型企业垄断了某个相关市场，也难以设计出切实可行的补救措施。

下一章以谷歌互联网搜索引擎设计为背景，权衡支配型企业的创新与竞争损害，并着重说明对于产品集成和设计涉及的所谓反竞争行为，难以实施有效的补救措施。微软案或许已成旧闻，但它揭示了一些议题，这些议题将持续挑战高科技经济中的反垄断执法。

第 9 章　谷歌购物案与产品设计的反垄断政策

> 产品创新通常有利于消费者但有损于竞争对手，因此法院会寻找排他性或反竞争效应的证据，以区分两种行为：一种是因效率和消费者满意度而击败竞争对手的行为；另一种是通过择优竞争之外的方式阻碍竞争的行为。
>
> ——纽约诉阿塔维斯公司，美国上诉法院（2015）

1. 引言

本章讨论了针对支配型企业的产品设计以及相关新产品提供的竞争政策。我以讨论美国联邦贸易委员会和欧盟委员会对谷歌为使其自营产品获利而操纵搜索结果的指控所做的调查为引子，阐述这一主题。[1]这些调查的核心议题在于,谷歌的算法设计被指控歧视独立的比较购物服务网站。这些网站从参与的商家以及万维网收集有关产品价格、功能以及评论方面的信息,并通过广告或营销协议将这些信息变现。这些比较购物服务网站包括 Foundem、NexTag、PriceGrabber、Shopping.com、Shopzilla 等。其中 Foundem 是一家英国的比较购物网站,在欧盟委员会提起的反垄断诉讼中,Foundem 作为主要原告而声名远播。

谷歌在 2002 年底推出一款名为 Froogle 的比较购物服务,后更名为"谷歌搜索",并于 2012 年再度更名为"谷歌购物"。在其发展历程中,谷歌对其搜索算法进行了更改,通过此算法在其搜索引擎结果页面(以下简称 SERP)对结果进行排序。在更改算法之前,产品查询将提供指向 SERP 顶端或者接近顶端的非谷歌比较购物服务网站链接。更改算法后,产品查询将在 SERP 顶端或者接近顶端显示谷歌产品列表的广告,并配套出现图像和价格数据。如果第三方比较购物服务网站能够出现,则其链接将出现在 SERP 的一个角落里。

谷歌购物案被证实是反垄断执法的"罗夏测试"*。美国联邦贸易委员会看到的是一家有活力的公司进行合法的产品改进,故终止了调查,也未就诉称的谷歌搜索结果显示中的偏向提出条件。然而,欧盟委员会眼中所见的,则是一个支配型企业正在排除竞争对手。欧盟委员会对 Alphabet 处以罚款并责令该公司停止被指控的歧视行为。

谷歌案意义非凡,因为它涉及高科技领域中产品设计的竞争政

---

* 罗夏测试(Rorschach test),原为一种人格测试方法,广泛应用于临床心理学。——编者注

策，且在平台市场的背景下发生。本章第 2 节简要描述了互联网搜索的双边市场。第 3 节讨论了如何对这个市场的所谓免费侧（free side，即消费者）的市场势力进行评估。消费者不必为网络查询支付财务费用，但其搜索历史将为谷歌及其他搜索引擎提供有价值的数据并可用来吸引付费广告商。

第 4 节评论了美国联邦贸易委员会和欧盟委员会对本案调查后得出的不同结果。联邦贸易委员会没有详细解释其裁决，即免除谷歌被指控其搜索结果存在偏向而需承担的反垄断责任。欧盟委员会则发布了一份冗长的裁决，但其裁决并未与指导产品设计或相关竞争政策的一般原则相联系。

第 5 节讨论了支配型企业可能产生排除竞争效应的产品设计以及其他创新的一般方法。本节还评论了法院和反垄断学者提出的几项建议，并以支持简易合理规则法结束讨论。所谓简化是指设定一个创新阈值，超过此阈值，不再需要用合理规则进行平衡。在简易合理规则下，产品设计和其他创新如果是实质性改进，且未伴随其他不促进竞争的排他行为，则可以免于反垄断定罪。若创新和产品设计仅能带来微弱的收益，则应依据合理规则进行审查，以确定其收益是否足以补偿任何排他性影响。依据这种方法，制药行业的某些产品变化将被定罪，在制药行业中，监管环境允许专利药品供应商轻微改变其产品以排除竞争对手。第 6 节对创新和产品设计的竞争政策进行了总结性评论。

2. 互联网搜索的简要介绍

搜索引擎使顾客能够在网站上浏览数十亿页面的内容，并允许商家投放广告以吸引潜在顾客。没有搜索引擎，互联网就像没有卡片目录的巨型图书馆。一个高效的搜索引擎对于访问及利用互联网上的信息而言必不可少。搜索引擎也是广告商联系顾客和利用电子商务机会的重要工具。

谷歌运营的是一个双边平台，允许互联网用户在不支付任何财务费用（他们向谷歌提交有价值的个人数据补偿谷歌）的情况下翻阅数十亿网页，平台同时提供付费服务，允许广告商在 SERP 或网站发布者页面上投放广告。谷歌搜索查询提供"有机"（organic）结果（也称"通用"结果），即谷歌搜索算法得出与查询相关的网站链接。除有机搜索结果外，查询还可能触发 SERP 上显示的有机搜索结果旁边或附近的广告。广告商通过对被查询关键字的点击单价（price-perclick）报价，争取 SERP 上的有利投放位置。谷歌根据报价以及可能的广告点击数量和质量对报价进行排名，由此获取收入。[2]

数年来，大多数搜索引擎都会显示有机搜索结果和文本广告的组合，以此对搜索查询做出响应。但当谷歌和其他搜索引擎从提供相关网站链接演变为提供相关信息时，这种"十条蓝色链接"* 模式开始发生变化。谷歌和其他搜索引擎不再仅在有机搜索结果中提供网站链接，而是在个别情况下自行回答问题且提供相关图像和文本。[3] 谷歌在 2007 年推出一款被称为"通用搜索"的功能，该功能可以综合显示搜索结果，包括产品购物清单以及其他结果，例如航班、餐厅、旅馆清单、地图和新闻。谷歌地图等专用显示有时被称

---

* 指以网页列表展示搜索结果。——编者注

为"垂类"*，因为它们关注一部分在线内容。垂类可能是专有产品（例如谷歌航班），也可能包括或者不包括赞助（付费）链接。例如，搜索"波士顿的意大利餐厅"，可能出现一张包含餐厅位置的地图，其中一些位置可能是赞助商提供的。

很多网站出版商和在线商家的很大一部分流量依赖它们在谷歌免费的有机搜索显示中的有利排名。谷歌搜索算法的改变将谷歌更多的专有内容推至 SERP 顶端，如此必然使其他内容无法占据显示有机搜索结果的 SERP 的黄金位置。绝大多数互联网搜索用户关注搜索结果的第一页和第二页，一项估算认为，排除搜索结果的前五页会导致有机点击量减少 90%。[4] 当然，用户关注搜索结果靠前的网站，部分是因为他们相信这些网站最能响应他们的查询，而且这种相信通常是正确的。

谷歌搜索引擎并非静态产品。谷歌频繁修改其搜索算法。一项估计认为，经常发生的相对较小的调整可以构成每年五六百次的变化。[5] 有时谷歌会做出重大改变。在推出通用搜索几年后，谷歌开始努力识别那些内容很少或者质量低下的搜索结果，并降低其排名，包括那些将主要内容外包给第三方的网站或者广告占内容比例较高的网站。在 2011 年初上线的"潘达"（Panda）更新中，谷歌正式确定了这一更改。[6]

"潘达"更新大量减少了 Foundem 等比较购物服务网站以及主要对其他来源的内容进行聚合的相关网站的流量。更新后的谷歌算法发现此类网站的质量低下，因为它们提供的原创内容寥寥无几；它们主要是其他网站链接的集合，诸如照相机零售网站。"潘达"

---

* 垂类（vertical）是指某个具体品类市场。——编者注

更新后，相关查询不再返回到第一个或第二个 SERP 上的比较购物服务以及类似聚合网站的链接。若此类链接存在，则更可能出现在距离较远的页面上。

据称，"潘达"更新的目的是更加突出有机搜索结果中的高质量网站，这些网站本身能够使互联网用户获益。[7]然而，"潘达"更新并未对谷歌的产品列表广告进行降级处理，尽管它们也未提供太多原创内容，且在很多方面与其他比较购物服务网站类似（甚至不如其他比较购物服务网站）。相反，"潘达"更新后，谷歌在第一页 SERP 的显著位置显示了带有谷歌购物链接的广告，以此响应与产品相关的查询。

如果谷歌仅依赖有机搜索结果显示谷歌购物链接，则"潘达"更新将把谷歌自身的比较购物服务，连同其他提供较少原创内容的聚合网站一起深埋于搜索结果的后台。一位谷歌的员工写道[8]：

> 从一个当事人的角度看，如果我们（谷歌）真能抓取我们的产品页面，然后进行有机结果排序，则是好事一桩……问题在于，现在如果我们抓取（我们的产品页面），将永远不会进行排序。

谷歌优待自己的比较购物垂类，引发很多比较购物服务发行商（publisher）和其他一些网络内容供应商（如 Yelp 和 TripAdvisor）的强烈反对，并向美国联邦贸易委员会和欧盟委员会投诉。谷歌的行为是不是反竞争的？即使它确实有损竞争，但这是谷歌基于正当商业理由更改设计的必然后果吗？

对反竞争行为的调查通常始于被告是否具有重大市场势力的问

询。市场势力是甄别可能的反竞争效应的工具。如果一家企业不具备市场势力，则其无法获利性地提升价格或排除竞争。在评估谷歌是否反竞争性地将其在通用互联网搜索中拥有的市场势力扩展至单独的比较购物服务市场时，市场界定也发挥作用。在互联网搜索的双边市场中，反竞争效应可能包括广告商支付的价格上涨、互联网搜索质量下滑、创新减少或产品质量下降。谷歌在通用搜索领域拥有的市场力量足以排除比较购物服务领域的竞争。

3. 谷歌在有机搜索方面拥有市场势力吗？

谷歌不向搜索网页的用户收取费用（尽管该公司从收集用户搜索行为的信息中获利），其行为也没有将用户搜索的价格提高到零以上。重要的是应该从一开始就破除零价格意味着零伤害的迷思。谷歌对搜索服务收取的价格为零，因为这样做可以使谷歌从广告中赚取更多。如果谷歌的行为导致搜索结果的信息量减少，则有可能给用户施加质量成本。或者如果此种行为增加了最终由消费者承担的广告成本，则用户可能受到间接损害。考虑后一种间接损害涉及双边分析。

谷歌是遥遥领先的最受欢迎的搜索引擎。一项评估显示，2018年，谷歌搜索在美国所有平台（即台式机、移动设备和平板电脑）页面浏览量中占比超过87%，在欧洲所有页面浏览量中占比93%以上。[9] 不过，谷歌坚持认为，它不具备降低搜索质量或排除竞争所需的市场势力，因为"竞争就是点击一次即离开"。[10] 如果用户对谷歌搜索结果不满意，很容易转向其他搜索引擎。例如雅虎、必应或者DuckDuckGo，它们均有能力回应更多的查询，或者用户可以直接

第9章　谷歌购物案与产品设计的反垄断政策　　223

导航到相关网站。有关谷歌缺乏市场势力的进一步断言称,互联网搜索双边市场的广告方鼓励谷歌提供高质量的搜索结果。广告商给谷歌付费是因为它的搜索引擎能识别相关的潜在用户。如果谷歌的搜索结果提供的信息较少,则广告商支付的费用也将减少。[11]

  这些论点有其理论说服力,但它们并未回答谷歌是否真的有降低搜索结果质量的动机和能力。有几方面的原因使该公司有能力在不造成无利可图的用户损失的情况下,降低互联网搜索结果的质量。首先,互联网搜索具有信任品的某些特征,根据定义,用户证实信任品的质量很难。[12] 对于复杂的查询,用户既难以知道谷歌是否反馈了准确的结果,也很难知晓其他搜索引擎是否会有更好的反馈。

  其次,谷歌巨量的搜索结果及其技术专长仍可使它比其他搜索引擎更加准确地对查询做出响应,即使这些响应可能因为财务激励而发生某种程度的扭曲。搜索引擎 DuckDuckGo 标榜它不会追踪用户,这也许意味着与提供搜索结果产生的广告收入相比,它更关注用户隐私。但不同于谷歌,DuckDuckGo 只处理少量的搜索查询,当用户输入需要复杂评估的查询项时,DuckDuckGo 的搜索算法在提供精确且高度相关的响应方面能力有限。[13]

  再次,谷歌有能力降低比较购物的搜索结果排名,而依然能够获利,因为产品查询只是用户进入搜索引擎的众多查询类别之一。如果产品查询对用户的价值低于他从其他谷歌搜索查询中获得的总价值,则谷歌可能会降低产品搜索结果的质量,且不会引起用户对谷歌搜索引擎的普遍不满。这些理由支持如下结论:谷歌有能力降低其搜索结果的质量,而不会使用户转向竞争对手的搜索引擎,且谷歌的市场份额反映了它在有机互联网搜索领域的强大市场势力。[14]

市场势力使谷歌能够获利性地降低搜索结果的质量,但谷歌有这样做的动机吗?经济理论表明,垄断一项重要投入品(例如互联网搜索)且在使用该投入品的市场(例如比较购物服务网站)上与其他企业竞争的企业,有动机降低向竞争对手提供的投入品质量。[15] 如果搜索引擎拥有与用户想要的有机搜索结果相竞争的专有服务(例如垂直购物服务),或者搜索引擎推广的有机搜索结果可能将用户导向它能够获得足够广告收入的网站,则为用户提供最佳信息的有机搜索结果不一定使搜索引擎的利润最大化。[16] 谷歌通过降低搜索结果质量实现反竞争结果的动机可能很强,因为谷歌并非直接从搜索查询中获利;相反,谷歌从响应搜索查询的广告商和其专有服务的广告中获利。

一个相关的问题是比较购物服务是否存在单独的反垄断市场。欧盟委员会得出结论,比较购物服务构成反垄断分析上的一个单独市场,但美国联邦贸易委员会在其评论中没有提及此问题。尽管美国司法部在调查谷歌收购 ITA 软件公司一案时,为"比较航班搜索服务"界定了一个单独市场,但考虑到互联网搜索快速发展的性质,定义一个受限于特定类型信息的狭隘市场是否有用,值得怀疑。[17] 假定比较购物服务存在一个单独市场,将更容易得出谷歌的行为损害竞争的结论。如果出于反垄断分析的目的,比较购物查询与其他查询相似,则相关问题在于谷歌是否损害通用搜索的竞争。这是一个不太可能的结果,因为比较购物服务的发行商并未严重危及谷歌在互联网通用搜索领域的支配地位。

谷歌有能力在显著位置展示其垂直购物服务,且在不引起用户大量流失的情况下将比较购物服务网站降级。谷歌之所以有动力降级比较购物服务网站,是因为这些网站与谷歌争夺广告收入。谷歌设计了一套算法，降级比较购物服务的有机搜索结果，同时将自身的比较购物服务提升至 SERP 顶端，这是否能够得出谷歌无正当理由地损害了竞争的结论？欧盟委员会给出了肯定的回答，但美国联邦贸易委员会得出了相反的结论。下一节将简要总结这些结果，再下一节转向评估支配型企业产品变更的一般原则。

4. 两种反垄断体制，两种不同的结果

2013 年 1 月 3 日，美国联邦贸易委员会一致投票决定结束对谷歌搜索业务的调查，但没有要求谷歌改变其搜索结果的显示。[18] 美国联邦贸易委员会的结案说明强调谷歌的设计选择是一种改进[19]：

> 全部证据表明，为了提高搜索结果的质量，谷歌大体采用了美国联邦贸易委员会调查的设计变更，这些变更对实际或潜在竞争对手造成的任何负面影响都是搜索结果质量这一目的的附带结果。虽然谷歌的一些竞争对手可能因为谷歌的产品改进而失去销售份额，但在激烈的竞争中对特定竞争对手造成这些不利影响，是"择优竞争"和法律鼓励的竞争过程的常见副产品。

尽管美国联邦贸易委员会承认"谷歌对算法和设计的一些变更引发比较购物服务网站降级，而这些网站可能被认为对谷歌搜索业务构成了威胁"，但它关注谷歌设计变更带来的促竞争效应。美国联邦贸易委员会宣称：

产品设计是竞争的一个重要维度，对合法的产品改进定罪可能会损害用户。对于设计搜索结果页面的最佳方式以及在有机链接、付费广告和其他功能之间分配空间的最佳方式，人们的看法可能会有合理的差异。对于如何最佳地给某一既定网站进行排名，也会有不同的合理的搜索算法。在本案中，质疑谷歌的产品设计决策，需要委员会或法院猜测一个企业的产品设计决策是否能够提供可信的有利于竞争的正当理由，且有充分的证据支持这些正当理由。

在美国联邦贸易委员会做出裁决后，欧盟委员会继续进行调查。2017年6月，欧盟委员会认为，谷歌为自身的比较购物服务提供不合法的优势，在通用互联网搜索领域滥用其支配地位，从而违反了欧盟反垄断法。欧盟委员会对谷歌母公司处以24.2亿欧元（按当时汇率计为27亿美元）的罚款，并责令该公司停止歧视独立的比较购物服务。[20]

美国联邦贸易委员会基于如下事实认定做出其裁决：

- 就反垄断分析的目的而言，通用互联网搜索服务和比较购物服务是独立的相关产品市场。[21]
- 谷歌在通用搜索上具有支配地位。[22]
- 谷歌的行为减少了从谷歌通用搜索结果页面转移到竞争性比较购物服务的流量，并增加了从谷歌通用搜索结果页面转移到谷歌自有的比较购物服务的流量，从而滥用了谷歌在通用搜索领域的支配地位。[23]
- 这种行为能够或者有可能在比较购物服务和通用搜索服务市场产生反竞争效应。[24]

欧盟委员会也拒绝采信谷歌对其行为提出的抗辩。其中包括降级低质量网站能够给用户带来益处，提供最有用、最相关的搜索结果对消费者的价值，以及使其 SERP 空间变现（即赚钱）对谷歌的重要性。欧盟委员会得出的结论是，谷歌标榜的这些抗辩事由均不要求谷歌优待自身的比较购物服务。[25]

欧盟委员会的裁决解决了欧盟反垄断法下的责任认定问题，即支配型企业应杜绝滥用市场支配地位的行为。根据欧盟法律，滥用市场支配地位包括基于价值竞争之外的广泛行为，这些行为可能会阻碍市场竞争的程度或者妨碍竞争的增强。[26]《欧盟运作条约》第 102 条明确规定滥用市场支配地位包括"对其他贸易方的同等交易适用不同的条件，从而将他们置于竞争劣势"。[27] 在垄断者与竞争对手进行交易的义务方面，认为欧盟的标准弱于美国法院采用的标准，是对欧盟标准的低估。

欧盟委员会的裁决文书超过 200 页，结论是谷歌的行为有可能排除了竞争性比较购物服务，这将导致商家支付更多的费用并使消费者面临更高的价格。欧盟委员会还认为：谷歌优待自有的垂直购物服务不仅削弱了竞争性比较购物服务提升现有相关服务以及创造新服务类型的激励，而且削弱了谷歌提升其比较购物服务质量的激励，因为它不需要进行择优竞争。[28]

欧盟委员会的裁决重视歧视问题，且较少关注谷歌对搜索显示的算法更改是否属于改进行为。它声称："不反对谷歌将丰富的功能应用于某些搜索结果，但反对谷歌仅将此丰富的功能应用于自有的比较购物服务而非用于竞争性比较购物服务的事实。"[29]

欧盟委员会责令谷歌停止歧视性做法，否则将面临持续的罚款，但它没有具体指明补救措施。相反，它指出"谷歌和 Alphabet，而非本委员会，应该在若干可能合法的方式之间做出选择，这些方式可以定点放置和显示竞争性比较购物服务，如同谷歌在其通用搜索结果页面上定点放置和显示自身的比较购物服务一样，不同之处在于后者是违法的"。[30] 事实证明，说易行难。欧盟委员会驳回了谷歌的几项提议，截至 2019 年 3 月，最近的提议继续引发了欧盟委员会的担忧。[31]

谷歌购物案并非孤例。谷歌算法使很多搜索查询跳转至其专有的内容。"从波士顿到丹佛的航班"查询结果显示了谷歌航班的专有服务，连同酒店和租车等相关预定选项，还可能包括一些网站的付费链接。Yelp、TripAdvisor、Travelocity、Kayak、OpenTable、Hotels.com 等公司可能（而且很多公司真的）抱怨它们被排除在这些服务之外，并可能要求它们的网站具有同等的可视性。为回应竞争对手招聘网站的投诉，欧盟委员会对谷歌招聘搜索工具展开调查。[32] 因为 SERP 上的黄金位置供给有限，满足此类需求存在现实障碍。

本章的重点是识别反竞争的产品设计，而非设计恰当的补救措施。不难理解，为何美国联邦贸易委员会和欧盟委员会依据各自的法律制度得出了不同的结论。欧盟委员会做出的裁决，遵循前文所述的用以评估滥用支配地位的指南。美国联邦贸易委员会的裁决与美国反垄断法及判例对创新的尊重一致，这些裁决支持公司几乎没有义务帮助竞争对手的执法立场。

美国联邦贸易委员会和欧盟委员会都没有描述可用于对设计变更的成本收益进行评估的总体框架。下一节将评论美国几起重要的反垄断案件，这些案件涉及支配型企业的排他性设计变更，并讨论从这些案件以及从有关这一主题的学术争论中得出的一般原则。

5. 排他性产品设计的反垄断政策

如果并未伴随其他排他行为，美国法院倾向于尊重具有技术价值的设计变更。[33] 套用美国政府诉微软案的上诉法院的话，"一般而言，法院对一家支配型企业的产品设计变更有损竞争的说法合理地持高度怀疑的态度"。[34] 不过，对排他性产品设计的反垄断质疑仍然存在，即使在美国反垄断法相对宽容的原则下也是如此。

有人提出了若干通用方法以识别损害竞争的创新和相关行为（有时称之为"掠夺性创新"）：

- 关注支配型企业是否强迫其他企业或用户采用某项新产品（硬切换）。
- 采用利润牺牲测试（profit-sacrifice test）及类似做法，如无经济意义测试（no economic sense test，NEST），这类测试会询问，如果被指控的行为不损害竞争，那么它是否可以成为一种合理的商业策略。
- 采用合理规则分析，比较反竞争效应与促竞争抗辩。

所有这些方法在评估可能违反反垄断法的创新时，既有实用性也有局限性。我将依次对它们进行讨论。

硬切换

20世纪70年代初，在伊士曼柯达公司提起的诉讼案件中，美国法院致力于处理被诉的反竞争的产品设计。该案涉及柯达袖珍型即拍即现照相机和新型彩色打印胶卷柯达彩色Ⅱ的推出等相关问题。在提供冲印服务和相机方面，原告伯克公司（Berkey）与柯达相互竞争。伯克公司声称，柯达未能提前发布有关新胶卷及相机格式的信息，且在一段时间内将柯达彩色Ⅱ限制为即拍即现格式，从而阻碍了伯克公司提供冲印服务以及竞争性地销售新格式相机，故柯达违反反垄断法。

上诉法院撤销了陪审团就这些问题做出的有利于伯克公司的判决，并判定[35]：

> 如果垄断者的产品在市场上获得认可……只要这些产品的成功并非基于任何形式的强制，即使法院或陪审团事后认为是较差的产品也不重要。

受理了反竞争创新指控的其他法院，区分了硬切换和软切换。当一家企业推出一种新产品（例如新的相机格式）但未将旧产品从市场上移除之时，会发生软切换。在硬切换中，该企业采取积极措施将旧产品从市场上移除，或者通过其他方式使得用户难以购买旧产品。例如，制药企业可能重新配制一种药品，使其剂量变为每日一次，而非每日两次，随后将旧药品撤出市场，使它不再用于仿制替代药。

法院将缺乏强制作为一种甄别标准，用以识别不会引发反垄断担忧的创新，如同使用较小的市场份额作为标准来识别市场势力的缺失。原则上，在没有强制的情况下，只有新产品或新服务优于替代品时，用户才会选择新产品或新服务。即使存在有利于硬切换的行为，这也不自动表明该行为是反竞争的，应通过更全面的成本收益分析进行评估。

对强制的关注使法院摆脱了评估设计变更的价值这一艰巨任务；相反，它允许法院评估可能并无促竞争理由的行为（硬切换）。

然而，强制构成了评估产品变化的一种薄弱测试，因为它对反竞争的创新而言，既非必要也不充分。企业可以排除竞争但不满足硬切换测试。制药公司在研发上投入大量资金，但很多公司在销售、营销和管理上投入更多（见表9.1）。[36] 这些支出中的大部分用于面向医生和消费者的促销活动。制药公司可以通过大力推广新药，同时放弃对旧药的推广，使患者转而使用新药。这可能不符合认定强制的要件，但具有与强制相同的效果。[37]

在某些特殊情况下，即使没有强制，产品特性的微小变更也可能会产生排他效应。在另一些情况下，硬切换具有促进竞争的好处。

表9.1 大型制药公司的市场营销及研发支出（2016年，10亿美元）

公司	销售、营销及管理费用	研发支出
强生	19.0[a]	9.1
诺华	12.0[b]	9.0
辉瑞	14.8	7.9
葛兰素史克	14.1[c]	5.4[c]
默克	9.8	10.1

注：a. 不含运输和处置成本；b. 不含一般费用和管理费用；c. 按1英镑=1.5美元换算。

资料来源：各公司的年度报告。

当产品具有强大的网络效应时，公司和用户将表现出过度的惯性：他们不愿意转向可能更优越但不兼容的新产品，因为除非其他企业和用户做出同样的采用决定，否则他们不会从中受益。在市场的供给端，规模经济可使企业有效缩小用户的选择范围。当市场具有这些特征时，迫使企业和消费者采用可能更优越产品的努力也许会产生促进竞争的效果。此外，一些改进带来的社会价值远超其私人回报。[38] 忽视此类溢出效应，仅根据一小部分用户获得的收益来评估产品改进的政策，可能会阻碍有社会价值的创新。

只要存在与产品变化无关且影响用户和企业采用决策的相关行为，就可以帮助事实调查者评估危害和收益。使支配型企业可以维持或扩大垄断力量且没有促竞争理由的强制行为可能被判为反竞争行为。然而，在某些情况下，强制行为存在或不存在这种二分法并不是可选项，因为设计变更或其他技术变更要求竞争对手做出调整以维持生存。[39] 在数字经济中，一些企业提供的自动软件下载可能会破坏互操作性。如果控制互操作性协议的企业采用不同技术，互补产品的供应商必须重新配置其产品。协议本身的变化迫使企业采用新技术。

在20世纪60年代末，有几家公司销售的设备，如磁盘驱动器和打印机等，可与大获成功的IBM 360系列大型机兼容。IBM可能会欢迎即插兼容配件生产商（PCM），因为它们是互补的，可为大型机系统增加巨大的价值。但即插兼容配件生产商的独立定价破坏了IBM的使用依存型定价政策（usage-dependent pricing），外围设备为大型机系统的竞争提供支持，却对IBM构成潜在威胁。

IBM通过降低价格来对抗即插兼容配件生产商，并在其新的370系列计算机系统中变更控制器和互连设计，这些系统具备一定的性能优势，却破坏了大型机和非IBM外围设备之间的互操作性。几家即插兼容配件生产商以指控IBM违反反垄断法作为回应。几乎在所有此类案件中，法院都认为，如果IBM的设计变更有技术优势，它们就不是反竞争的。[40]

IBM案发生40年后，在苹果iPod iTunes反垄断诉讼中，原告指控苹果阻碍了互操作性。原告称，苹果多次更新其 FairPlay* 加密协议，使其 iPod 媒体播放器和下载自 iTunes 音乐商店的歌曲与其他媒体播放器和流媒体服务不兼容，并拒绝将其更新的内容授权给竞争对手瑞尔视科技公司（RealNetworks）。

关于拒绝授权，初审法院援引了最高法院 2004 年关于威瑞森诉特林科案的判决，认为企业没有义务帮助竞争对手。[41] 至于 FairPlay 更新本身，法院关注它们是否属于为了对付想要绕过 FairPlay 加密的黑客而进行的真正改进。法院对其中一项更新的回答是肯定的，并驳回了原告的指控。关于另一项更新，法院无法确定是否属于真正的产品改进，并选定该问题进行审判。[42] 陪审团认为，此次更新是一次真正的改进，没有发现违反反垄断法的情形。[43] 法院并未说明强制是否与反垄断分析相关。苹果自动执行 FairPlay 更新，因此，如果用户想要访问 iTunes 音乐商店，除了接受新的加密标准，别无选择。根据法官和陪审团的意见，如果这些更新属于改进，则足以豁免其反垄断责任。

这些案件表明，如果合法的产品改进并未伴随其他的排他行为，则不会违反美国反垄断法。[44] 在联合骨科器械诉泰科医疗集团案（Allied Orthopedic Appliance v. Tyco Health Care Group）中，法院表示[45]：

> 在这类分析中，并不存在对产品改进的收益或价值与其反竞争效应进行权衡的任何空间。如果垄断者的设计变更是一种

---

* FairPlay 是苹果公司的数字版权管理（DRM）解决方案，主要用于在安装了苹果的移动操作系统 iOS、中视操作 tvOS 和计算机操作 macOS 的设备上安全分发内容。——编者注

改进，那么它"必被反垄断法容忍"，除非垄断者在引入产品时滥用或以其他方式利用其垄断势力。否则，"将违背反垄断法的宗旨，毕竟，它促进和确保了择优竞争"。

尽管许多法院已经接受此项原则，即如果一项设计变更构成真实的改进，则未违反反垄断法，但作为评估反竞争式创新指控的标准，这种做法过于宽容。假设 IBM 对其互操作性协议所做的变更在技术上没有什么益处，却排除了即插兼容配件生产商。或者假设苹果 FairPlay 的更新旨在排除竞争对手的媒体播放器和流媒体服务，且有一种效率不低却无排他效应的替代加密协议，这样的变更应该被推定为合法吗？学者和法院对此问题提出两种替代方法：利润牺牲或无经济意义测试，以及合理规则分析。

利润牺牲或无经济意义测试

亚努斯·奥多弗和罗伯特·威利格对具有排他效应的行为和创新提出了一种评估方法，该方法不关注硬切换和软切换之间的区别。[46] 其要点是利润牺牲的概念：如果某一行为未导致竞争对手退出，则无利可图，而导致竞争对手退出则有利可图，那就表明企业有掠夺的目的，排除竞争对手要牺牲利润，而不排除竞争对手则无利可图的行为就是有掠夺意图的行为。

其他学者以利润牺牲的概念为基础，提出无经济意义测试，用以识别符合反垄断法禁令的行为。[47] 无经济意义测试提出的一项原则是，对被告而言，当且仅当除了排除竞争对手以及由此产生的超竞争回报没有任何商业意义，则诉称的有制造或维持垄断之危险的行为是反竞争行为。这一概念与利润牺牲类似，因为没有经济意义的活动是牺牲利润的做法，但反之不一定成立。企业可能从事的行为相比于不排除竞争对手时实现利润最大化的行为，可能不那么有利可图，但这种行为仍可具有经济意义。在下文的讨论中，我将聚焦于无经济意义测试，因为反垄断执法者很难确定一家企业是否采取了不追求利润最大化的行为。此外，创新通常需要企业进行巨额投资，这可能被错误地贴上利润牺牲的标签。[48]

无经济意义测试有助于理解企业的意图，但它并不是确定反垄断责任的完美工具，甚至可以说，评估并不伴生某些排他行为的创新并无实益。成功的创新可排除竞争对手，许多重要创新若不排除竞争对手，将无利可图。回想在本书第 4 章开头引述史蒂夫·乔布斯的那句话："当你自身是唯一可与你交易的企业时，专注于改善产品还有何意义？"[49] 苹果投资数十亿美元发明和改进 iPhone，如果它不能指望 iPhone 取代与之相竞争的手机，则其中一些投资并无经济意义。更一般地说，无经济意义测试不适用于无法将利益从排除竞争中分离出来的情况，也不适用于因合法的择优竞争而产生的收益。

在某些情况下，无经济意义测试有其效用。美国联邦贸易委员会指控英特尔公司从事歧视性和欺骗性行为，意图维持它在 CPU（中央处理器）上的垄断地位，并为自身打造 GPU（图形处理器）领域的垄断地位，包括故意打击互操作性的产品设计。美国联邦贸易委员会称：英特尔重新设计了其编译器和库软件（library software），以降低竞争对手的 CPU 性能，并向独立软件供应商施压，要求它们不将其产品标注成与竞争对手的微处理器产品兼容，尽管这些产品是兼容的；它还采取了一项新政策，即拒绝给予某些竞争性 GPU 互操作性。根据投诉，英特尔对其软件的许多设计变更没有合法的技术上的收益，只是为了降低与英特尔产品相关的竞争性产品的性能。[50] 尽管美国联邦贸易委员会没有明确提及无经济意义测试，但它的指控反映了一个结论，即英特尔从事的产品设计除了排除竞争，没有任何经济意义。

美国联邦贸易委员会通过一份同意令解决了它对英特尔的控诉。除了诸多其他义务和条件外，该同意令（除非经委员会修改，否则有效期持续到 2020 年）禁止英特尔对产品进行任何工程或设计变更，倘若该变更降低了竞争对手的 CPU 或 GPU 性能，且未给产品带来实际的技术收益。[51]

无经济意义测试通常相对保守，因为损害消费者的行为能够通过测试。无经济意义测试不会质疑排除竞争的互操作性协议的微小技术改进，如果该改进具有一定的价值，且不会产生过多的费用。类似地，无经济意义测试允许可击败仿制替代药的低成本药品更改，在没有仿制药竞争的情况下，这种更改可以带来销售额的小幅增长。

无经济意义测试有些含糊不清，因为它没有说明应用此种测试需要多大程度的排他。在有强大网络效应的市场中，圈占市场并不是反竞争行为的必要条件，因为网络效应放大了行为对竞争对手的危害。此外，尽管无经济意义测试在许多情况下都是保守的，但它可能会错误地判定对消费者有价值的行为违法，尤其是在过度缺乏活力的市场上。在这样的市场中，高成本的行动（如打击互操作性）可能会促进新技术的有效采用，但除非它们阻止消费者或企业继续使用旧技术，否则可能没有经济意义。

企业通常会大量押注能够取代竞争对手的新技术。这些赌注可能无法实现预期，因此从事后看可能没有经济意义。但这并不意味着该企业是为了消除竞争而事先做出投资决策。基于这些原因,无经济意义测试的倡导者认为,尽管法院很难评估企业的预期,但无经济意义测试仍应适用于公司的预期收益,而非已实现的结果。[52]

即使存在这些局限,无经济意义测试仍能提供一些见解,帮助执法者了解一家企业打算变更设计是为了维持或扩大其支配地位,还是因为择优竞争的需要。无经济意义测试可以成为一种有用的工具,用来识别没有正当经济理由的行为,但对于可能损害竞争的行为,无经济意义测试则不能令人信服。即使不从实践的角度看,而是从理论上看,合理规则分析也能够更加准确地评估产品创新的成本和收益。

合理规则分析

审理微软案的上诉法院遵循合理规则分析,以确定微软的产品设计是否具有反竞争效应。上诉法院首先考虑被质疑的设计是否具有反竞争效应这一基本问题。如果上诉法院认为该设计具有反竞争效应,它将调查微软是否有促竞争的正当理由。原告有责任证明反竞争效应,而被告有责任证明促竞争效应。如果这两种效应都存在,原告有责任证明反竞争效应超过了促竞争效应。

上诉法院在微软案中描述的合理规则分析,在某些方面是有说服力的,并得到了其他法院的效仿。与硬切换或软切换这样的二分法和无经济意义测试等捷径不同,合理规则的框架类似于消费者福利分析,它充分反映了成本和收益,故而受到一些反垄断学者的拥戴。[53]但这个框架存在两个基本问题。

首先,行为是否具有反竞争效应应该是分析的结果,而非初始的假设。[54]一种使竞争对手处于劣势的产品设计本身并不一定是反竞争的。重要的是要关注分析的目的,而非一开始就假定市场结果或行为本身具有反竞争效应或促竞争效应。以柯达开发的相机系统(camera system)为例,原告伯克公司在质疑柯达时提出,新系统给伯克公司和其他相机供应商以及开发不支持新格式的服务带来成本。这些确属成本,但称之为反竞争效应,则显得草率。

第二个问题是难以平衡所谓的反竞争效应和促竞争理由。在美国政府诉微软案中,这不成问题,因为正如第8章讨论的,法院认为,被质疑的产品设计要么具有反竞争效应,要么具有促竞争效应,不能两者兼而有之。如果证据不是一边倒的,法院就必须在损害和获益之间进行定量平衡,但它们很少这样做。在重大创新或重要新产品设计的情况下,这样做尤其困难。[55] 此外,对成本和收益的正确分析不应归结为创新或设计变更对价格和消费者选择的短期影响;相反,也应该考虑长期效应,包括对未来创新的激励和潜在溢出效应。[56] 对于某些行为,合理规则分析也许找到了一种限制性较小的替代方案,该方案具有同样的好处,但对竞争的危害较小。这将要求法院推测企业的技术决策,但法院不愿这样做。

尽管有这些局限,对于评估有显著排他效应但没什么价值的产品设计,合理规则分析依然有其作用。专利药行业的特殊情况为应用合理规则评估药品变更提供了沃土。专利药制造商被指控在专利到期前微调专利药,在消除旧药品或者大力推广新药品的同时,打击仿制药替代品,从而完成"产品跳转"(也被称为"产品线延伸"或"常青")。对于这些非常微小的变化(例如从片剂到胶囊剂这样的包装更改),法院比较容易权衡这些变化带来的收益和它们对仿制药竞争的排他效应。

我提出了简易合理规则,在大多数情况下,这将减轻法院对创新和产品设计的成本收益进行复杂分析的负担。根据这种方法，如果创新或产品设计变更是重大的，且没有伴生与改进后的产品或技术无关的排他行为，则该创新或产品设计将被推定为合法。我们也可以对一般的创新或产品设计变更进行全面的合理规则分析，以比较其收益和排他效应。不管创新或产品设计变更是不是重大的，对创新或产品变更而言并非必要的排他行为，皆应进行合理规则分析，以确定其收益是否超过竞争受损所需的补偿。简易合理规则分析也适用于考虑限制性较小的替代方案，这些替代方案能带来相似的收益但其排他效应相对较弱。

在大多数情况下，一般的设计变更或创新不会产生显著的排他效应，因为可以找到有可比收益的替代方案。但也有例外，例如使仿制替代药失败的药品配方更改或者互操作性协议的改变。在这些情况下，简易合理规则分析可能得出的结论是，即使设计变更或创新并未伴随着其他排他行为，它们也是反竞争的。随后，法院可要求被告放弃变更，或要求被告做出承诺确保有可比替代品的承诺。例如被告承诺供应和推广较旧的药品配方，或者为产品提供一种与旧协议互操作的方式。

我提议的这一简易合理规则的逻辑是，重大创新或新产品设计具有社会效益，且往往超过创新者获得的个人回报，但法院很难量化这些效益。对重大创新或新产品设计的司法审查可能会阻碍有益的投资，并消耗行政资源，而不会给消费者带来相应的利益。如果此类创新或设计变更没有伴生排他行为，则应免于承担反垄断责任。但一般性的创新或新产品设计不应从此类绝对保护中获益。就其性质而言，一般性的改进更容易量化，在某些情况下，排他效应可能远超其带来的收益。

当然，重大创新或新产品设计的门槛是这种方法的一个关键因素。创新或新产品设计是否属于重大改进，应根据创新或产品设计为消费者提供的经济收益进行评估。虽然这可能难以量化，但法院善于评估成本和收益相关的复杂的经济证据；在这方面，创新和产品设计没有什么不同。此外，如果一项创新或产品设计带来的收益如此广泛以至于无法量化，就有利于确定该创新或产品设计是重大的。

这些原则如何应用于谷歌购物案？

美国联邦贸易委员会和欧盟委员会都没有在谷歌购物案的调查中解释其裁决，没有具体说明强制、无经济意义测试或合理规则。软硬切换二分法对评估谷歌搜索算法的"潘达"更新并不是很有用。就像苹果对FairPlay加密协议的修改一样，对与谷歌购物竞争的比较购物服务网站来说，"潘达"算法更新本质上是硬切换，尽管这一更新并未阻止这些网站的赞助商以不依赖有机搜索排名的方式营销其服务。如果谷歌有促竞争的商业理由改变其搜索结果显示算法，使搜索结果能提供更多有用信息，从而降级与之竞争的比较购物服务网站，那么裁定这一改变属于强制行为是不合理的。另一方面，如果"潘达"更新的唯一目的在于压制竞争，而非提供更多信息的有机搜索结果，则它就是强制行为且不会带来补偿性收益。

谷歌购物案的无经济意义测试包含两个要素。第一个要素是"潘达"更新是否使有机搜索结果提供了更多有用信息，从而有促进竞争的商业理由，或者仅仅是谷歌借此降级与之竞争的比较购物服务网站以压制竞争。后者不能通过无经济意义测试。第二个要素是谷歌为其垂类购物提供有利位置带来的机会成本。如果将优质的

SERP 位置分配给谷歌的垂类购物，导致谷歌放弃的广告收入高于谷歌从垂类购物平台中获得的收入，那么这一 SERP 位置的分配就通不过无经济意义测试。美国联邦贸易委员会对第一个要素发表了评论，并简要说明谷歌采用设计变更以提高其搜索结果的质量，但没有对第二个要素发表评论，欧盟委员会的裁决对这两个要素也没有涉及。

欧盟委员会没有明确反对"潘达"更新，也未就其技术优势得出结论。更具体地说，欧盟委员会没有说明 Foundem 和其他比较购物服务网站是否应该在谷歌 SERP 的有机搜索结果列表中占据更好的位置。相反，欧盟委员会反对谷歌在贬低竞争对手的同时，偏袒自己的垂类购物[57]：

> 欧盟委员会的裁决不反对谷歌通用搜索算法的设计或此类降级，也不反对谷歌显示或组织其搜索结果页面的方式（例如，以丰富且诱人的格式突出显示比较购物结果的内容框）。委员会反对谷歌利用其在通用互联网搜索领域的市场支配地位进入一个独立的市场，即比较购物。谷歌滥用其在搜索引擎市场的支配地位，在搜索结果中推广自己的比较购物服务，同时降级竞争对手的比较购物服务。这并非基于择优竞争，根据欧盟反垄断规则，这是违法的。

美国联邦贸易委员会没有提供任何细节，可供对谷歌行为进行合理规则分析。欧盟委员会就谷歌的行为对价格和创新造成的影响发表结论性声明，这可能是合理规则分析的精髓。然而，欧盟委员会没有提供有关谷歌设计变更的价值及排他效应的量化数据，以证明其结论的合理性。

合理规则分析是评估某些创新的有用工具，尤其是对制药行业中产品跳转的指控。在制药行业，这些产品创新虽微不足道，但排他效应非常大。合理规则并非评估动态行业（如互联网搜索）中复杂且可能有价值的设计变更的有用工具，除非有争议的产品设计是微不足道的变更。对于并非细微的产品改进，这些因素使我们回到许多美国法院用来评估所谓违反竞争式创新的标准，即除非伴生反竞争行为，否则正当合理的创新并不违反反垄断法。一个相关的问题是，是否存在一种限制性较小的替代方案可以取代"潘达"更新，从而在不降低竞争性比较购物服务网站的情况下实现更新宣称的促竞争效应。

在谷歌购物案中，谷歌的行为削弱了竞争性比较购物服务网站改进其产品的激励，但也鼓励它们投资于其他服务，例如帮助制造商在SERP上宣传其产品。与此同时，谷歌的行为增强了它改善其垂类购物的激励，由于它更受消费者的关注，故广告商的需求也更旺盛。搜索结果质量的提高使广告商受益，选择在谷歌购物平台上购买位置的商家也不例外。这些更长期的影响，使得本已困难重重的分析雪上加霜。

根据简易合理规则，如果谷歌的设计变更能够给消费者带来实质性利益，且"潘达"更新导致比较购物服务降级具有可信的商业理由，美国联邦贸易委员会或许可以做出正确的决定，前提是不存在限制性更小的替代品会在不损害竞争的情况下产生类似收益。另一方面，如果谷歌的设计没有可识别的显著技术优势，为其垂类购物提供醒目位置可能会被视为排他性地行使市场势力，使竞争性比较购物服务网站降级的"潘达"更新并无促进竞争的可信商业理由。比较购物服务是一个单独的相关产品市场，其竞争或创新可能受到损害。裁定谷歌承担反垄断责任需要证明设计变更的排他效应大于可供抵消的收益。这又要求更多的分析，而不只是欧盟委员会在公布其裁决时所披露的评估结果。

6. 对不同反垄断制度的一些结论性评述

对具有排他效应的产品设计展开反垄断执法是竞争政策面临的最大挑战之一。美国联邦贸易委员会和欧盟委员会对谷歌被诉的"产品比较购物"显示偏向的调查结果反映了对此问题的不同处理方式。美国已经形成一种相对自由放任的政策，不要求企业帮助其竞争对手。欧盟反垄断法朝着不同的方向演进，即禁止滥用支配地位进行歧视。

这两类政策皆不足以解决高科技经济中的问题。美国的政策过于宽松，欧盟的政策则可能阻止创新并惩罚那些没有实际补救措施的行为。事实上，虽然禁止支配型企业歧视竞争对手是一个可取的目标，但若不使法院陷入复杂且成本高昂的监督，现有的补救措施通常难以实现这一目标。

美国反垄断法并非总是认为企业没有义务帮助其竞争对手。[58] 1951年，美国最高法院在《洛雷恩日报》诉美国政府案（*Lorain Journal V. United States*）中做出判决，该案涉及一家企业拒绝向光顾其竞争对手的客户提供服务。[59]《洛雷恩日报》是美国中西部一个小城市中的唯一一家报纸出版商，当时报纸是信息和广告的重要双边平台。为了回应当地一家广播电台的到来，《洛雷恩日报》拒绝为同样在该广播电台上投放广告的广告商投放广告。美国最高法院认为,《洛雷恩日报》拒绝与这些广告商交易是出于维持其垄断势力的非法企图。

尽管存在重要的事实、法律和经济差异,《洛雷恩日报》案仍对谷歌购物案产生了影响。《洛雷恩日报》将拒绝交易的条件设定为客户使用一家与之竞争的媒体。欧盟委员会则没有指控谷歌拒绝与其他比较购物服务网站交易,抑或歧视在其他媒体上做广告的比较购物服务竞争对手。此外,《洛雷恩日报》不涉及新的产品设计,也没有合理的效率理由可以证明拒绝广告商的广告是正当的,当然广告商也在电台上做广告。尽管如此,这两起案件都指挥支配型企业试图通过歧视竞争对手来抑制竞争,或者直接降级竞争对手的搜索结果排名,又或者间接拒绝与竞争对手的客户交易。

在奥特泰尔电力诉美国政府案(Otter Tail Power v. United States)中,美国最高法院认为,一家电力公司拒绝向自建零售电力系统的社区输送批发电力是非法行使垄断权力。[60] 这是在特林科案之前的另一起案件中,法院认为对歧视竞争对手可作为认定非法垄断的依据。《洛雷恩日报》案和奥特泰尔案确立的先例,并不意味着谷歌被指控的压制竞争性比较购物服务网站是反竞争的。然而,通过关注《洛雷恩日报》案和奥特泰尔案中的指导原则,而非坚持支配型企业没有义务帮助其竞争对手的原则,竞争政策将得到实施。

法院尚未采取统一且经济上合理的方法评估排除竞争的创新及产品变化。无论是合理规则分析、无经济意义测试,还是软硬切换二分法,都不能为指控反竞争创新的反垄断分析提供一个普遍有用的框架。本章提出的简易合理规则分析提供了中间立场,如果重大创新不伴生本可避免的排他行为,则应予以尊重。对于微小的产品变更及本可避免的有排他效应的行为,简易合理规则要求反垄断机构权衡排他效应与消费者利益，而对于排他效应大于变更价值的产品变更，则有可能被判定为违法。

对于那些将排除竞争对手的创新和产品设计应承担的反垄断责任，反垄断机构应避免采取极端立场，而应采取中间立场，并辅以一般原则，如本书提出的简易合理规则。高科技经济中即将出现的其他反垄断案件将考验处理这些难题的替代方法。

第 10 章　有关标准的竞争政策

在（一个）制定标准的组织中……可能充斥着反竞争活动的机会。

——美国机械工程师学会诉 Hydrolevel 公司案

美国最高法院（1982 年）

1. 引言

标准大多是无形的，却无处不在，高科技经济离开它们更是寸步难行。[1]一般而言，存在三种类型的标准：技术标准、最低限度的质量和安全标准，以及信息标准。技术标准为新产品和改进型产品提供规范（specifications），并允许公司专门生产兼容组件以促进规模经济、竞争和创新。质量和安全标准，连同保险商认证、实验室标志等，降低消费者买到低劣或不安全产品的风险。本章讨论的重点是技术标准，因为它们与高科技经济中的竞争和创新最为相关。[2]

标准可以由一家企业单方面制定，此企业凭借时机或市场势力，有能力将自身意愿强加于市场。这些标准既包括 Adobe 便携式文档格式（PDF）、英特尔开发的 x86 微处理器架构，以及苹果 FairPlay 数字权利管理技术等设定，也包括微软 Windows、苹果 iOS 和谷歌安卓操作系统等元标准（meta standard），它们包含很多技术，而其中部分技术本身是由标准界定的。

标准也可在企业与其他利益相关者之间通过合作产生。诸多已经确立的标准制定组织（SDO）对国际或者国家层面的标准制定或开发进行监督。国际标准制定组织包括国际标准化组织（ISO）、国际电信联盟（ITU）和国际电工委员会（IEC）。区域性跨国标准制定组织包括欧洲电信标准协会（ETSI）和欧洲标准化委员会。一些标准是在几个不同的跨国标准制定组织的合作下制定的，第三代移动通信合作项目（3GPP）就是其中一例。

在美国，美国国家标准学会（ANSI）负责监督影响诸多商业部门的数千项标准的制定。美国国家标准学会还对其他组织是否遵从标准制定指南进行评估和认证。其中包括电气和电子工程师协会标准组织（IEEE-SA），联合电子设备工程委员会（JEDEC），制定音频、视频压缩和传输标准的电影专家组（MPEG），以及美国材料试验协会（ASTM，前身为美国测试与材料协会），该协会为范围广泛的材料、产品、系统和服务制定标准。美国国家标准与技术研究院（NIST）成立于 1901 年，旨在改善测量服务，该研究院为智能电网、纳米材料等众多行业制定标准。

打算制定标准的缔约方可以绕过既有的标准制定组织，成立标准制定联盟（也称为"特殊利益集团"），它们可以是特设小组，也可以是结构化组织，这些组织可能具有或不具有美国国家标准学会的认证。例如，互联网工程任务组（IETF）和万维网联盟（W3C），它们为网络设计师、运营商、供应商和研究人员提供论坛，使他们关注互联网的发展和顺利运行；蓝光光盘协会（Blu-Ray Disc Association），致力于发展大容量光盘存储；以及最初由七家公司发起成立的 USB（通用串行总线）开发者论坛（USB Implementers Forum），它管理着用于计算机连接的 USB 的标准制定。

大多数单方面或合作制定的标准对使用与标准相关产品的制造商或企业没有法律约束力。一些标准经由法律颁布，并通过美国联邦通信委员会或美国环境保护署等机构强制执行。

标准是否开放有重大政策意义，但术语"开放"一词并没有统一的定义。有一些人认为，按照强调包容性、透明度和共识的美国国家标准协会指南制定的标准就是"开放"的。另一些人使用该术语则可能意指，该标准适用于任何人，而不仅限于特定的企业或商业应用。还有一些人使用"开放"一词表示该标准不受专有知识产权的限制，而这正是本章使用的定义。

专有标准由一家企业或一组企业拥有，涵盖受专利保护的技术或者受版权保护的软件。对标准拥有使用权的企业可能会通过合同限制使用。例如，杜比数字音频压缩标准，杜比授权音频和视频设备制造商使用该标准。依据标准制定的相关规则，如果企业拥有某一标准中包含的特定技术专利，它们可能会收取许可使用费或拒绝许可其专利，即使该标准是经过公开程序制定的。

标准徘徊在真正的开放和专有之间。许多标准是专有的，但可以免费获得其许可。标准可以免费开放给任何人使用，但它可能要求用户遵守一些条件，如未经授权不得对标准进行更改，或者不得行使涉及该标准的财产权利。另一些标准则是开放的，但用户为标准添加了具有知识产权保护的功能。Linux 操作系统内核（与计算机硬件接口的软件）具有"开源"性质，这意味着 Linux 源代码可以免费使用，并且可以重新分发和修改，尽管 Linux 内核中添加了一些专有扩展。

推广特定标准的企业必须说服用户以及补充产品和服务的供应商支持其首选标准（preferred standard）。这些所谓的标准之战可能会导致浪费性的重复，并给承诺使用那些被打击的不兼容型技术的企业及消费者带来成本。[3] 标准之战的例子包括 20 世纪 70 年代末和 80 年代不兼容型 VHS 和 Betamax 录像格式之间的斗争，以及更晚近发生的互不兼容的蓝光和高清数字多功能磁盘（HD-DVD）光盘标准之间的斗争。

开发标准的合作努力能够避免企业推广不同首选标准时发生标准之战，但合作也可能成本高昂，并不总能产生最优结果。标准制定组织或联盟成员可能无法就标准达成一致，或者可能需要花费数年之久才能达成共识。[4] 在标准制定组织内制定新标准的进程可能会遭到特殊利益集团的破坏，导致被选中的标准并非最具经济价值。[5]

标准通常会给消费者带来利益，促进竞争和创新，但标准也会引发值得反垄断警惕的问题。[6] 第 2 节讨论了与标准制定相关的几类单边行为（unilateral conduct），这些行为引发了反垄断问题，包括与行使知识产权有关的行为。第 3 节致力于解决标准制定中协同行为（coordinated conduct）的反垄断问题。制定标准通常将可能实施标准且在市场上相互竞争的企业聚集起来。这自然提高了多家企业合谋制定互利标准的可能性，但这不符合消费者的最大利益。它们

250　创新制胜：高科技经济的竞争政策

还可以利用标准制定的优势，采取知识产权政策，增加标准制定参与者的利益，却不会促进创新，也不会惠及用户。第4节提供与专利许可承诺相关的建议，这些承诺对实施一项有利于竞争和创新的标准至关重要。

2. 单边标准制定的反垄断问题

对单一企业行为的反垄断担忧通常涉及维持或获得垄断势力的尝试。这些尝试至少通过以下三种方式与标准相关：

- 试图阻挠整个行业与某一标准兼容
- 试图强制要求遵循支配型企业的首选标准
- 试图通过行使专有知识产权从标准中获得价值

试图阻挠整个行业与某一标准兼容

第8章讨论的微软案例说明，当一家支配型企业拆解一个行业标准以推广该标准的自定义版本时，可能会产生竞争效应。微软从太阳微系统公司获得有关Java技术的许可。标准的Java程序执行承诺在不同操作系统之间轻松移植计算机应用程序，这可能会打破支持微软个人计算机操作系统垄断的应用程序进入壁垒。[7]

美国司法部和作为原告的各州指控微软拆解Java标准的行为违反《谢尔曼法案》。地区法院判决微软拆解Java标准的行为违反反垄断法。上诉法院对此判决予以确认，但没有要求微软遵守单一的Java标准。如第8章所述，要求微软支持通用Java程序执行具有经济上的正当理由，因为采用Java标准是本案指控的核心。法院本可迫使微软支持通用Java标准，同时也允许微软追求专有的Java程序执行。欧盟委员会也有过类似的做法,即要求微软在 Windows 启动屏幕上设置一个"选择界面",允许用户选择他们喜欢的浏览器。

试图强制要求遵循支配型企业的首选标准

欧盟委员会起诉谷歌安卓案说明了第二类与标准相关的行为:支配型企业力图执行某种标准。谷歌免费为其安卓移动操作系统提供许可,前提是智能手机许可证持有者同时安装一系列名为谷歌移动服务的谷歌应用程序,其中包括谷歌 Play 商店和谷歌 Chrome 浏览器。谷歌的免费许可将禁止制造商销售运行不同版本安卓(称为标准"分叉")的设备。欧盟委员会认为,谷歌拒绝向开发者许可谷歌移动服务应用集合的做法并不能阻止开发者开发安卓分叉。欧盟委员会在判决中表示,允许智能手机开发商以相对较低的成本开发谷歌安卓操作系统的差异化版本,"安卓分叉将对谷歌构成可信的竞争威胁"。[8] 欧盟委员会发现,谷歌的许可政策将谷歌应用程序与操作系统绑定[9],导致其滥用支配地位,并在 2018 年 7 月对谷歌处以 43.4 亿欧元的罚款。[10]

欧盟委员会拒绝采信谷歌的抗辩,也即谷歌的许可限制是防止安卓生态系统瓦解的必要条件。相反,欧盟委员会认为,谷歌拒绝授权其安卓操作系统分叉,阻碍了基于安卓操作系统替代版本的智能移动设备的创新和竞争。

允许一个标准分解为不同的规范(specification,又译规格),破坏了标准促进兼容的力量,但也容纳了更丰富的产品和创新。谷歌的安卓移动操作系统是基于 Linux 内核的修改版本。苹果的 iOS 移动操作系统是基于 Unix 版本,Unix 是 Linux 的前身。如果必须在 Unix 或 Linux 的单一标准版本和允许 Unix 或 Linux 分解之间进行选择，后者将是更好的选择，因为它能够促进移动操作系统的创新和竞争。

试图通过行使专有知识产权从标准中获得价值

在涉及标准的行为中，与标准必要专利（standards-essential patents，SEPs）的披露和行使有关的行为受到的审查最多（以调查和政策文件的数量来度量）。大多数标准制定组织允许标准涵盖专有知识产权，且不禁止权利所有者收取许可费。美国国家标准学会的专利政策规定："如果考虑到技术原因，采用这种方法具有正当事由，因而原则上不反对起草美国国家标准（ANS），其中包括使用标准必要专利权利要求（使用者被要求遵循该标准）的条款。"[11] 一些标准规定的技术涉及数百项专利。一项研究发现，截至2004年初，有700多项专利系列被宣布为WCDMA蜂窝标准的必要专利，500多项专利系列被宣布为CDMA2000蜂窝标准的必要专利。[12]

专有知识产权涵盖的标准制定通常使两大阵营相互对立：创新者，他们拥有专利权并希望因此获得补偿；实施者（implementer，他们也可能是后续发现的创新者），他们销售符合标准的产品，并希望标准化技术的成本较低。实施者抱怨，专利权人对标准必要专利收取高额许可费带来了风险，因为他们（实施者）进行了投资，便将自己锁定在标准之中。[13] 另一方面，创新者抱怨实施者抵制标准的风险，实施者希望在不用对研发支出进行合理补偿的情况下实施创新者的专利。双方都指称对方采取了利用沉没成本的机会主义行为。对实施者而言，开发符合该标准且不能重新用于其他产品的产品形成了投资成本。对创新者来说，他们为获得被授予专利的各种科学技术发现付出了研发成本。

专利权可能会干扰创新，因为它们允许专利所有者在产品涉及很多所有者或很多技术时收取高额许可使用费。活跃在专利丛林中的每一位专利所有者都有索取产品的很大一部分价值的个人激励，若许可人是所有专利的唯一来源，由此产生的总许可使用费需求（total royalty demand）可能会超过使得许可人利润最大化的许可使用费。[14]实施者抱怨这种"专利权许可使用费堆叠"（royalty stacking）是各个专利所有者的要求造成的，实施者还惧怕禁止销售侵权产品的那些禁令。[15]如果公司和消费者对某一标准进行专用投资，且切换到其他标准将面临高额成本，此时标准会加剧实施者对禁令和许可使用费堆叠的担忧。

许多标准制定组织要求创新者在批准拟议标准之前，声明其拥有专利权（有时为专利申请），以此解决实施者和创新者的冲突，这些专利权对标准规范（standard specification）而言至关重要，且要求权利人同意以公平合理非歧视（FRAND，也被称为RAND或F/RAND）的条件许可专利。ANSI专利政策规定：[16]

"经ANSI认证的标准制定者"应收到专利持有人或其授权代表做出的书面或电子形式的保证，无论是：

（1）以一般免责声明的形式保证该方不持有且目前不打算持有任何必要专利权的要求；

（2）保证此类必要专利权要求的许可将提供给希望利用该许可以实施本标准的申请人，下列任一即可：

① 在合理的条款和条件下，没有任何明显不公平的歧视；

② 免费且在合理的条款和条件下，没有任何明显不公平的歧视。

遗憾的是，标准制定组织尚未确定公平合理非歧视条款的界限。此外，它们没有规定统一的披露要求，也未对"必要"一词给出统一的定义。研究表明，许多对通用标准至关重要的专利在技术和经济上皆非实施该标准所必需的。[17]

标准必要专利的所有者未能披露其专利，或者未能按照公平合理非歧视条款许可其专利的行为，受到了美国及其他地方反垄断机构的质疑。其中，第一个案例涉及戴尔计算机和 VL 计算机的总线标准，该标准用于中央处理单元和外围设备之间的数据通信。

戴尔公司所在的 VESA（视频电子标准协会）这一标准制定组织于 1992 年对 VL 总线设计进行标准化。在 VESA 批准该标准之前，戴尔公司的一名代表证明，拟议的标准没有侵犯戴尔公司的任何商标、版权或专利。然而，戴尔公司在一年前就已获得 VL 总线设计专利，并在计算机制造商采用该标准后寻求强制执行其专利。美国联邦贸易委员会提出一项诉讼声称，如果在认证过程中被告知专利冲突，VESA 本应实施不同的非专利设计。[18] 美国联邦贸易委员会和戴尔公司达成和解，根据和解协议，戴尔公司同意不对任何实施 VL 总线标准的人强制执行其专利。[19]

美国联邦贸易委员会对其他几起案件中的标准必要专利披露表示担忧，其中包括针对蓝博士（Rambus）半导体公司的诉讼，蓝博士是为计算机内存和其他设备开发并许可技术的公司。[20] 这些指控涉及蓝博士作为联合电子设备工程委员会（JEDEC）参与者而采取的行为，联合电子设备工程委员会是一家标准制定组织，为动态随机存取存储器（DRAM）等设备制定标准。[21] 蓝博士曾加入联合电子设备工程委员会一些时日，在此期间，它没有披露自己已申请专利，并计划申请涉及动态随机存取存储器标准的专利，包括同步动态随机存取存储器（SDRAM）设备。在联合电子设备工程委员

第 10 章　有关标准的竞争政策

会发布同步动态随机存取存储器标准后,蓝博士要求对其拥有的涵盖这些标准的专利被侵权收取许可使用费。美国联邦贸易委员会声称,蓝博士的隐瞒以及随后对其专利行使权利,使得蓝博士能够垄断这些设备的关键技术市场。

蓝博士提起上诉。华盛顿哥伦比亚特区巡回上诉法院(与美国政府诉微软案中做出终审判决的法院是同一家)做出了有利于蓝博士的判决。[22] 上诉法院判决的关键是,美国联邦贸易委员会未能证明,如果这些专利被披露,联合电子设备工程委员会将选择一个不侵犯蓝博士专利的不同标准。法院做出如下陈述:[23]

> (委员会的)事实调查结论是,蓝博士涉嫌欺骗,使之能够通过专利技术标准化而非可能的替代品来获得垄断,或者使之能够避免其专利技术被标准制定组织(SSO)视作常规的专利技术标准化过程的一部分,而对其专利许可使用费施加限制。但是,后一种欺骗仅仅使垄断者收取高于其本应收取的价格,它本身并不构成垄断。

上诉法院观察到,在蓝博士作为成员期间,联合电子设备工程委员会的专利政策混乱不堪,没有明确要求披露专利申请计划,而这些专利对制造或使用所涉标准的产品来说可能是必要的。不过,上诉法院认为,即使蓝博士存在欺骗行为,只要不影响联合电子设备工程委员会选择的标准,就不会违反《谢尔曼法案》。[24] 上诉法院虽强调这一结论,但也认为电子设备工程委员会的专利政策要求蓝博士承诺以公平合理且非歧视条款许可其专利,作为批准这些标准的条件,这可能会导致降低协商达成的专利许可使用费。

上诉法院的推理只能在晦涩难懂的美国反垄断法背景下加以理解。美国反垄断法禁止垄断，但不禁止高价。法院区分了对该案的结论与对美国政府诉微软案的结论，在美国政府诉微软案中，同一上诉法院认为，微软关于其 Java 工具跨平台兼容的欺骗性主张，违反了《谢尔曼法案》第 2 条（但并未迫使微软支持行业标准的 Java 程序执行）。二者的区别在于，微软的行为排除了竞争，并有助于维持 Windows 的垄断地位，而蓝博士的行为只会导致更高的价格。关于蓝博士一案，上诉法院强调："事实上，如果联合电子设备工程委员会将蓝博士的许可使用费限制在合理的范围内，并要求它在非歧视的基础上提供许可，我们预计替代技术的竞争会更少，而非更多；较高价格和有限产量往往会吸引竞争对手，而非排斥他们。"[25]

使专利所有者能够逃避公平合理且非歧视承诺的行为不应是合法的。高额许可使用费损害了消费者的利益，并可能阻碍需要专利许可的技术创新。一些人认为，所谓专利要挟（patent holdup）不过是一种学术好奇心，智能手机和其他设备的创新和竞争已经蓬勃发展，尽管在事实上，这些设备实施的标准涵盖了数百个标准必要专利。[26] 但这一观点有其缺陷。它没有认识到，如果反垄断机构和法院停止对公平合理且非歧视性许可义务的监管，智能手机和其他设备的价格可能会高得多。[27] 在美国，在高速公路上驾车相当安全，但这并不意味着限速已无必要。公平合理且非歧视性限制就是信息高速公路上的车速限制。

制定标准的组织是合资机构，其成员企业是实际或潜在竞争对手。合资机构可以通过创造新的或更高效的产品，通过制定促进新产品或更高效产品的标准，使消费者受益。但合资机构也可充当固定价格、降低质量、提高成本或排除竞争对手的场所，使消费者受损。正如下节所示，标准制定组织并不能幸免于这些问题。

3. 标准制定组织的集体行动引发的反垄断担忧

出于多种原因，标准制定组织及其成员的集体行动引发了各种反垄断担忧。对经济中的高科技部门来说，这些担忧大多涉及排除竞争性技术的合谋、标准制定组织为解决许可费而采取的政策，以及标准必要专利的其他许可条款。标准制定组织随时可以合谋，因为它们将具有强大商业利益的实际或潜在竞争对手聚集在一起，可能会造成有偏向的标准选择。可以理解的是，反垄断执法者不愿意事后批评标准制定组织及其成员做出的技术选择，但他们会毫不犹豫地质疑滥用标准制定程序，而据称这些程序将产生反竞争后果。[28]

被指控为滥用标准制定程序的一个实例是"累积投票"（vote stacking），在该案例中，某一标准制定机构的成员招募参与者为他们的利益投赞成票。最高法院在联合管道公司诉美国印第安海德公司案中（*Allied Tube & Conduit Corp v. Indian Head*）受理标准制定组织的累积投票问题，该案涉及保护电线的导管标准。美国消防协会（National Fire Prevention Association，NFPA）发布了国家电气规范，其中规定了电气布线系统的设计和安装要求。塑料导管制造商印第安海德公司递交了一份要求拓展电气规范的提案，即如同批准使用传统钢导管一样批准塑料导管的使用。

美国最大的钢导管生产商即联合管道公司与钢铁行业成员、其他钢管制造商及独立销售代理合谋，招募新的美国消防协会成员，而其唯一的职能就是投票反对批准使用塑料导管的提案。招募工作取得成功，印第安海德公司的提案也被否决。作为回应，印第安海德公司提起诉讼，指控联合管道和其他公司不合理地限制电气管道市场的交易，违反了《谢尔曼法案》第 1 条。经多次裁决和多次撤销裁决后，最高法院维持了对印第安海德公司的判决："正如本案表明的，联合管道公司可能不会（否则将因直接损害而承担可能的反垄断责任）在私人标准制定机构中大量安排因限制竞争而获得经济利益的决策者，以此影响批准程序。"[29]

法院没有定义累积投票，也没有限制可能引起反垄断担忧的情形。参与标准制定会议是由经济利益驱动的，在标准制定过程中更利益攸关的企业往往会向相关标准制定组织提供更多的参与者。[30] 累积投票可定义为招募不属于既得利益企业雇员的参与者，但这不会阻止能够利用大量储备人员（labor pool）的企业主导标准制定程序。

尚不清楚的是，与标准制定组织中更有限的代表性相比，累积投票是否会导致更差的经济结果。与通常会通过降低价格而使消费者受益的市场竞争结果不同，即使标准制定过程是公开和透明的，也不存在相应的"看不见的手"原则，即标准制定机构通过协调制定出最佳标准。肯尼斯·阿罗（他证明了创新竞争的核心结果，如第 3 章所述）将此结果作为其著名的"不可能定理"的推论，该定理证明投票规则（例如标准制定组织遵循的规则）通常不能确保结果满足理性选择的合理条件。[31]

尽管如此，如果法院认定标准制定过程公开透明，制定标准中的参与并非受到限制或存在歧视，且标准得到了自愿遵守，那么对标准制定组织发起反竞争排除的诉讼通常会失败。[32] 法院还考虑在不满足这些条件的情况下对反竞争标准制定的指控。至少在一起案

第 10 章 有关标准的竞争政策

件中，一家法院驳回了一项指控，该指控称一个标准制定联盟使用封闭的标准制定程序，损害了竞争，因为该程序旨在使其成员获得相对于竞争对手制造商在产品上市时间上的竞争优势。[33]

确定公平合理非歧视专利许可义务时的协同行为

大多数标准制定组织要求专利所有者同意以免费或者依据公平合理非歧视原则许可标准中涵盖的技术。但公平合理非歧视义务模糊不清，公平合理非歧视许可承诺并未能有效解决专利所有者与产品销售企业之间的紧张关系，这些产品采用了被专利涵盖的标准。

几家法院已经解决了几起有关公平合理非歧视性许可的合规问题，并发现，负有公平合理非歧视义务的专利所有者提出的许可使用费要求大大超过被许可专利的价值。[34] 一些标准制定组织试图在标准发布前提供机会澄清公平合理非歧视性义务，以解决这些问题。

维塔（VITA）是一个具备强有力的事前专利政策的标准制定组织。它成立于1982年，是VMEbus制造商集团为Versa模块Europa计算机总线创建标准而建立的。自2006年以来，VITA标准组织（以下简称VSO）要求其工作组成员披露成员企业拥有、控制或许可的所有专利和专利应用，成员企业认为这些专利和专利申请包含的权利要求可能对规范草案至关重要；VSO还宣布了这些专利权利的最高许可使用费以及最具限制性的许可条款。根据VSO的政策，如果未能及时披露一项重要的专利权利，所有者有义务在不收取许可使用费的基础上许可该专利。[35]

VITA在公布其VSO专利政策之前，向美国司法部申请了一份商业审查函（BRL）。商业审查函是司法部就拟议政策或政策组合的当前执行意图发表的咨询声明。VITA 引用过去的经验，证明其专利政策是正当的。根据过去的经验，对基于 VSO 标准的专利，其所有者在标准发布后会要求支付高额许可使用费，这增加了成本，并导致市场延迟采用标准，而且在某一案例中使拟议标准在商业上不可行。作为回应，美国司法部允许 VITA 工作组就替代标准的成本以及纯技术优势做出更明智的决定，认定 VSO 提议的政策带来了效率，同时承认合作的标准制定程序可能会导致损害竞争和违反反垄断法的排他行为和合谋行为。司法部对潜在的成本收益进行了合理规则分析，得出的结论是它无意于质疑 VSO 的专利政策。[36] 这一结论与商业审查函有望给出的结论一样有利。

电气和电子工程师协会的标准协会（以下简称 IEEE-SA）作为电气和电子工程师协会的标准制定组织，拥有庞大的标准开发活动组合。IEEE-SA 于 2015 年更新其专利政策，以阐明公平合理非歧视原则的含义，并对同意遵守许可承诺的成员就标准必要专利许可施加其他条件。美国司法部审查了这些变化，确认了修改政策的程序是开放的，故而没有引发反垄断担忧。司法部的商业审查函指出，修改后的政策有可能减少专利诉讼、缓解拖延，从而改善 IEEE-SA 的标准制定程序，并有可能通过提高透明度来促进竞争、惠及消费者。[37] 该函的结论也使司法部无意于质疑该政策。

司法部对商业审查函的回应虽然总体有利，但 VSO 和 IEEE-SA 的政策引发了若干潜在的反垄断担忧：

- 如果标准制定委员会成员制造、使用或销售那些实施了标准的产品，它们就有可能以强制披露专利许可条款为手段，合谋动用垄断势力，将许可使用费降低到标准实施者在双边谈判中能够获得的水平以下。标准制定组织的专利政策对这种合谋予以否认，但并不意味着它不可能发生。
- 拥有专利的标准制定委员会成员可以使用强制披露专利许可条款作为一种手段，合谋动用垄断势力，将许可使用费提高到标准实施者在双边谈判中能够获得的水平以上。
- 繁重的专利披露政策和许可规则可能会导致专利所有者选择不同的标准制定机构，这些机构或者有更有利的专利披露和许可政策，或者有导致专利所有者退出制定标准草案的活动。[38]
- 披露和许可规则要求的谈判可能会推迟标准制定的进度。
- 强制披露和许可规则可能会迫使专利所有者对原本不主张权利的专利收取许可使用费。
- 披露最高许可使用费和最具限制性的许可条款的要求，可能会激励专利所有者收取高额许可使用费和施加限制性条款。
- 强制披露和许可规则或许导致专利所有者拒绝披露可能的标准必要专利，或拒绝按照公平合理非歧视原则许可标准必要专利，除非标准制定组织要求它们这样做。

以上部分担忧要么不太可能发生，要么具有抵消性的潜在收益。VSO 的事前披露政策是强制性的，但不太可能动用强大的垄断势力，因为 VITA 长期以来一直有一项促进开放标准的政策。标准制定过程中由于引入额外的谈判维度进而导致披露延迟，通过允许标准实施者评估其他方案的经济成本和技术优势，可以产生促竞争收益。

4. 有关促进公平合理非歧视许可的政策建议

反垄断机构能够影响标准的制定，也可鼓励保护消费者和促进创新的标准必要专利政策。它们可以为批准合并设置条件，或者协商解决反竞争行为指控，以支持行业标准。此外，它们可以允许掌控标准的企业判定替代性标准，以此为条件对付这些企业的限制性行为，如同欧盟委员会在谷歌安卓移动操作系统许可上所做的那样。

关于标准必要专利，法院可以扩大其有关垄断的概念，判定通过滥用标准制定程序提高价格的行为违法，而非将责任限制在损害狭义竞争的行为上。在蓝博士之后，对滥用公平合理非歧视承诺的大多数质疑都声称违反了专利所有者和被许可人之间的合同，而非违反反垄断法。反垄断执法是公平合理非歧视原则的重要工具，与合同执行不同，反垄断执法的原告不必是合同的直接当事人。此外，反垄断执法可以提供合同法可能无法提供的补救措施，例如强制许可。[39]

美国司法部负责反垄断事务的助理司法部长近期发表声明，强调抵制和延迟标准必要专利许可的风险。[40]对抵制的担忧有其道理，但如果专利所有者没有获得充分赔偿，就可以向侵犯其专利的技术使用者行使法律追索权，以获得对损害的补偿。在这方面，延迟与之不同，因为专利法、合同法和反垄断法都没有明确规定被许可人有权因他人违反公平合理非歧视义务的许可要求而获得赔偿。尽管受理有关公平合理非歧视诉讼的法院并不总能找到延迟和许可使用费堆叠的证据，但它们经常发现标准必要专利的所有者提出的许可使用费要求超过专利对标准价值的经济贡献。此外，一些负有公平合理非歧视义务的专利所有者试图通过将专利所有权转让给未承诺按照公平合理非歧视条款许可其专利的第三方，从而完全回避公平合理非歧视承诺。[41]这种回避不应被允许。

专利池通过为池中的全部专利组合提供许可来解决许可费堆叠问题。[42]标准制定组织可以将标准认证的条件设定为：标准必要专利持有人同意加入提供组合许可的专利池。一些特殊利益集团，如蓝牙和光盘标准的开发人员，为其成员的专利提供组合许可。然而，由不同利益方拥有数百个标准必要专利的标准，不太可能实现专利所有者在组合许可中的广泛参与。

尽管如此，专利池还是为公平合理非歧视原则提供了有用经验。专利池通常会发布组合许可的条款。这些条款可能有一笔固定费用，也存在费用随被许可单位的数量或下游产品的销售而发生变化的情况，抑或随着两者的组合而变化，但它们是透明的，且对每个潜在的被许可方一视同仁。相比之下，虽然标准制定组织要求标准必要专利的所有者基于非歧视条款提供许可，但未具体说明"非歧视"的含义，标准必要专利的所有者经常与被许可方协商不同的交易。此外，这些交易往往受到保密协议的保护，这使得遵守非歧视条款变得很难或者不可能被核实。

要求标准必要专利的所有者发布其许可条款，将解决公平合理非歧视承诺中的"非歧视"问题，有助于促进公平合理的许可条款。[43]统一透明地发布公平合理非歧视许可条款的另一个益处在于，若它们在企业和消费者对某一标准进行专用投资之前公布，则可以防止延迟。假设在标准认证之前，专利所有者与实施者进行双边许可协商。非歧视协议将强制专利所有者在标准发布后向被许可方提供相同条款。公开的非歧视承诺将允许事先协商的专利许可，以防止企业和消费者对某一标准进行专用投资后可能发生的延迟。

然而，公开的非歧视承诺并非完美。它会阻止专利所有者通过谈判达成更好的协议，从而吸引那些原本不情愿的实施者，因为专利所有者必须向所有被许可方提供更好的交易。非歧视要求也可能使专利所有者根据专利价值的变化来调整许可费和许可条款的能力复杂化。尽管如此，透明和非歧视性的许可条款使参与专利池的专利所有者及其被许可方皆可受益。类似的安排相比于现有保密的公平合理非歧视协议将更有优势，因为后者使执行合理的许可条款以及评估非歧视原则的遵守情况变得困难。

合理的专利损害赔偿原则可以保证标准必要专利许可条款的公平合理。专利所有者在侵权损害赔偿的背景下协商许可条款。不幸的是，专利损害赔偿法有时允许专利所有者获得与专利技术的经济贡献无关的侵权赔偿。[44] 侵犯专利技术的损害赔偿应该反映专利技术的经济贡献，而非作为标准的组成部分的价值体现，也非专利所有者可能要求的高额许可使用费，因为专利技术的采用者转向不侵犯专利的技术需要高昂的成本。[45] 专利损害赔偿应将某一标准的价值分摊在被侵权的专利上，这些专利涵盖了该标准的各组成部分。如果有100项专利对实施一项标准来说的确是必要的，且没有任何专利可供替代，那么每项专利的价值就占该标准的经济价值的1%。令人鼓舞的是，法院最近认定，公平合理非歧视许可使用费应衡量专利技术的经济贡献，而非标准采用的专利技术带来的增加值，法院还支持专利价值的分摊逻辑。[46]

如果法院支持禁止使用专利的禁令或排除令的要求，专利所有者将有更大的议价能力。允许禁令和排除令的合理规则将此类法令的使用限制为以下情况：潜在的被许可人拒绝就许可进行协商，且

第10章 有关标准的竞争政策 265

金钱赔偿不能充分补偿专利所有者所受的侵犯。[47]

  罗伯特·梅格斯和杰弗里·库恩提出了"禁止反悔原则"（standards estoppel）的概念，以防止专利持有人试图通过收回切换标准带来的部分成本以要挟被许可人。[48] 根据这一原则，在专利被广泛采用的情况下，故意不主张专利权将产生专利侵权豁免。这将防止专利所有者拖延专利权主张（assertion of patent），以便从不可逆转的投资中策略性地获利，而这些投资将企业和消费者锁定在遵守标准的状态中。本章讨论的蓝博士案应是梅格斯和库恩提出禁止反悔原则的适用对象。

第 11 章　评述以创新为中心的竞争政策

我们的社会对数字经济的看法已经出现分歧。我们哀叹隐私的丧失，并担心颠覆支配型企业的创造性破坏之风似已趋缓。与此同时，我们也不能对数字经济巨头利用新产品和新服务提升我们生活水平的多种方式视而不见。在数字经济中，竞争政策必须为应对市场势力的成本收益冲突提供指南。对一些人而言，一种解决途径是放弃反垄断执法关注消费者福利的传统，代之以容纳更广泛的关切，例如就业、隐私、不平等和政治权力集中。但包含这些定义不清的目标，增加了法院和反垄断执法机构在应对政治压力、公司游说和个人偏见上具有过多自由裁量权的风险。反垄断执法机构对提升消费者福利的政策承诺，远不能解释为何这些影响相对较弱。

另一种解决途径可能是继续关注消费者福利，同时实现更广泛的目标。反垄断执法应该从以价格为中心演进至以创新为中心。以价格为中心的反垄断执法阻止那些可能提高价格的合并，阻止企业排斥现有产品和服务面临的竞争。以创新为中心的反垄断执法并非对这些关切弃之不理,而是质疑合并、对可能损害创新以及损害未来产品竞争的企业行为,由此增强这些关切。以创新为中心的竞争政策能够实现以价格为中心的反垄断执法所忽略的目标,例如确保企业家有竞争和发展壮大的机会。

为了解决创新问题,反垄断法虽不必重写,但历史上存在的先例为针对动态竞争的执法树立了司法壁垒。我总结了一些最突出的障碍,并概述为了适应以创新为中心的竞争政策,必须做出何等改变。

1. 反垄断机构在分析创新和未来价格竞争时不应过于强调市场界定

法院开发诸如市场界定等分析工具以评估反垄断指控,它们越来越依赖实证证据来证明反竞争效应,这些实证证据包括公司股份、产品价格以及在现有市场上的销售量。这些政策演变给反垄断执法带来令人称道的分析上的严谨性。它限制那些阻碍有益行为的执法,并约束特殊利益集团影响司法结果的能力。然而,现代反垄断执法对市场份额和价格的关注,也使评估损害创新和未来价格竞争的指控更加困难。

评估对创新的损害,要求分析研发激励受到的影响。市场界定方法通常无助于这类分析,因为研发大多不在市场上交易。传统的市场界定方法也无助于分析以创新为中心的反垄断政策,因为涉及高科技企业的合并和其他行为会影响未来产品的供应和价格。缺乏这些方面的实证证据,对这些未来市场的界定本质上是不确定的。

与传统的市场界定相比,"研发市场"这一概念通过识别出在面向特定应用的研发项目上有必要使用专用资产投资的企业,有助于分析创新激励和未来价格竞争。如果一个行业内只有少数企业拥有此类专有研发资产,合并将引起对创新激励压力减小的担忧。如果一个行业内存在众多拥有此类专用资产的公司,则合并不大可能损害创新或未来价格竞争。因此,研发市场的界定可成为识别创新和价格竞争受到潜在损害的有益工具,就像传统的市场界定是识别某一合并可能提高现有产品和服务价格的有益工具。

2. 反垄断机构应依据经验证的假设评估创新效应

以创新为中心的反垄断执法要求法院更多参考有关未来影响的假设,这些假设得到了经济学理论、实证证据、公司记录和证人证言的支持。现有理论就竞争和合并对创新的影响做出了各种预测,也提供了关于不同市场环境的严谨观点。合并通过单边效应削弱创新激励,其作用方式大抵如同合并提高价格。因创新而面临风险的利润可能严重拖累创新激励。即使拟合并的企业不提供相互替代的产品,合并也会抑制创新。

法院应依据广泛的理论和实证研究,预测合并对创新和未来价格竞争的影响。合并可能导致创新压力减少,故而损害创新;若合并使合并各方从创新中获得的价值比它们各自独立时获得的价值更大,则合并也可以促进创新。遗憾的是,对合并的创新效应所做的实证研究少之又少,亟需更多实证研究为竞争政策提供信息。

3. 法院应要求提供拟议合并带来收益的证据

《克莱顿法案》禁止可能在相关市场实质性地减少竞争的合并。反垄断执法者有责任证明合并可能带来重大损害。然而，高科技领域的很多交易虽具有实质性的反竞争效应，却通常难以非常确定地证明。同时，很多此类交易的效率收益也值得怀疑。

如果法院要求当事方证明拟议合并或者其他可能损害竞争和创新的行为能够带来收益，那么竞争政策对于高科技经济将更加有效。现有竞争政策优先处理执法过度风险，这可能是基于如下信念：市场力量能够纠正反竞争行为，但难以纠正错误的反垄断干预。在高科技经济中，反垄断执法不足与执法过度对消费者造成的潜在损害不相上下。网络效应和规模经济等力量会强化市场支配地位，使人们更加担心相关企业会以排除竞争对手或者收购潜在竞争者的方式获得市场，但不会带来补偿性收益。合理的推定应该在执法过度和执法不足的错误之间取得平衡，以促进创新和未来的竞争。

4. 法院应该对扼杀潜在竞争者的收购加强审查

上诉法院在美国政府诉微软案中确立了一项原则：反垄断法适用于支配型企业消除新生威胁的行为。支配型企业的排他行为可能违反反垄断法，而无须证明排除竞争的情形在没有此行为时也可能发生。这一原则也适用于对新生竞争者的收购。高科技经济领域的支配型企业善于识别竞争威胁，并能在目标公司获得引发传统反垄断担忧的市场份额之前的"婴儿期"，就抢先收购它们。

许多潜在有害的收购都低于《哈特-斯科特-罗迪诺法案》规定的申报标准，达到该标准即要求向美国联邦贸易委员会申报。尽管低于《哈特-斯科特-罗迪诺法案》的申报报准未必免于反垄断执法，但报告制度极大地促进了对有问题交易的监测。如果收购方是行业中的支配型企业，则应修改申报标准，将收入适中的合并目标也纳入申报范围。

高科技经济部门的企业已有数百次的收购而且还将有更多的收购。即使任何单独的收购消除重大竞争威胁的可能性很低，但至少有一次收购产生如此影响的可能性甚高。法院不应认为，只有潜在竞争有可能非常重要时才需要反垄断干预，应该反对没有可信效率收益的收购。

如果从一开始就期待被相关技术领域的老牌企业收购是被收购企业从事创新的动力，而且既没有其他收购者能提供类似回报，也不会有产生反竞争效应的风险，那么法院和反垄断机构不应推定收购潜在竞争对手是反竞争的行为。与具有潜在危害的合并相比，这些其他收购者受到的限制较少。如果存在很少会带来反竞争效应的其他收购者，那么法院应该对可能损害竞争或创新的收购设立高门槛。

5. 为了阻止排他行为，法院不应要求提供实质性排除的证据

以创新为中心的竞争政策应当不断强调，对排除竞争以及允许企业以并非基于卓越绩效或效率的方式获益的行为进行限制。在具有网络效应的市场中，防止排除竞争的行为尤为重要，因为排除竞

争对手可能会导致这些市场偏向不为消费者提供最佳产品和服务的支配型供应商。在具有网络效应的行业中，反垄断政策应该对反竞争性排他行为适用低于实质性排除的门槛。

6. 强制许可通常是促进创新的有效工具

大多数反垄断执法的观察者都将拆分标准石油（Standard Oil）和美国电话电报公司（AT&T）置顶反垄断"热门"榜单。但他们可能忽视了对竞争和创新产生深远且有益影响的强制许可协议。其中包括1956年美国电话电报公司和IBM的同意令，该令状强制许可9 000多项专利（部分免费），还有1975年施乐同意令，该令状强制施乐以收取合理许可使用费的形式提供涵盖普通纸复印机的专利。这些同意令有力地促进了竞争，并且推动了建立在这些专利技术上的后续创新。

合并同意令中的强制许可义务促进了受益企业的专利申请，但没有显著减少被迫许可知识产权或者其他行业参与者的专利申请。这些观察结果与其他行业背景下的强制许可研究一致。强制许可能够促进互操作性，从而推动提供互补产品和服务的企业进行创新。如果数据是一种进入壁垒，那么强制许可允许竞争对手获得数据，尽管许可必须被设计成共享有用数据且不损害隐私的形式。

在解决行业支配地位的问题上应该慎用强制许可，因为它会削弱创新激励。另一个问题是管理强制许可的成本。美国政府和欧盟委员会针对微软案达成的同意令包括许可知识产权，以及为实现与微软操作系统和应用程序的互操作性提供专有技术的义务。事实证明，这些重要且具有远见的条款难以执行。执行上的困难与义务范围狭窄有关，这使微软拥有规定许可条款的自由裁量权。免费或者较低许可使用费的广泛许可更容易执行。但此类义务会加剧人们对创新激励被破坏的担忧，许可义务也可被设计成促进后续创新且不允许企业模仿市场领先者的形式。

对于高科技经济，最具挑战的领域之一是评估渐进创新或产品设计，此类创新或设计使支配型企业能够维持某一垄断或将垄断扩展至相关市场，但也可惠及消费者。法院和反垄断学者提出各种测试，用以分析排除竞争的创新是否让反垄断审查成为必要，但他们尚未对优先方案达成一致。例如，美国联邦贸易委员会和欧盟委员会在评估谷歌在其页面上展示有关产品比较购物服务的搜索结果时，得出了不同的结论。美国联邦贸易委员会并未质疑谷歌的行为，这与美国反垄断政策对创新予以强烈尊重的做法是一致的。欧盟委员会认为谷歌的行为违法，这与欧洲的政策一致，即支配型企业歧视竞争对手的行为可能违反欧盟反垄断法。这两条路线都没有在促进创新激励和保护竞争之间找得恰当的平衡。

我建议采用简易合理规则评估产品设计和其他可能排除竞争的创新。在此方法下，如果产品和其他创新提供了实质性改进，而且并未伴生其他不具有促竞争收益的排他行为，则它们可免于被判为从事反垄断行为。对于只有边际效益的创新和产品设计，将根据全面的合理规则分析进行审查，用以确定此种创新和设计的收益是否能够抵消排他效应。

这种方法不会给潜在创新者施加很重的负担，因为边际创新或产品设计造成巨大排他效应的情况有限。在一些案件中，如"药品跳转"，会有产品更改和排他效应，对法院而言，量化分析这些影响并不比处理其他反垄断案件中的问题更难。改变互操作协议引发的排他效应更为复杂，因为它导致收益和成本更难量化。不过，简易合理规则针对此类情况，可对破坏互操作性的协议变更带来的收益设定一个较低阈值，以此为条件平衡成本和收益。

7. 反垄断机构应评估创新补救措施的效果

反垄断机构应毫不迟疑地采取严厉的补救措施，包括结构性资产剥离，采取这些措施的正当理由是预期创新和未来竞争会受到损害，且这些损害无法通过更温和的措施得到满意的补偿。不幸的是，尚无系统全面的研究关注那些用于解决创新受损问题的补救措施的成效。本书提供的一些事例性证据展示了好坏参半的结果。在合并的背景下，一些资产剥离看似成功恢复了据称在合并时被削弱的创新激励。还有一些案例似乎不太成功：被剥离资产的接收者未能投资于研发那些创新受影响的应用项目。成功的补救措施需要确定一方有能力和动力恢复因受质疑的交易而失去的投资，并有能力和动力转让为实现预期目的所需的研发项目及相关资产。

竞争主管机构就合并补救措施对现有市场价格的影响发起数项研究。然而，对于评估补救措施在多大程度上成功地保护了创新激励及新产品和服务市场的竞争，几乎无所作为。事后全面评估干预措施对创新和未来价格竞争的影响，将有益于反垄断执法。事实上，反垄断执法可以设置一项法定义务，即要求拟合并企业提供价格、研发支出、专利以及其他相关措施的数据，以便反垄断机构就合并对竞争和创新造成的影响进行回溯性分析。

8. 反垄断执法是否应该拆分大型科技公司?

如果不能最低限度地简要回应很多政要及反垄断学者关于拆分主要技术平台的呼吁，则是我的失职。除了觉察到对创新和价格竞争的损害外，还有许多问题引发了对结构性改革的需求。这些问题包括巨型平台掌握的政治权力、它们对隐私带来的风险，以及对从业者和供应商的垄断势力。欧盟委员会开出了巨额罚单，并责令针对已发现的主要技术平台涉嫌违反反垄断法的问题采取补救措施。然而，这些惩罚和补救措施无从动摇主要技术平台的市场支配地位。

在评估结构性改革是否能够缓解人们对政治权力及个人数据被滥用的担忧上，我并不处于相对优势地位。但值得注意的是，拆分这些企业并不必然意味着其继任者将更有兴趣保护用户数据，也不必然意味着如果有更多企业争夺用户和供应商的注意力，监管机构就更容易控制侵犯隐私的行为。

结构性改革作为一种正当的反垄断补救措施，可用于补救采用行为条件无法令人满意地解决对竞争持续受到损害的问题，尽管行为条件更容易阻止那些一开始就引发反垄断担忧的合并。结构性改革通常涉及分离具有自然垄断特征的活动与其他可竞争的活动。这一目标推动了本地电话服务与美国电话电报公司分拆后其他潜在竞争服务的分离。拆分保证了继续作为垄断企业受到监管的本地电话公司将不会有动力排除可在竞争条件下提供的服务，或者将会计成本转嫁到这些服务上。

主要技术平台未受到监管，因此没有相同的反竞争激励。不过，这些平台仍有能力和动力使那些既与其竞争又依赖其提供服务的企业处于劣势地位。谷歌有动力也有能力让那些争夺基于搜索的广告收入的竞争对手处于劣势地位。苹果和亚马逊亦有动力使自己的产品比其他竞争性产品更具优势，而这些竞争性产品的供应商需要通过它们（指苹果和亚马逊）的平台触达客户，平台还可在其他方面采取与此类似的相关行为。

虽然主要科技平台不乏损害实际或潜在竞争对手的动力和能力，但核心问题在于结构性剥离是不是解决这些问题的最佳方案。结构性剥离要求对被剥离的各个部分划出界线，并需要执法监督以防止被剥离的各个部分越界。或许一些收购，例如脸书收购照片墙，可在不带来重大破坏的情况下完成。但"不要把鸡蛋放在一个篮子里"的做法是否会产生促进竞争的结果，仍然存疑。就脸书而言，与独立的照片墙竞争并不困难。网络效应的无情力量可能只产生一个赢家，我们可以打赌谁有可能是赢家。

其他类型的结构性改革可能会产生更有利的结果。例如，亚马逊分离了商户服务与其自有品牌产品的销售，这也许会减轻亚马逊滥用商户销售数据支持其自有产品的问题。但这样的改革可能会牺牲消费者利益，因为改革意味着禁止亚马逊以有吸引力的价格提供自有品牌产品，并消除亚马逊使用自有品牌产品约束相关产品价格的行为。作为一个政策问题，要解释为什么亚马逊应该限制其自有品牌的销售，却允许其他卖家（例如沃尔玛）广泛使用这一零售策略，也是有困难的。更多复杂的结构性改革，例如限制谷歌、脸书、亚马逊或苹果提供服务的类型，在理论上可能有利，但它们很难以促进创新和消费者福利的方式进行设计和执行。

设计和管理一个主要技术平台的资产剥离，并不比拆分美国电话电报公司容易。美国电话电报公司剥离的管理成本高昂，更重要的是，创新需要被剥离的贝尔系统的不同部分之间进行协同，而剥离则会破坏协同。我们没有理由认为，对任何一家主要平台进行结构性剥离造成创新损害的风险不会太严重。此外，如果剥离拆分了那些具有巨大网络效应的活动，那么使技术平台能够维持其支配地位的力量倾向于在拆分后重建一家支配型企业。

  用我们已了解的结构性改革解决数字经济中的支配地位问题，可能也有其范围，它不能替代勤勉的反垄断执法。本书提议的结构性改革，辅之以加大对非法行为的惩罚力度，以及增加反垄断机构的资源用于开发必要的专业知识去解决高科技行业中的竞争和创新损害问题，可以加强高科技经济中的反垄断执法。加强反垄断执法应与旨在保护隐私、限制各类大企业政治影响的监管相结合。本书旨在提供知识和经验的参考来源，以期裨益于勤勉的反垄断执法。这些经验教训并不简单，正确理解反垄断执法在促进高科技经济创新中的恰当作用，依然任重道远。

致谢

我对创新的兴趣始于底楼，就是字面意义的底楼，因为我曾在一个实验室的底楼从事固态微波设备的研究。我曾迷恋科学，但随着时间推移，我更加痴迷于我们（意指一个研究实验室或一个社会）在选择值得投入稀缺资源的科学项目上如何决策。这开启了我的经济学生涯。

平生何其有幸，我在斯坦福大学的研究生教育中得到约瑟夫·斯蒂格利茨和詹姆斯·斯威尼的指导。约瑟夫·斯蒂格利茨有一个美国国家科学基金会支持的研发经济学项目，他的项目将戴维·纽伯里带至斯坦福大学，在那里，我和戴维合作完成有关先发制人的专利及垄断持续性的论文。

当比尔·克林顿总统新任命安妮·宾格曼为美国司法部负责反垄断事务的助理司法部长时，我的职业生涯出现转折点，她请我担任她的经济学助理。在反垄断部门工作是一段非同寻常的经历，但我惊讶地发现，专注于创新的执法活动如此之少。安妮允许我负责一个项目，该项目促成美国司法部和联邦贸易委员会于 1995 年联合发布《知识产权许可反垄断指南》。该指南受到反垄断学者及从业者的普遍欢迎，并在 2017 年美国司法部和联邦贸易委员会发布指南修订版时基本维持原样。

我尝试通过本书为竞争和创新以及相关反垄断发展趋势的学术议题提供参考。这些源自多年来我与该领域的学者及从业者合作的经验。他们包括我现在和以前在加州大学伯克利分校的同事 Alan Auerbach、Aaron Edlin、Joe Farrell、Steve Goldman、Ben Handel、Bronwyn Hall、Michael Katz、Jon Kolstad、Rob Merges、Dan McFadden、Peter Menell、Aviv Nevo、Dan Rubinfeld、Suzanne Scotchmer、Carl Shapiro、Glenn Woroch、Hal Varian、Miguel Villas-Boas、Oliver Williamson 以及 Brian Wright。我还幸运地在加州大学伯克利分校担任教学职务，与杰出的学者一起工作，他们在竞争政策以及相关领域做出了重要贡献，我所教授的与他们教授于我的一脉相承。他们包括 Sofia Berto Villas-Boas、Leonard Cheng、Jeff Church、Alan Cox、Nick Economides、Eric Emch、Neil Gandal、Nancy Gallini、Justine Hastings、John Henly、Rene Kamita、Jacques Lawarree、Carmen Matutes、Nathan Miller、Yesim Orhun、Michael Riordan、Pierre Regibeau、Katherine Rockett、Andy Schwarz、Tim Simcoe、Ralph Winter 以及 Xavier Vives。

我也应感谢经济学领域及法律专业的其他同事，我从他们身上学习到很多，包括 Reiki Aoki、Jon Baker、Jorge Contreras、Giulio Federico、Drew Fudenberg、Hillary Greene、Richard Harris、Ken Heyer、Andy Joskow、Paul Klemperer、Eirik Kristiansen、Tracy Lewis、

Doug Melamed、Sam Miller、Aviv Nevo、Ariel Pakes、Christian Riis、Erlend Riis、Neil Roberts、Steve Sunshine、Jean Tirole、Will Tom、Greg Werden 以及 Michael Whinston。在我的咨询工作中与以下同人的交流让我获益匪浅，他们是：Dennis Carlton、Bret Dickey、Meg Guerin-Calvert、Taylor Hines、Kun Huang、Gilad Levin、Janusz Ordover、Jon Orszag、Allan Shampine、Elizabeth Wang、Julie Wang 以及 Bobby Willig。Charles Clarke、Sanchit Shorewala 以及 Gwin Zhou 给予我很好的研究帮助。

Jon Baker、Sam Miller、Jim Ratliff、Greg Sivinski 和 Glenn Woroch 对本书各章的草稿提出了有益的评论，不吝纠正我在草稿中犯下的任何错误。特别感谢 Jim Ratliff，他曾与我共同奋战，一起研讨我在本书中提及的诸多反垄断案件，这些研讨是见解和灵感的不竭源泉。

我要感谢 Ray Riegert 就本书出版提出的意见，Alison Gilbert 为本书的书名提出建议，还有我的家人，尤其是 Sandra，感谢他们对我写作本书给予的耐心和支持。

注释

第 1 章

1. 也可参见 Khan（2017），Stiglitz（2017），Wu（2018a，b）。

2. 我将参考几个真实的反垄断案例用以诠释本书的原则。我个人也参与了其中的部分案件，或以司法部反垄断部门主管经济学分析的副助理检察长的身份，或以私人顾问的身份为之。基于透明度的考虑，我在讨论这些案件时表明自身参与其中。我对这些案件的陈述，无意于反映或认可任何执法机构或任何其他方的官方立场，也无关涉密信息。本人未收到任何私人实体为本书撰写提供的资助。

3. 在这里以及全书的其余地方，我使用的"合并"一词也涵盖收购，即一家公司收购另一家公司或子公司的资产并保留其收购前的身份。

4. OECD（2018），第 20 页。

5. 同上，第 44 页。

6. *US v. General Motors and ZF Friedrichshafen*，AG，et al，Civil Action 93-530 Complaint，1993 年 11 月 16 日。

7. 当美国司法部反垄断局开始调查微软时，作者系主管经济学分析的副助理检察长，随后以私人身份与该公司进行磋商。

8. 15 US Code ξ 1.

9. 15 US Code ξ 2.

10. 15 US Code ξξ 12-27（修订版）。

11. 15 US Code Sec. 45（a）（1）。

12. 也可参见 Hovenkamp（2010）。

13. 1889 年，加拿大出台《预防和制止限制贸易之联合行为的法律》（An Act for the Prevention and Suppression of Combinations Formed in Restraint of Trade），时间上比美国通过《谢尔曼法案》早一年。

14. Arrow（1962）。

15. Schumpeter（1942）。

第 2 章

1. Isaacson（2014）从个人角度描述了推动数字经济创新的人为因素。

2. 这里区分了应用创新与基础研究，基础研究需要政府、高校以及机构的持续支持，而且这些支持并不直接依赖于商业盈利能力。

3. 也可参见 Sidak and Teece（2009）。

4. 就具备自动驾驶功能的汽车而言，研发强度可能增大，但如果汽车制造商从外部供应商购买此项技术，研发强度可能不会增大。

5. Schumpeter（1942），第 83 页。

6. 这基于公司进入和退出标准普尔 500 指数的比率。参见 Fox（2017）。

7. 通常，只有当所有其他商品和服务的价格等于其边际成本时，这一假设才是正确的（对于现有资源而言）。次优理论认为，如果经济中某些产品或服务的价格偏离其边际生产成本，则边际成本定价不一定有效。参见 Lipsey and Lancaster（1956）。

8. 网络效应有时被称为网络外部性，用以强调用户和企业可能不会考虑其购买和产品决策对其他用户和企业福利造成的影响。

9. 参见 Katz and Shapiro（1985，1994）。

10. 参见 Katz and Shapiro（1994）以及 Farrell and Saloner（1985，1986）。

11. 同上。

12. Church and Gandal（1993）表明，在竞争但不兼容的计算机系统市场中，互补计算机软件的间接网络效应可能导致对计算机硬件的使用率偏低。Katz and Shapiro（1986a，b）以及 Farrell and Katz（1998，2005）探讨了用户预期如何通过网络效应影响市场竞争的问题。

13. 也可参见 Shelanski and Sidak（2001），第35—36页。

14. 参见 Lee（2014）、Weyl and White（2014）。

15. Farrell and Katz（2005）在第237页得出结论："网络市场的掠夺政策有时几乎难以避免会打错仗。"

16. *US v. Microsoft*，Court of Appeals for the District of Columbia Circuit（2001年6月28日），253 F. 3d 34，11-12。

17. 第5家公司为伯克希尔·哈撒韦公司。

18. "支付系统的关键特征是'双边性'，这一特征也出现在其他几个具有网络外部性的行业中（媒体、软件、婚介等）。" Rochet and Tirole（2002）；另见 Baxter（1984—1985）。

19. Rochet and Tirole（2006）。

20. Evans and Schmalensee（2018）认为，若（1）两个客户群中至少有一个客户群的成员与另一个客户群的成员之间存在间接网络效应，（2）这些间接网络效应足够强，可以影响商业行为，以及（3）平台促进了两个群体成员之间的互动，则将某一企业视为平台是合适的。

22. *Ohio et al. v. American Express Co. et al.*，US Supreme Court，No. 16-1454（2018）。（注：作者在本案中代表美国运通作证）。

23. 最高法院的多数意见引发斯蒂芬·布雷耶大法官的强烈异议，他辩论道，地区法院将其分析重点放在向商户提供信用卡网络服务的市场上，这是正确的，且并无对双边市场进行界定的先例。同上，第14页、第19页。

24. 一般而言，在行为人可能会选择单一平台（行为人"单一归属"）而非参与多个平台（行为人"多归属"）的一"边"，平台竞争更为激烈。也可参见 Armstrong（2006）。接受信用卡的商家有多归属的动机，因为它想要为任何出示信用卡的客户提供服务。在有多个商家接受的情况下，许多持卡人愿意只用一张能提供高回报的信用卡付款，就会激励发卡机构提供高回报信用卡。

25. 也可参见 Filistrucchi、Geradin、van Damme and Affeldt（2014）。

26. 也可参见 Cukier（2010）。

27. 也可参见 Rubinfeld and Gal（2017）。

28. 也可参见 Sivinski、Okuliar and Kjolbye（2017）。

29. 美国司法部新闻稿，"Justice Department Requires Thomson to Sell Financial Data and Related Assets in order to Acquire Reuters"，2008 年 2 月 19 日。

30. *US v. Thomson Corporation and Reuters Group plc*，Complaint，2008 年 2 月 19 日。

31. US Federal Trade Commission，*In the Matter of Nielsen Holdings N. V. and Arbitron Inc.*，File No. 131 0058，"Analysis of Agreement Containing Consent Order to Aid Public Comment"，2013 年 9 月 20 日。

32. European Commission，*Microsoft/LinkedIn*，Case M. 8124，2016 年 12 月 6 日第 5 条。

33. 这类企业有时被称为"互补者"，Shaprio and Varian（1999b），第 10 页。

34. Cournot（1927）。

35. 如果创新活动是互补的，与独立企业的创新活动相比，一体化通常会增加创新活动。然而，与古诺的价格互补效应不同，这并非一个普遍的结果，因为价格之间的相互作用将会影响创新需求。参见 Farrell and Katz（2000），附录。

36. 参见美国司法部新闻稿，"Justice Department Will Not Challenge Cisco's Acquisition of Tandberg"，2010 年 3 月 29 日；https://www.justice.gov/opa/pr/

justice-department-will-not-challenge-cisco-s-acquisition-tandberg。（注：作者就本次交易的相关事宜为思科提供咨询。）

37. 思科公司新闻稿，"思科收购坦伯格获得欧盟委员会和美国司法部之反垄断批准"；https://newsroom.cisco.com/press-release-content?type=webcontent&articleId=5430146，查询时间为 2019 年 3 月 12 日。

38. US Federal Trade Commission, *In the Matter of Intel Corporation*, Docket No. 9341，起诉状，2009 年 12 月 16 日。

39. US Federal Trade Commission, *In the Matter of Intel Corporation*, Docket No. 9341，判决和令状，2010 年 10 月 29 日。

40. 并非所有高科技经济中的企业都面临进入相关市场的低壁垒。一家专门研究心血管疾病的制药公司将承担大量研发、临床试验和分销费用，以进入疫苗市场，并且现有资产的范围经济有限。

41. Dryden and Iyer（2017）以及 Srinivason（2019）提供了有关隐私与反垄断交叉问题的其他例子。

42. 也可参见 Furman and Orszag（2015），Furman（2016），以及 Gutiérrez and Philippon（2018）。

43. 也可参见 Autor、Dorn、Hanson、Pisano and Shu（2017），以及 Stiglitz（2017）。

44. 也可参见 Khan（2017），Stiglitz（2017），以及 Wu（2018a, b）。

45. 也可参见 Herndon（2019）。

46. 也可参见 Baker and Shapiro（2008）以及 Kwoka、Greenfield and Gu（2015）。

47. Jay R. Ritter, Initial public Offerings：Updated Statistics, https://site.warrington.ufl.edu/ritter/files/2019/01/IPOs2018Statistics_Dec.pdf，查询时间为 2019 年 11 月 5 日。

48. Mauboussin, Callahan and Majd（2017）.

49. "Into the danger zone：American tech giants are making life tough for star-

tups," *The Economist*，2018 年 6 月 2 日，https：//www. economist. com/business/2018/06/02/american-tech-giants-are-making-life-tough-for-startups。

50. Del Rey（2017）.

51. 例如，脸书在 2013 年收购奥纳沃（Onavo）。奥纳沃收集用户数据，为移动应用程序提供数据分析服务，脸书可以利用这些数据识别有前途的新贵公司和潜在竞争对手。据报道，脸书在 2019 年关闭奥纳沃，以回应其用户数据收集问题。可参见 Wells（2019）。

52. Crunchbase，"Number of Google acquisitions"，https：//www. crunchbase. com/organization/google/acquisitions/acquisitions_list#section-acquisitions，查询时间为 2019 年 9 月 16 日。

53. 谷歌在收购摩托罗拉若干年后将其卖给联想（Lenova），但保留了大部分专利。

54. Geradin and Katsifis（2018）.

55. *The Verge*，"Facebook is shutting down a teen app it bought eight months ago," July 2, 2018; available at https：//www. theverge. com/2018/7/2/17528896/facebook-tbh-moves-hello-shut-down-low-usage，查询时间为 2019 年 11 月 15 日。

56. Stone（2013）详细描述了亚马逊和 Quidsi 之间激烈的价格战，2010 年亚马逊以 5.45 亿美元收购 Quidsi，这场价格战就此结束。收购几年后，亚马逊关闭 Quidsi 网站，尽管亚马逊继续在其商户平台上销售消费品。

57. "Hyenas and cheetahs: Artificial intelligence has revived the semiconductor industry's animal spirits," *The Economist*, June 9-15, 2018, pp. 54-56.

58. European Commission, Facebook/WhatsApp, Case No. COMP/M. 7217, 2014 年 10 月 3 日。

59. UK Office of Fair Trading, "Anticipated acquisition by Facebook Inc of Instagram Inc," ME/5525/12，2012 年 8 月 14 日。

60. Market Realistic，见 https：//articles2. marketrealist. com/2019/01/insta-

grams-ad-revenue-more-than-doubled-in-2018/，查询时间为 2019 年 11 月 5 日。

61. US Federal Trade Commission,"Statement of the Commission concerning Google/AdMob," FTC file no. 101-0031，2010 年 5 月 21 日。另可参阅 Farrell、Pappalardo and Shelanski (2010)，第 266 页。

62. eMarketer,"Net US mobile ad revenue share, by company, 2014-2017"；见 https：//www. emarketer. com/Chart/Net-US-Mobile-Ad-Revenue-Share-by-Company-2014-2017-of-total-billions/176289，查询时间为 2019 年 1 月 13 日。

63. Mobbo，见 https：//mobbo. com/whitepaper-monetization/，查询时间为 2019 年 2 月 19 日。

64. Cunningham, Ederer and Ma (2018)。

65. Hovenkamp (2013)，第 2471 页："美国反垄断政策的主流观点是它应该促进某种形式的经济福利。更具体地说，反垄断通过确保市场尽可能是竞争性的，并确保企业在实现生产效率上不会面临不合理的障碍，所谓的生产效率是指成本最小化和创新。"

66. 反垄断现代化委员会是依据《2002 年反垄断现代化委员会法案》成立的，Pub. L. No. 107-273, 116 stat. 1856。

67. Garza et al. (2007)，第 9 页。另见 Posner (2001)，第 925 页："反垄断理论足够灵活，它对经济理性的承诺足够坚定，能够应对新经济带来的竞争问题。"

68. 15 US Code §18.

69. 353 US 586, 592.

70. 463 F. Supp. 983 (December 29, 1978)。见 Tom (2001) 对该案的有益讨论。

71. 463 F. Supp. 983, 1000.

72. 645 F. 2d 1195, 1210 (March 12, 1981) (emphasis added).

73. *Golden Gate Pharmacy Services, Inc. v. Pfizer, Inc.*, No. C-09-3854 (N.

D. Cal. Dec. 2, 2009)。

74. *Golden Gate Pharmacy Services*, *Inc. v. Pfizer*, *Inc.*, Court of Appeals for the Ninth Circuit, 433 Fed. Appx. 598 (May 19, 2011)。

75. 参见 Royall and DiVincenzo (2010)。"实际潜在竞争"理论不同于"感知潜在竞争"理论,后者指一家可能进入某个行业的企业对现有企业制定价格的约束作用。与现实存在的潜在竞争相比,法律更容易接受关于感知潜在竞争的论点。

76. 也可参见 Kolasky and Dick (2003), 以及 Kwoka (2008)。

77. Hovenkamp (2013), 第2476页。

第3章

1. 约瑟夫·熊彼特并未形式化地描述竞争与创新之间关系的理论。其观点可见于他的一些作品,但在《资本主义、社会主义与民主》(1942年)中最为突出。

2. Arrow (1962)。

3. 肯尼斯·阿罗和约翰·希克斯均于1972年获得诺贝尔经济学奖。诺贝尔委员会强调两人对一般均衡和福利理论而非对竞争与创新做出的开创性贡献,但阿罗的诺贝尔奖小传中强调了他在1962年发表的对发明进行的资源配置的论文,这是被引用最多的论文之一。诺贝尔奖"Kenneth T. Arrow, Biographical",见 https://www.nobelprize.org/prizes/economic-sciences/1972/arrow/biographical/。

4. Schumpeter (1942), 第106页。由于"不可能"意味着"次优", 对这句名言的一个更合乎逻辑的解释是, 如果可能, 竞争将是经济进步的一种次优的组织形式。

5. Schumpeter (1942), 第7章。熊彼特认为规模和垄断势力有利于创新, McCraw (2012) 对此提出疑问。

6. Schumpeter (1942), 第100—101页(脚注省略)。

7. Dasgupta and Stiglitz（1980）。

8. Vives（2008）。

9. 参见 Spence（1984），他分析了具有技术溢出效应的降低成本的创新激励。溢出效应在一定程度上解释了为什么企业地理集群往往与高水平的行业生产率相关联。见 Porter（2001）。

10. Katz and Shapiro（1987）。

11. Arrow（1962），第 620 页。

12. 社会价值包括对企业和消费者的溢出收益，且创新者通常不会将此作为利润。Jones and Williams（1998）估计了创新的社会回报率，发现平均年回报率超过 27%，远远高于创新的平均私人回报率。

13. 本章中对垄断先发制人激励的讨论基于 Gilbert and Newbery（1982）的研究。

14. Isaacson（2011），第 408 页。

15. Reinganum（1983，1989）在有关发明的专利申请竞赛的动态模型中明确指出了这一点。

16. 参见 Salant（1984）。

17. Lewis（1983）指出，先发制人策略的价值是其他进入路径数量的递减函数，如果路径数量足够大，先发制人无利可图。

18. 美国司法部和联邦贸易委员会关于知识产权许可的反垄断指南并不预设专利、版权或专有技术必然导致其所有者的市场势力，更别提赋予垄断地位。这些指南引证了伊利诺伊工具厂公司诉独立油墨公司（*Ill. Tool Works Inc. v. Indep. Ink. Inc.*，547 US 28，45-46，2006）（"国会、反垄断执法机构和大多数经济学家都得出结论，专利不一定赋予专利权人以市场势力。今天，我们得出了同样的结论。"）

19. Shapiro and Varian（1999）提供互补性特征突出的行业案例，并论述了可盈利的商业战略的影响。

20. Greenstein and Ramey（1998）。

21. Chen and Schwartz（2013）。

22. 例如 Economic Report of the President，2016 年 2 月。

23. Coase（1972）观察到，耐用品供应商有激励不断降低价格以增加销售额。如果耐用品供应商出租而非出售耐用品，那么耐用品和非耐用品定价激励之间的差别会消失。

24. Ellison and Fudenberg（2000）表明，耐用品垄断者可能具有供应升级产品的过度激励。

第 4 章

1. 在此情景中，赢家通吃是一个强有力的假设。它排除了同步发现（simultaneous discovery）中的共享或共享预期。

2. 此结果首次出现在 Sah and Stiglitz（1987）中。

3. 研发总投资可能会超过总经济福利（消费者福利加企业利润）最大化的水平，因为从竞争对手那里获取业务的创新激励没有相应的社会效益。

4. Levin、Klevorick、Nelson and Winter（1987），以及 Cohen、Nelson and Walsh（2004）描述了企业用以保护其比较优势的机制。

5. 参见 Loury（1979）、Lee and Wilde（1980）、Reinganum（1981），以及 Reinganum（1989）的综述。在技术意义上，这些模型假设泊松发现概率，其风险率与过去的研发支出无关。

6. 例如 Jones and Williams（1998）。

7. Stewart（1983）开发了一个专利竞赛模型，观察到若竞争对手从技术溢出中受益，则中等水平的集中度可以促进创新。

8. Vickers（1986）。

9. Fudenberg、Gilbert、Stiglitz and Tirole（1983），以及 Harris and Vickers（1985）表明，在更一般的情况下，当企业的研发资本存量不同，并可监控竞争对手的投资时，则可能会出现研发垄断。

10. Doraszelski（2003）构建了专利竞赛模型，以考虑依赖于过去研发支出的发现概率。他的模型允许利润最大化的策略性行为，即落后于技术领先者的企业可以通过大幅增加研发支出赶上领先者，前提是它已经拥有足够大的研发资本存量。该模型还允许加入支配地位，即技术领先者强化其领先地位，落后者则进一步落后。

11. 逐步创新模型的变体包括 Aghion、Harris and Vickers（1997），Aghion、Harris、Howitt and Vickers（2001），Aghion、Bloom、Blundell、Griffith and Howitt（2005）。

12. 其中一个例子是通过改变双寡头垄断企业产品的替代弹性来实现。

13. 《生物技术产业报告》（Biotech Industry Report，2015）。

14. Erin Griffith, "Will Facebook kill all future Facebooks?", *Wired*, available at https://www.wired.com/story/facebooks-aggressive-moves-on-startups-threaten-innovation/，查询时间为 2019 年 10 月 18 日，相关讨论见本书第 2 章。

15. 例如，假设创新并未带来边际成本的显著降低，而且对于收购市场中的所有产品来说，替代品的价格弹性是相等且恒定的。那么，拥有旧技术的潜在买家数量的增加将会降低获得新技术的价值。

16. Marshall and Parra（2019）.

17. 引用的这句话出自牛顿写给罗伯特·胡克（Robert Hooke）的一封信，该信于 1952 年发表在 Koyré 杂志，第 5 页。

18. 也可参见 Merges and Nelson（1990）。

19. Merges and Nelson（1990）. 该联盟成立美国无线电公司（RCA）。专利僵局发生在其他行业的早期发展中，包括电气照明和汽车技术。

20. 研究累积创新对知识产权设计影响的论文包括 Scotchmer（1991，2004），Chang（1995），O'Donoghue（1998），O'Donoghue、Scotchmer and Thisse（1998），以及 Hunt（2004）。

21. Kitch（1977）.

22. "为激励第二个创新者在社会收益超过研发成本时进行投资，第二个创新者必须获得其创新的全部社会剩余。但为补偿第一个创新者提供的外部性或溢出效应，它也必须获得部分剩余。但是，给双方提供剩余是不可能的。"（Scotchmer，1991，第 34 页）另见 Scotchmer（2004），本书第 5 章。

23. 这一首字母缩略词代表"聚集的有规则间隔的短回文重复"。回文序列是互补链中核酸序列的镜像 DNA 链。

24. 参见 Gilbert and Kristiansen（2018）。

25. 另一个复杂因素是新的竞争对手可能成为老牌企业，其行为将影响后续创新者的回报。也可参见 Segal and Whinston（2007）以及 Baker（2016）。

26. Bessen and Maskin（2009）。

27. 也可参见 Hart（1983）。

28. 也可参见 Holmstrom（1982）以及 Nalebuff and Stiglitz（1983）。

29. Scharfstein（1988）表明，产品竞争能够导致根据管理者偏好增加或减少管理努力的最佳薪酬方案。Hermalin（1992）和 Schmidt（1997）表明，竞争会损害所有者与激励利润最大化的高管就薪酬方案进行协商的能力。

30. Dasgupta and Maskin（1987）。

31. Cabral（1994），Kwon（2010）。

32. Christensen（1997）。

33. Joshua Gans（2016，第 9 页）将曾经推动一家企业成功却破坏其未来的技术界定为颠覆性技术。他还认为，颠覆性技术本质上不可预测，否则在位者将做出反应，避免破坏性后果。

34. 也可参见 Lepore（2014）和 King（2017）。这些作者认为，克里斯坦森没有充分考虑使公司能够维持行业支配地位的并购。

35. 本讨论基于 Tripsas and Gavetti（2000）。

36. 参见 Gilbert and Newbery（1982）以及本书第 3 章中的讨论。

37. Franco and Filson（2006）。

38. 也可参见 Gans（2016），第 122 页、第 126 页。

39. Henderson and Clark（1990）。

40. 也可参见 Lynn（1998）。

41. 虽然创新有时需要成本高昂且颠覆性地改变在位者的现有能力,但在位者可对其他创新拥有不同的优势,因为它们补充在位者的现有能力。可参见 Tushman and Anderson (1986)。

42. Grove (1996),第 106 页。他解释说,基于 486 的计算机在市场上获得成功,是英特尔决定集中精力于现有 CISC 微处理器体系结构的关键因素。

43. Henderson (1993)。

44. 可参见 "Apple doesn't rely on market research, says marketing chief Phil Schiller," Appleinsider, July 31, 2012；见 https://appleinsider.com/articles/12/07/31/apple_doesnt_rely_on_market_research_says_marketing_chief_phil_schiller,查询时间为 2019 年 12 月 3 日。

45. Gans (2016) 描述了在位企业为管理颠覆性变革而采用的策略。

46. Hawking (2005),第 121 页、第 132 页。

第 5 章

1. 在此讨论中,我不区分合并和资产收购。

2. 一些论文把收购潜在竞争对手归类为垂直交易,但我在本书中并未遵循此惯例。

3. 纵向合并可带来横向合并通常没有的效率收益,例如减少供应链中的加价。参见 European Commission (2016),第 4 页。

4. 里根政府负责反垄断事务的助理检察长威廉·巴克斯特指出,合并可以提高"今天的产品"、"明天的产品"、创造新产品或改良型产品的研发活动的价格 (Baxter, 1984—1985)。

5. 参见 Hart-Scott-Rodino Annual Report Fiscal Year 2018。1976 年《哈特-斯科特-罗迪诺法案》,Pub. L. No. 94-435 ("HSR Act"),如果拟议的合并或收购超过规定的最低限额,公司有义务向美国联邦贸易委员会报告。尽管报告极大地促进反垄断机构的审查,但低于门槛的拟议合并或收购不能免除反垄断审查。

6. 1995 年发布并于 2017 年修订的美国司法部和联邦贸易委员会《知识产权许可反垄断指南》(《知识产权指南》) 并未涉及合并政策,但它们指出许可安排对创新激励的可能影响,1995 年发布的《知识产权许可反垄断指南》恰逢创新合并执法的转折点。

7. 参见 Hesse (2014)。在其著作的脚注中,她承认价格和创新效应并非总是同时发生。

8. 参见 Gilbert and Tom (2001)。他们观察到,创新问题对 20 世纪之交以前的反垄断执法决定不起关键作用。

9. 1968 年《合并指南》指出,"然而,在某些特殊情况下,这些指南中用于界定市场的结构性因素并不能得出结论。例如,基本的技术变革正在创造新行业,或正在显著改变旧行业,从而使当前的市场边界和市场结构具有不确定性"。

10. 《合并指南》(1982),转载于 4 Trade Regulation Report,Ⅱ 13102 § Ⅰ (1982 年 6 月 14 日),www.justice.gov/atr/hmerger/11248.htm。

11. 1992 年修订版《合并指南》进一步指出,非价格影响可能包括"产品质量、服务或创新"。

12. 参见美国司法部和联邦贸易委员会 (2010) 第 10 条 ("合并效率指已被证实的合并特有的效率,而非来自产出或服务的反竞争性减少")。

13. 奥利弗·威廉姆森 (1983) 论述了内部组织相对于市场交易的优势。除了其杰出的学术生涯,威廉姆森还是美国司法部反垄断局首席经济学家。2009 年,他获得了诺贝尔经济学奖。

14. Denicolò and Polo (2018a, 2018b) 表明,在某些情况下,合并方可以对其研发资产进行有利可图的重新定位,使得其合并后的创新激励较合并前有所超越。

15. 美国司法部和联邦贸易委员会 (2010) 第 10 条。

16. 美国司法部、司法部反垄断局关于决定结束对微软公司和雅虎之间的互联网搜索和付费搜索广告协议进行调查的声明 (2010 年 2 月 18 日)。

17. 美国司法部、司法部反垄断局关于结束德国电信和 MetroPCS 合并调查的声明（2013 年 3 月 12 日）。

18. European Commission（2004），第 8 页。

19. 同上，第 38 页。

20. 例如，Crane（2011）主张在合并执法中对预期损害和收益进行更加对称的处理。

21. Baker and Shapiro（2008）声称，一些法院和执法机构基于有关集中度、进入、扩张和效率的可疑经济论点，允许合并。

22. 参见 Kwoka、Greenfield and Gu（2015）对合并的评论。基于这些研究，作者认为这些机构在质疑合并方面不够积极，而且结构性和行为补救措施并未阻止反竞争的价格上涨。

23. Michael Katz and Howard Shelanski（2005，2007b）将市场结构对创新的因果效应称为"创新激励"效应，并将创新对市场结构的反向效应称为"创新影响"效应。

24. Pleatsikis and Teece（2001）认为，传统的合并分析方法忽略了竞争的动态性质，这种动态竞争将约束高科技企业的市场势力。

25. 也可参见 Posner（2001）和本书第 2 章中的讨论。

26. 美国司法部没有对卫星广播公司 XM 和天狼星（Sirius）的合并提出疑问，部分原因在于，反垄断部门预计会出现来自新音频流媒体服务的竞争（美国司法部，司法部反垄断局关于决定结束对 XM 卫星广播控股公司与天狼星卫星广播公司合并调查的声明，2008 年 3 月 24 日）。（注：作者就 XM-Sirius 合并案与反垄断局磋商。）

27. 也可参见第 2 章和第 8 章中关于美国政府诉微软案（*US v. Microsoft*）的讨论（动态市场不排除对反竞争行为的调查）。

28. 我交替使用"默示协议"（tacit agreement）和"有意并行"（conscious parallelism）这两个术语。有些人将默示协议描述为实际协议，而不是口头或书面协议。这与有意并行形成对比，在有意并行中企业认识到其行动的相互依赖性,例如因为竞争对手会降价而限制降价。

29. 一项针对研发实验室经理和主管的调查发现,大约85%的受访者直至开发阶段或产品推出之后才知晓竞争对手的研发项目(Cohen、Nelson and Walsh,2004)。

30. *US v. Automobile Manufacturers Ass'n*, 307 F. Supp. 617(C. D. Cal. 1969), aff'd in part and appeal dismissed in part; *City of New York v. US*, 397 U. S. 248(1970)。

31. European Commission Press Release, "Antitrust: Commission fines truck producers 2. 93 billion for participating in a cartel," Brussels, 2016年7月19日。

32. *Kaufman v. BMW AG*, 17-cv-05440, U. S. District Court of New Jersey(July 25, 2017), and *burton v. BMW AG*, 17-cv-04314, U. S. District Court, Northern District of California(July 28, 2017)。

33. 参见 Farrell and Shapiro(2010)。

34. 同上,第33页。

35. 参见 Bulow、Geanakoplos and Klemperer(1985)。

36. 同上。

37. 有关创新激励单边效应模型的例子可参见:Letina(2016),Federico、Langus and Valletti(2017, 2018),Motta and Tarantino(2017),López and Vives(2019),以及 Gilbert(2019)。

38. 可参见 Salinger(2016)和 Gilbert(2019)。

39. 如第4章指出,Sah and Stiglitz(1987)首次证明,如果某一发现是赢家通吃性质的,创新激励将独立于市场结构。另见 Gilbert(2019)以及 Jullien and Lefouili(2018)。

40. D'Aspremont and Jacquemin(1988)提供的案例表明,如果企业内溢出效应足够大,则合并形成的垄断将增加研发和总体经济福利(但非消费者福利)。另见 Motta and Tarantino(2017)。

41. 关于企业内溢出效应以及竞争对企业投资于降低生产成本的激励造成

的影响,参见 López and Vives(2019)的透彻分析。

42. 参见 Aghion、Harris、Howitt and Vickers(2001)以及 Aghion、Bloom、Blundell、Griffith and Howitt(2005)。

43. 参见 Federico、Scott-Morton and Shapiro(2020)。

44. 参见 Gilbert(2019)。

45. Royall and Divincenzo(2010)记录了反垄断机构在此类案件中的低成功率。

46. 一家地区法院否决了联邦贸易委员会最近基于合理规则阻止收购潜在竞争对手的意图。*FTC v. Steris Corporation*,133 F. Supp. 3d 962(September 25,2015)。

47. DiMasi、Grabowski and Hansen(2016)发现,前 50 家制药公司 1 442 种自创化合物的临床成功概率平均约为 12%。此外,经过 10 家制药公司随机挑选的 106 种新药样本,显示平均需要 8 年才能完成临床试验。

48. 例如,刚开始,枸橼酸西地那非被用于治疗高血压和心绞痛的临床试验,但现在,它更出名的名称是伟哥,用于治疗勃起功能障碍。

49. 预期损害 H 这一度量指标是指假设 α 和 β 未合并,但在项目已取得成功的情况下,合并后能够实现合并特有的净效率。H 可能包括合并导致的获得发现的概率减少或增加。

50. 这种评估消灭潜在竞争对手合并效应的方法,与 Katz and Shelanski(2007a)倡导的决策论(decision-theoretic)方法是一致的。他们观察到,法院通常要求提供证据,以证明所主张的危害和效率超过概率阈值,这可能导致不同的执法结果,且这一结果并非来自决策论。

51. *United States v. Phila. Nat'l Bank*,374 US 321,361(1963)。("具体而言,我们认为,如果一起合并导致一家企业控制了相关市场不应有的份额,并导致该市场的企业集中度显著提高,那么该合并很可能会大幅减少竞争,故在没有明确证据表明该合并不太可能产生此类反竞争效应的情况下,应对拟议合并予以禁止。")

52. 《知识产权指南》(2017 年 1 月 12 日)第 11—12 页(脚注省略)。

53. 参见 Carlton and Gertner（2003）以及 Hoerner（1995）对 Gilbert and Sunshine（1995）的回应。

54.《知识产权指南》第 25 页。

55. 美国司法部和联邦贸易委员会（2000）第 4 条第 3 款。

56. Katz and Shelanski（2007）提倡更广泛的安全港。他们得出结论，除了合并可能引发垄断的例外，关于合并带来创新效应的经济证据薄弱，尽管他们也指出合并可能会产生损害创新激励的替代效应和业务窃取效应。

57. Shapiro（2012）称之为"可竞争性"。

58. "如果我们对研发资产的认识模糊不清，则我们对未来产品市场的看法将更加模糊……随着我们试图将时间跨度进一步延伸到未来，度量市场份额的所有常见困难将加剧。"（Baxter，1984）

59. 参见 Cartwright and Ahmed（2016），第 4 页。

60. 参见第 7 章对 Thoratec 提议收购 HeartWare 的讨论。

第 6 章

1. 也可参见 Cohen（2010），Damanpour（2010），Gilbert（2006），以及 Baldwin and Scott（1987）。

2. 也可参见 Scherer（1965）。

3. Hall and Ziedonis（2001）.

4. Henderson（1993）.

5. 这种循环也出现在试图确定集中度和利润之间关系的实证研究中。一家企业可以拥有非常大的市场份额，因为其价格非常低，但这并不意味着市场集中引发低价格。相反，该企业选择提供低价格导致了高市场集中度。

6. 也可参见 Levin、Cohen and Mowery（1985）。

7. John Sutton（1998）提出一个理论，即市场需求的成本和特征，尤其是企业利用创新来提高消费者购买产品意愿的能力，意味着行业集中度和研发投资与销售比率的下限。

8. Cohen（2010）。

9. Philippe Aghion and Jean Tirole（1994，第 1195 页）将研发（或创新产出）与改变研发激励的变量之间的关系称为"产业组织中第二个最经得起检验的假设"，仅次于市场结构和价格之间的关系。

10. "全要素生产率"是产出中无法用劳动和资本解释的部分，用产出除以劳动力和资本投入的加权平均数来衡量。

11. 也可参见 Syverson（2011）和 Van Reenen（2011）。

12. Ghosh（2001）以及 Blonigen and Pierce（2016）从运营数据中未发现合并效率的证据。Devos（2016）基于财务分析师的预测给出了合并效率的证据。

13. 也可参见 Nickell（1966）。

14. Blundell、Griffith and Van Reenen（1999）。

15. Damanpour（2010）综述可实证研究，发现大多数研究给出了企业规模与产品及工艺创新之间的正相关关系。

16. 参见 Aghion、Bloom、Blundell、Griffith and Howitt（2005）。

17. 勒纳指数为 $L=\dfrac{(p-c)}{p}$，其中 p 是公司的价格，c 是其边际成本。研究通常使用平均可变成本作为边际成本的替代。

18. Aghion、Blundell、Griffith、Howitt and Prantl（2009）。

19. 研究人员并不使用引用加权专利，而是使用英国企业在美国专利商标局注册的专利。他们认为，由于获得和维护外国专利的成本，这些专利更有可能被高度重视。

20. Bloom、Draca and Van Reenen（2016）。

21. 并不令人意外的是，他们发现来自中国的低工资竞争，与许多低技术制造企业的退出以及就业机会向高技术生产方式的重新分配相关。这就是竞争对生产力的达尔文式选择效应。他们还报告幸存企业全要素生产率的提高，若以全要素生产率衡量，大多数幸存企业都相对先进。

22. Gutiérrez and Philippon（2017）还记录了美国市场集中度和盈利能力不断提高的趋势，他们将此归因于市场领导者的投资相对于利润更低。

23. 参见 Autor、Dorn、Hanson、Pisano and Shu（2020），第16页。

24. 也可参见 Hombert and Matray（2018）以及 Xu and Gong（2017）。与之相关，Kueng、Li and Yang（2016）发现竞争对流程创新产生更大的负面影响，其收益与企业规模成正比。Macher、Miller and Osborne（2017）发现，较大的企业更有可能在水泥行业采用节约成本的创新。当企业面临许多附近的竞争对手时，采用新技术的可能性较小，作者将此归因于企业规模不足以使企业弥补采用新技术的成本。

25. Reinganum（1984）.

26. 参见 Gilbert and Newbery（1982）及本书第3章中的讨论。

27. Christiansen（1997）. 第4章更详细地描述了克里斯坦森的理论。

28. 硬盘行业显示出"赢家通吃"或"赢家多吃"的竞争。因此，该行业具有专利竞赛的特点，尽管专利在硬盘行业中相对不重要，因为最相关的创新是改进制造工艺，用以提高驱动器上的数据存储密度和读/写速度。企业不愿意为工艺技术申请专利，因为侵权行为很难被检测和执法。一个例外是1986年授予3.5英寸硬盘的广泛专利，但最终被认定无效（Igami，2017）。

29. Iian Cockburn and Rebecca Henderson（1994）在研究符合规范的药品行业的研发投资时，没有发现专利竞赛的证据。相反，他们得出结论，企业的投资决策受异质能力、调整成本和技术机会的演变驱动，并受到技术溢出效应的强烈影响。

30. 通过租赁而非出售耐用品，卖方可以利用价格影响那些先前租过耐用品的客户的租赁需求。因此，就消费者需求而言，租赁市场使得耐用品具有非耐用品的特征。

31. Lohr and Kantor（2019）.

32. 2009年5月13日，欧盟委员会新闻稿 IP/09/745，见 http://europa.eu/rapid/press-release_IP-09-745_en.htm?locale=en。欧洲法院随后将此案发

回重审，以供进一步审议。参见欧盟法院新闻稿第 90/17 号，2017 年 9 月 6 日，见 https：//curia.europa.eu/jcms/upload/docs/application/pdf/2017-09/cp170090en.pdf。

33. 关于英特尔公司，见 https：//www.ftc.gov/enforcement/cases-proceedings/061-0247/intel-corporation-matter。

33. Cabral（1994）、Kwon（2010）及本书第 4 章的讨论。

35. Henderson（1993）。

36. Cohen（2010）。

37. Garcia-Macia, Hsieh and Klenow（2017）。

38. 参见 Gilbert and Greene（2015）和本书第 5 章。

39. Wollmann（2019）发现，这些机构未能审查许多低于《哈特-斯科特-罗迪诺法案》报告阈值的合并，且当交易低于报告阈值时，企业更有可能追求大幅提高市场集中度的合并。

40. Gutiérrez and Philippon（2017）。

41. Cassiman, Colombo, Garrone and Veugelers（2005）。

42. Igami and Uetake（2018）。

43. 有时一个单项专利涵盖一种药品，而在许多其他行业（如计算机和信息技术），数百项专利涵盖一种产品。

44. DiMasi, Grabowski and Hansen（2016）。

45. 有关农业作物保护领域的市场集中度和研发支出的数据，参见 Fuglie et al.（2011）和 Phillips McDougall（2016）。

46. Haucap, Rasch and Stiebale（2019）。

47. 作者还发现，如果收购额低于《哈特-斯科特-罗迪诺法案》规定的报告阈值，则更有可能被终止。这一发现强调合并报告对有效的反垄断执法的重要性，并与 Wollmann（2019）报告的结果一致。

48. Schmalensee（1999），第 1326 页。

49. Antitrust Subcommittee（1959），第 38 页。除了其他条件外，该法令还

禁止作为贝尔系统制造部门的西部电气公司"制造和销售非贝尔系统电话运营公司销售的设备"（Antitrust Subcommittee，1959），第37页。

50. *United States v. International Business Machines*，Final Judgment，US District Court for the Southern District of New York，Civil Action No. 72-344（1956）。

51. *Xerox Corp.*，86 F. T. C. 364. 被许可方至多可指定三项施乐免费专利，所有专利的最高许可费不超过被许可方净收入的1.5%。

52. Willard Tom 观察到，"在现代人看来，起诉状中指控或根据判决令禁止的许多行为看似无害，因此表明一种完全不同的看待世界的方式"（2001，第967页）。

53. Watzinger, Fackler, Nagler, and Schnitzer（2017）。

54. Wessner（2001），第86页。

55. 参阅 Isaacson（2014），第149页。

56. Mowery（2011）。

57. Grindley and Teece（1997），第13页。

58. 也可参见 Sabety（2005）。

59. Tom（2001），第989页。

60. Bresnahan（1985）。

61. Kearns and Nadler（1992）。

62. Galasso and Schankerman（2015）。专利申请人被要求引用相关专利，即使这些专利已经失效且所主张的技术属于公共领域。在随后的一项研究（Galasso and Schankerman，2018）中，作者发现，核心技术专利的无效对中小企业未来的创新具有负面影响，但对大企业没有显著影响。

63. Moser and Voena（2012）。

64. Baten, Bianchi and Moser（2017）。

65. Scherer（1977）。

66. Chien（2003）。她研究的六家企业中，有五家强制许可对其创新没有明显影响，这些企业受到强制许可法令的约束。一家企业削减了研发投资，但她引用了独立的解释。

67. 也可参见 Delrahim（2004）。

第7章

1. 非排他性许可并不阻止许可方使用被许可的技术，也不妨碍将该技术许可于他人。

2. 也可参见 Kwoka、Greenfield and Gu（2015）对合并的回顾性研究，以及美国联邦贸易委员会对合并资产剥离进行的研究（FTC，2017）。

3. 参阅第 6 章中关于强制许可的相关讨论。

4. *US v. General Motors and ZF Friedrichshafen*, Civil Action 93 – 530, Complaint, November 16, 1993（"GM-ZF complaint"）at 43.

5. 作者在对 Thoratec 和 Heartware 拟议合并的评估中与美国联邦贸易委员会磋商。

6. US Federal Trade Commission, In the Matter of Thoratec Corporation and HeartWare International, Inc., Docket No. 9339, Complaint, July 28, 2009.

7. Hill, Rose and Winston（2015）.

8. 同上，第 434 页。

9. 同上，第 432 页。

10. Applied Materials 2017 Annual Report，第 32 页。The "E" stands for engineering.

11. Tokyo Electron 2017 Annual Report.

12. 参见第 2 章中对古诺互补效应的讨论。

13. 司法部助理副部长 Renata Hesse 声明，美国司法部新闻稿，"Lam Research Corp. and KLA-Tencor Corp. Abandon Merger Plans"，2016 年 10 月 5 日。

14. 参见 Clark and Minaya（2016）中引用 VSLI 研究公司 Dan Hutchenson 的评论。

15. 提供互补产品的公司具有纵向关系。美国司法部怀疑，在 2018 年对美国电话电报公司和时代华纳合并的质疑中,行为承诺是否足以解决纵向合并中的竞争问题(Delrahim, 2017)。

16. 美国联邦贸易委员会新闻稿,"FTC accepts proposed consent order in Broadcom Limited's $5.9 billion acquisition of Brocade Communications Systems, Inc.," 2017年7月3日。

17. *US v. Lockheed Martin Corp. and Northrop Grumman Corp.*, Complaint, March 23, 1998.

18. US Federal Trade Commission, Statement of Chairman Robert Pitofsky and Commissioners Janet D. Steiger, Roscoe B. Starek III, and Christine A. Varney in the Matter of the Boeing Company/McDonnell Douglas Corporation, July 1, 1997.

19. 美国联邦贸易委员会新闻稿,"FTC seeks to block Cytyc Corp.'s acquisition of Digene Corp.", 2002年6月24日。

20. 司法部新闻部,"Justice Department reaches settlement with Microsemi Corp.", 2009年8月20日。

21. CLP Buyer's Guide, Cytyc Corp., available at http://www.clpmag.com/buyers-guide/listing/cytyc-corp/,查询时间为2018年7月23日。

22. CLP Buyer's Guide, Digene Corp., 查询时间为2018年7月23日。

23. 参见 https://www.microsemi.com/products/和 http://www.semicoa.com/products/, 2018年7月23日。

24. 美国联邦贸易委员会主席 Timothy J. Muris 关于健赞公司/诺唯赞制药公司的声明,2004年1月13日。

25. John Crowley 为寻找庞贝病治疗方法所做的努力,在 Anand (2006) 及电影《良医妙药》中有所描述。

26. Cunningham, Ederer and Song (2018)。这一统计数据并未证明创新受到损害,因为发明人也可能对其他实体的创新做出重要贡献。

27. 读者可能会问,尽管美国联邦贸易委员会和司法部反垄断局共同承担合并执法职责,但为什么联邦贸易委员会在这些讨论中出现频率更高。原因在于，具有明显可识别的创新问题的案例经常出现在制药及相关健康行业，联邦贸易委员会历来是合并执法的牵头机构。

28. 美国联邦贸易委员会，"Announced Actions for October 4, 1996"，https://www.ftc.gov/news-events/press-releases/1996/10/announced-actions-october-4-1996，查询时间为2019年11月3日。

29. GC Pharma, "R&D Pipeline"，见http://www.globalgreencross.com/rd/pipeline，查询时间为2018年4月9日。

30. 美国联邦贸易委员会，In the Matter of Glaxo Wellcome and SmithKine Beecham, Analysis of Proposed Consent Order to Aid Public Comment（2000）。

31. 同上。

32. Gilead Sciences, Inc., Form 10-K，财政年度终止日为2001年12月31日。

33. OSI Pharmaceuticals, Inc., Form 10-K，财政年度终止日为2004年9月30日。

34. 参见Aurelian（2004）。

35. Scrip, Pharma Intelligence, "Xenova acquires Cantab in stock swap," March 2001，见https://scrip.pharmaintelligence.informa.com/deals/200110027，查询时间为2019年10月5日。

36. US Securities and Exchange Commission, "Celtic Pharma Development UK plc, Form T-3," September 12, 2005.

37. GSK新闻稿，"GSK provides update on Herpevac trial for women evaluating Simplirix™（Herpes Simplex Vaccine）"，见https://www.gsk.com/en-gb/media/press-releases/gsk-provides-update-on-herpevac-trial-for-women-evaluating-simplirix-herpes-simplex-vaccine/，查询时间为2019年10月17日。

38. *US v. Heraeus Electro-Nite Co., LLC*, US District Court for the District of Columbia, Complaint, 2010年1月2日。

39. *US v. Heraeus Electro-Nite Co., LLC*, US District Court for the District of

Columbia, Final Judgment, 2014 年 4 月 7 日。

40. US Federal Trade Commission, *In the Matter of Nielsen Holdings N. V. and Arbitron Inc.*, File No. 131 0058, Analysis of Agreement Containing Consent Order to Aid Public Comment, September 20, 2013.

41. 同上。

42. 同上。

43. Nielsen, "Audience", 见 http://www.nielsen.com/us/en/solutions/measurement/audience.html, 查询时间为 2019 年 10 月 2 日；以及 Comscore, "Understand and evaluate audiences and advertising everywhere", 见 https://www.comscore.com/Products/Audience-Analytics, 查询时间为 2019 年 10 月 2 日。

44. Deveau and Porter (2018).

45. Maddaus (2017).（Comsco 发言人表示，"我们可以确认，2013 年［原文如此］联邦贸易委员会同意令的解释存在争议，该令状是 Nielsen 收购 Arbitron 的结果，为 Comsco 提供了访问 Nielsen 某些数据的权限。"）

46. US Federal Trade Commission, *In the Matter of Novartis*, *AG and Glaxo-SmithKline plc*, Docket No. C-4510, Complaint, February 20, 2015.

47. US Federal Trade Commission, *In the Matter of Novartis*, *AG and Glaxo-SmithKline plc*, Analysis of Agreement Containing Consent Orders to Aid Public Comment, File No. 141-0141, February 23, 2015.

48. US Securities and Exchange Commission, Array BioPharma, Inc., Form 10-K, for the fiscal year ending June 30, 2017; and Array BioPharma, "Our pipeline," 见 https://www.arraybiopharma.com/product-pipeline, accessed July 23, 2018。

49. 参见 Delrahim (2017)。

50. Chien (2003) 中提到的六个案件是关于如下公司的：Roche Holding Ltd.（113 F.T.C. 1086, 1990）; Institut Merieux S. A.（113 F.T.C. 742, 1990）; Baxter Int'l Inc.（123 F.T.C. 904, 1997）; Dow Chem. Co.,（118 F.T.C. 730, 1994）; Ciba-Geigy Ltd.,（123 F.T.C. 842, 1997）; 以及 Eli Lilly

& Co. (95 F. T. C. 538, 1980)。她总结说，强制许可义务只会导致梅里厄学院减少其研发工作，并将这种减少归因于迟迟找不到剥离资产的接收者造成的不确定性。

51. 具体而言，这是使用单纯疱疹病毒胸苷激酶（"HSV‑tk"）载体的专利。

52. US Federal Trade Commission, *In the Matter of Ciba‑Geigy*, *Chiron*, *Sandoz and Novartis*, Docket No. C‑3725, Analysis of Proposed Consent Order to Aid Public Comment, 1996 年 12 月 17 日。

53. 参见 Fisher (1994)。

54. Sanofi‑Aventis Annual Report on Form 20‑F, 2009, 见 https://www.sanofi.com/en/investors/reports‑and‑publications/financial‑and‑csr‑reports。

55. Charles Bankhead, "Gene therapy flunks limb ischemia test", *Medpage Today*, 2011 年 6 月 2 日, 见 https://www.medpagetoday.com/cardiology/peripheralarterydisease/26814。

56. FDA news release, "FDA approval brings first gene therapy to the United States", 2017 年 8 月 30 日, 见 https://www.fda.gov/news‑events/press‑announcements/fda‑approval‑brings‑first‑gene‑therapy‑united‑states。

57. 表 7.2 中报告的数据来自美国专利商标局（USPTO）专利检索，专利说明书中有"基因疗法"。其他搜索词也可产生类似的结果。例如，美国专利商标局使用分类代码 A61K48/00（"含有遗传物质的药物制剂，基因治疗"）进行的搜索获得的专利数量较少，但其模式相似。

58. 雪兰诺公司 2003 年度报告描述了如下研发计划：为重组可溶性 I 型坏死因子受体 Onercept 启动多中心、多国家之 III 期项目。雪兰诺于 2005 年 6 月终止了 Onercept 的 III 期研究，因为该研究得出的结论是，风险收益比不足以支持继续开发的合理性（参见 https://clinicaltrials.gov/ct2/show/NCT00090129，查询时间为 2018 年 7 月 22 日）。默克在 2006 年收购雪兰诺。雪兰诺和默克均论述了与坏死因子抑制剂相关的极光激酶抑制剂的研究工作。

59. US Federal Trade Commission, In the Matter of Flow International Corp. , File No. 081-0079, Complaint, 2008 年 8 月 15 日。尽管专利诉讼对创新的影响是该行业的一个议题，但该诉案并未直接指控创新受到损害。

60. US Federal Trade Commission, Analysis of the Agreement Containing Consent Order to Aid Public Comment, In the Matter of Flow International Corp. , File No. 081-0079.

61. "Waterjet cutting machine buyers'guide", The Fabricator, 见 https://www.thefabricator.com/guide/waterjet-cutting-machine，查询时间为 2018 年 7 月 23 日。与 2014 年 1 月的比较基于 archive. org 2014 年 1 月 30 日列示的网站，查询时间为 2018 年 7 月 29 日。

62. *US v. 3D Systems Corporation and DTM Corporation*, Complaint, US District Court for the District of Columbia, 2001 年 6 月 6 日。

63. 数百项专利涉及 RP 相关技术。然而，3D 和 DTM 在一些专业领域拥有主要的专利组合。例如，美国专利商标局搜索描述中带有"立体光刻"的专利，共反馈 533 项已发布专利，其中 75 项由 3D 系统发明或分配至 3D 系统。

64. *US v. 3D Systems Corporation and DTM Corporation*, Competitive Impact Statement, US District Court for the District of Columbia, 2002 年 9 月 4 日。最终命令也要求合并后的公司授予软件许可，并提供客户名单（*US v. 3D Systems Corporation and DTM Corporation*, Final Judgment, US District Court for the District of Columbia, 2002 年 4 月 17 日）。

65. 3D Systems Corporation, Form 10-K, 财政年度终止日为 2002 年 12 月 31 日，第 19 页。

66. 也可参见 "Rapid prototyping (RP) - Rapid tooling (RT) - SONY", *Engineers Handbook*, available at http://www.engineershandbook.com/RapidPrototyping/sony.htm，查询时间为 2018 年 7 月 10 日。

67. 美国专利商标局以"快速原型打印"或"立体光刻"为术语对 1998 年 1 月 1 日至 2002 年 12 月 31 日五年期间的专利进行检索，得到成功申请的专利956项，其中89项由3D系统提交。在2003年1月1日至2007年12月31日五年中，类似搜索共得1 152份成功申请，其中55份由3D系统提交。

68. 3D Systems Corporation, Annual Reports for 2004 and 2001.

69. "3D printer manufacturers: Who's in the lead?," Fabbaloo, April 16, 2018, available at http://www.fabbaloo.com/blog/2018/4/16/3d-printer-manufacturers-whos-in-the-lead.

70. 本节介绍 Petit（2018）的卓越评论。

71. European Commission, *Pasteur Mérieux-Merck*, IV/34.776, 1994年10月6日.

72. European Commission, *Glaxo-Wellcome*, IV/M.555, February 28, 1995.

73. 美国联邦贸易委员会新闻稿，"Glaxo plc"，1995年6月20日。

74. 参见 CenterWatch, "Zomig（zolmitriptan）", available at https://www.centerwatch.com/drug-information/fda-approved-drugs/drug/347/zomig-zolmitriptan，查询时间为2019年5月13日。

75. European Commission, *Glaxo Wellcome/SmithKline Beecham*, Case No. COMP/M.1486, 2000年8月5日，第202页。

76. 同上，第214页。

77. European Commission, *Astra Zeneca/Novartis*, Case No. COMP/M.1806, July 26, 2000, and US Federal Trade Commission, *In the Matter of Novartis and AstraZeneca*, Docket No. C-3979, Complaint, 2000年11月1日。

78. European Commission, *Bayer/Aventis Crop Science*, Case No. COMP/M.2547, 2002年4月17日, US Federal Trade Commission, *In the Matter of Bayer AG and Aventis S.A.*, Docket No. C-4049, Analysis of Proposed Consent Order to Aid Public Comment, 2002年5月30日。

79. 这两个机构无条件地允许希捷和三星合并，并阻止西部数据和维维蒂科技（以前称为日立全球存储技术）的拟议合并。参见 Statement of the Federal Trade Commission Concerning Western Digital Corporation/Viviti Technologies

Ltd. and Seagate Technology LLC/Hard Disk Drive Assets of Samsung Electronics Co. Ltd. and European Commission, *Western Digital Irland/Viviti Technologies*, Case No. COMP/M.6203, 2011 年 11 月 23 日。

80. European Commission, Medtronic/Covidien, Case No. COMP/M.7326, November 28, 2014, 以及 US Federal Trade Commission, *In the Matter of Medtronic, Inc. and Covidien plc*, Docket No. C-4503, Decision and Order, 2015 年 8 月 4 日。

81. 欧盟委员会新闻稿,"Mergers: Commission approves acquisition of Hospira by Pfizer, subject to conditions", 2015 年 8 月 4 日。

82. US Federal Trade Commission, *In the Matter of Pfizer, Inc. and Hospira, Inc.*, Docket No. C-4537, Complaint, 2015 年 8 月 21 日。

83. 生物仿制药尽管不是通用等效物,却是其参考生物制剂的近似替代品。

84. European Commission, *Pfizer/Hospira*, Case No. COMP/M.7559, 2015 年 4 月 8 日,第 57 页。

85. Pfizer registered Ixifi for sale in Japan. 参见 Pfizer Form 10-K 财政年度终止日为 2018 年 12 月 31 日。

86. European Commission, *General Electric/Alstom*, Case No. COMP/M.7278, 2015 年 9 月 8 日。

87. 作者是 Dow 和 DuPont 的该起交易的顾问。

88. *US et al. v. Dow Chemical Corporation and E. I. DuPont de Nemours and Company*, Competitive Impact Statement, 2017 年 6 月 15 日。

89. European Commission, *Dow/DuPont*, Case No. COMP/M.7932, 2017 年 3 月 27 日。

90. 欧盟委员会新闻稿,"Mergers: Commission clears merger between Dow and DuPont, subject to conditions", 2017 年 3 月 27 日。

91. European Commission, *Dow/DuPont* (2017), 第 8.6 节。

92. 同上,表 67。HHI 测量的是份额的平方和。HHI 指数 3300 对应三家专利份额相等的公司。

93. 例如，参阅欧盟委员会，*Dow/DuPont*（2017），第 2016 页。

94. 例如，参见 Delrahim（2004）。（"存在一些重要的政策原因促使我们在考虑强制许可补救措施时保持谨慎。其中，最重要的是担心设计不当的强制许可可能会扼杀创新。"）然而，Delrahim 也意识到，在某些情况下，强制许可可能是解决反垄断问题的一种有用的替代剥离方案。

第8章

1. 当司法部反垄断局开始对微软进行调查时，作者是该局负责经济事务的副助理检察长，后来作者就与微软起诉有关的事项与该局磋商。

2. 例如，比较 Salop and Romaine（1999）与 Cass and Hylton（1999）。

3. *US v. Microsoft*, US District Court for the District of Columbia, Civil Action No. 98-1232（TPJ）, Complaint（May 18, 1998），第 6 页。"IBM 兼容"指与 IBM 基本输入/输出系统（BIOS）兼容的个人计算机。起诉状使用"英特尔兼容个人计算机"一词，因为 IBM 兼容的个人计算机采用英特尔 x86 微处理器架构。这个词属于不当使用，因为其他微处理器，例如先进微设备（AMD）等也采用英特尔架构，英特尔随后为苹果和 Linux 操作系统提供微处理器。

4. Gilbert（1999）。

5. IBM 和微软最初合作开发 OS/2，作为 MS-DOS 操作系统的接替者。1987 年推出的第一个 OS/2 版本没有图形用户界面（GUI），成效寥寥。带有图形用户界面的第二个版本也归于失败，因为它对 MS-DOS 应用程序的支持较差，而且支持 IBM 以外硬件的设备驱动程序相对较少。参见 Evans、Nichols and Reddy（2002）。

6. OS/2 Warp 并非没有缺点，包括比 Windows 更大的内存需求以及 IBM 的营销失误。见 Swedin（2009）。20 世纪 90 年代，大多数与英特尔兼容的个人计算机都预装 Windows，这是阻碍 OS/2 成功的另一因素。见 Evans et al.（2002）。

7. "Memo from Bill Gates to executive staff and direct reports," The Internet

Tidal Wave，1995 年 5 月 6 日，见 https：//www.justice.gov/sites/default/files/atr/legacy/2006/03/03/20.pdf。

8. 术语"Java"指一组技术，包括（1）编程语言；（2）一组用这种语言编写的程序，称为 Java 类库，展示 API（应用程序编程接口）；（3）编译器，将开发人员编写的代码翻译成"字节码"（低级代码）；（4）Java 虚拟机（JVM），它将字节码转换为操作系统的指令。调用 Java API 的程序将在任何具有"Java 运行时环境"的机器上运行，亦即 Java 类库和 JVM。（参见 *US et al. v. Microsoft*，US District Court for the District of Columbia，Civil Action No. 98-1232［TPJ］，Findings of Fact［November 5，1999］，第 73 页）本章提及 Java 并非指用于交互式网页的 JavaScript。

9. "Memo from Bill Gates to executive staff and direct reports"，The Internet Tidal Wave，1995 年 5 月 26 日，见 https：//www.justice.gov/sites/default/files/atr/legacy/2006/03/03/20.pdf。客户机是与网络服务器交互的硬件或软件，例如 web 浏览器。

10. Cusumano and Yoffie（1998），第 40 页。

11. Katz and Shapiro（1985）。

12. *U. S v. Microsoft*，Complaint，第 14 页、第 70—73 页。

13. 同上，第 16 页。

14. 第二次浏览器大战在 21 世纪初爆发，网景将 Navigator 剥离到开发火狐浏览器产品的开源谋智网络项目中，谷歌随后推出 Chrome 浏览器。例如，参见 Steve Lovelace，"The second browser war"，2015 年 7 月 31 日，另见 http：//steve-lovelace.com/the-second-browser-war/。

15. *US v. Microsoft*，Complaint，第 64 页。

16. 欧盟委员会新闻稿，"Commission examines the impact of Windows 2000 on competition"，2000 年 2 月 10 日。（"我们现在决定更仔细地审查的那些指控微软将它在一个市场，如个人计算机操作系统中的支配地位延伸到其他市场，而在美国，这些指控的主旨似乎围绕着微软保护其在个人计算机操作系统市场上的支配地位。")与客户端个人计算机相比,服务器是功能更强大的机器,可以支持多个用户,并具有存储大量数据和文件的能力。

17. Rubinfeld(2008)对美国政府诉微软案中的指控以及微软的回应提供了有用的总结。Gavil and First(2014)详细描述了美国反垄断案以及美国和欧洲反垄断执法机构针对微软提起的其他几起相关案件。

18. *US v. Microsoft*, Findings of Fact, 第 94—114 页、第 345—356 页。

19. 同上,第六节;以及 *US et al. v. Microsoft*, US District Court for the District of Columbia, Civil Action No. 98-1232(TPJ), Conclusions of Law(April 3, 2000), 第 42—43 页。

20. *US v. Microsoft*, Complaint, 第 37 页。

21. *US v. Microsoft*, Conclusions of Law, 87 F. Supp. 2d, 第 30 页、第 38 页。

22. 同上,第 39 页。

23. *US v. Microsoft*, Findings of Fact, 第 77 页。

24. 地区法院判定,微软与 OEM、ISV 和 ICP 签订的合同不符合非法排他交易的门槛要求,但违反《谢尔曼法案》第 1 条。

25. *US v. Microsoft*, Conclusions of Law, 87 F. Supp. 2d, 第 30 页、第 43 页。

26. *US v. Microsoft*, Final Judgment(2002 年 12 月 12 日)。

27. 传统意义上,法院认为捆绑销售本身违反,因为(1)涉及两种不同的产品或服务,(2)销售或同意销售一种产品或服务的条件系购买另一种产品,(3)卖方在市场上有足够的捆绑产品之经济力量,使其能够限制捆绑产品的市场交易,(4)捆绑产品的州际贸易量受到影响。(参见 Deportment of Justice and Federal Trade Commission, 2007, 第 105-106 页。)

28. *US v. Microsoft*, Court of Appeals, 253 F. 3d, 第 34 页、第 85 页(June 28, 2001)。

29. 同上,第 53 页。

30. 同上,第 91 页。

31. 一个原告州坚持请求额外制裁,法院于 2004 年 6 月驳回了此请求。

Massachusetts v. Microsoft Corp.，373 F. 3d 第 1199 页（D. C. Cir.，2004）。

32. 有关结算条款的详细讨论，参见 Hesse（2009）。

33. Commission Decision relating to a proceeding pursuant to Article 82 of the EC Treaty and Article 54 of the EEA Agreement against Microsoft Corporation（Case COMP/C-3/37.792—Microsoft），2004 年 5 月 24 日。Affirmed by Judgment of the Court of First Instance，Case T-201/04，2007 年 9 月 17 日。

34. Ayres and Nalebuff（2005）对这一补救措施表示赞赏，尽管带有媒体播放器的 Windows 销量很少，因为它解决了所谓的非法捆绑，且未给消费者带来成本。

35. Commission Decision relating to a proceeding pursuant to Article 82 of the EC Treaty（Case COMP/C-3/37.792—*Microsoft*），2004 年 5 月 24 日，第 784 页。

36. 参见 Kühn and Van Reenen（2009），就欧盟委员会对微软调查中的互操作性问题进行有用的讨论。

37. Commission Decision relating to a proceeding pursuant to Article 82 of the EC Treaty（Case COMP/C-3/37.792—*Microsoft*），2004 年 5 月 24 日，第 999 页。

38. 同上，第 1007 页。

39. European Commission，"Antitrust：Commission initiates formal investigations against Microsoft in two cases of suspected abuse of dominant market position"，Memo/08/19，2008 年 1 月 14 日。

40. European Commission，"Antitrust：Commission market tests Microsoft's proposal to ensure consumer choice of web browsers；welcomes further improvements in field of interoperability"，Memo/09/439，2009 年 10 月 7 日。

41. Commission Decision，Case COMP/C-3/39.530—*Microsoft*（*tying*），2009 年 12 月 16 日。

42. 同上。

43. Wikipedia，"Usage share of web browsers（citing several historical data sources）"，见 https://en.wikipedia.org/wiki/Usage_share_of_web_browsers，查

询时间为 2019 年 4 月 6 日。

44. 540 US 398, 406（2004）.

45. Reynolds and Best（2012）回顾了欧共体关于支配型企业拒绝交易的判例。第 9 章讨论对谷歌搜索案中反竞争产品设计的指控，美国和欧洲反垄断执法者在谷歌搜索案中得出了不同的结论。

46. Commission Decision relating to a proceeding pursuant to Article 82 of the EC Treaty and Article 54 of the EEA Agreement against Microsoft Corporation（Case COMP/C—3/37.792—*Microsoft*），2004 年 5 月 24 日。

47. Council Directive on the legal protection of computer programs（91/250/EEC），1991 年 5 月 14 日。

48. European Commission Decision, *Sea Containers Sealink/Stena*, OJ 1994 L15/8（1993 年 12 月 21 日），转引自 Vickers（2010）。

49. 欧盟委员会 1998 年 12 月 21 日的裁决，*Magill TV Guide/ITP, BBC and RTE*（［1989］OJ L78/43）and Case C-418/01 *IMS Health GmbH & Co. OHG v. NDC Health GmbH & Co KG*, 2004 年 4 月 29 日的判决。

50. *US v. Microsoft*, Court of Appeals, 253 F. 3d, 第 34 页、第 11—12 页。

51. 同上，第 57—59 页，第 64—66 页。

52. 发回重审，法院本应允许原告辩称，Windows 98 对消费者选择默认网络浏览器造成浏览器市场的反竞争影响，超过了微软声称的操作系统效率优势，但和解先于调查。

53. Segal and Whinston（2007）通过一个序贯创新模型探讨这些权衡，在该模型中，反垄断法决定在位企业通过排除新进入企业而获利的程度。另见 Baker（2007，2016）。

54. Hylton and Lin（2013）认为，创新使消费者受益，故而不应受到反垄断执法的劝阻。但是，他们没有考虑垄断行为如何损害竞争对手的创新，也未考虑垄断行为减缓未来创新的进程。

55. Commission Decision relating to a proceeding pursuant to Article 82 of the EC

Treaty and Article 54 of the EEA Agreement against Microsoft Corporation（Case COMP/C-3/37.792—*Microsoft*），2004 年 5 月 24 日。

56. European Commission, "Antitrust: Commission imposes €899 million penalty on Microsoft for non-compliance with March 2004 decision", IP/08/318, 2008 年 2 月 27 日。

57. *New York ex. rel. v. Microsoft*, California Group's Report on Remedial Effectiveness, Civil Action 98-1233（CKK）（D.D.C. 2007 年 9 月 11 日）。

58. *US v. Microsoft*, Joint Status Report on Microsoft's Compliance with the Final Judgments,（US D.D.C）Civil Action No.98-1232（CKK），2011 年 4 月 27 日。

59. 尽管浏览器可以访问支持 Java 应用程序的网站，Chrome、Firefox 和 Safari 浏览器当前版本并不提供 Java 插件小程序。见 https://java.com/en/download/help/enable_browser.xml，查询时间为 2019 年 10 月 16 日。

60. 谷歌使用 Java 对谷歌文档的主要服务器端功能进行编码。Jonathan Strickland, "How Google Docs works,"见 https://computer.howstuffworks.com/internet/basics/google-docs5.htm，查询时间为 2019 年 4 月 16 日。

61. Carlton and Waldman（2002），Nalebuff（2004）。

62. George Stigler（1963）最先阐述混合捆绑的益处，后来是 Adams and Yellen（1976）。Janet Yellen 还于 2014 年至 2018 年担任美联储主席。

63. Evans and Salinger（2005）。

64. 另一个论点是，承诺只提供捆绑产品会使企业成为更强大的竞争对手，这进而使需要不可逆投资的新进入变得更加困难。见 Whinston（1990，2001）。然而，这一论点与微软案中的搭售指控没有太大关联，因为网景是一家知名的竞争对手。

65. 也可参见 *US et al. v. Microsoft*, US District Court for the District of Columbia, Civil Action No.98-1232（TPJ），Declaration of Carl Shapiro（2000 年 4 月 28 日）and Declaration of Paul M. Romer（2000 年 4 月 27 日）。

66. Ordover、Saloner and Salop（1990）以及 Allain、Chambolle and Rey

（2011，2016）描述了一体化供应商打压竞争对手的激励。Carlton and Waldman（2002）以及 Choi（2004）表明，捆绑（与一体化密切相关）可以降低竞争对手的创新激励。

67. 可参见 Bresnahan（2001）、Ayres and Nalebuff（2005）、First and Gavil（2006）、Hovenkamp（2008a）以及 Shapiro（2009）。Herbert Hovenkamp（2008a，第 298 页）写道："微软案可能是公共反垄断执法史上的溃败之一，是从胜利的口中夺取失败。"

68. 创新激励并不像古诺的价格互补效应那样普遍，因为从集成供应商那里购买操作系统和应用程序的消费者，在集成供应的条件下，能够以较低的价格进行改进，改进的价值也较低。参见 Farrell and Katz（2000）附录及本书第 2 章的讨论。

69. Shelanski and Sidak（2001，第 30 页）。（"仅举一例，我们可以很容易地想象，利益相关方将围绕'中间件'的含义提起无休止的诉讼，正如他们根据修改版终审判决 AT&T 同意令，就'信息服务'的含义没完没了地起诉。"）

70. Farrell and Katz（2000）。

71. Williamson（1979，1983）。

72. 据 Statcounter 数据，2019 年，超过三分之二的桌面互联网用户使用 Chrome 浏览器，相比之下，微软的 IE 浏览器及其替代产品微软 Edge 的使用率不到 15%。见 http://gs.statcounter.com/browser-market-share/desktop/worldwide，查询时间为 2019 年 10 月 15 日。

73. Heiner（2012），第 340 页。

74. *US v. Microsoft*，Findings of Fact，第 407 页。

75. *US v. Microsoft*，Court of Appeals，253 F. 3d 34，61（emphasis added）。

76. Shapiro（1999）。

77. Hovenkamp（2008b）观察到，创新对经济增长的贡献大于价格竞争这一前提的推论是，限制创新进行可能造成更大伤害。

78. 参见 Farrell and Katz（2000）以及 Elhauge（2009）。

79. Hesse（2009），第 865—868 页。

第 9 章

1. 作者在谷歌搜索案的调查中曾与联邦贸易委员会磋商。本章部分基于 Gilbert（2018b），不讨论与谷歌搜索相关的其他指控，这些指控包括挪用网站信息和限制使用程序管理广告。在另一起案件中，因谷歌滥用其市场支配地位，在与第三方网站的合同中施加条款，阻止竞争对手在这些网站上投放搜索广告，欧盟委员会对谷歌处以 14.9 亿欧元的罚款。（欧盟委员会新闻稿，"反垄断：委员会因在线广告滥用行为对谷歌处以 14.9 亿欧元罚款"，布鲁塞尔，2019 年 3 月 20 日。）在另一起案件中，欧盟对谷歌处以 43.4 亿欧元的罚款，并下令该公司终止与安卓移动操作系统许可相关的限制。（欧盟委员会新闻稿，"反垄断：因谷歌在安卓移动设备方面进行非法行为，用以加强搜索引擎的支配地位，委员会对谷歌处以 43.4 亿欧元罚款"，布鲁塞尔，2018 年 7 月 18 日。）我在第 10 章简要讨论了谷歌安卓的案例。我之所以不将这些案例包括在内，部分由于篇幅原因，部分因为它们提出的与捆绑交易和排他交易相关的问题，这些问题在第 8 章微软反垄断诉讼案讨论中有所涉及。

2. 参见 Google Ads Help, "Ad Rank"，见 https://support.google.com/google-ads/answer/1752122，查询时间为 2019 年 2 月 14 日。

3. 参见 "From ten blue links to integrated information platform", in Crane（2012）。

4. Baye, de los Santos and Wildenbeest（2016）。

5. Google Algorithm Update History，见 https://moz.com/google-algorithm-change，查询时间为 2019 年 10 月 23 日。

6. 该更新以谷歌工程师纳夫尼特·潘达的名字命名，他开发了算法中包含的技术。见 Brafton, "Google Panda", https://www.brafton.com/glossary/google-panda/，查询时间为 2019 年 1 月 25 日。

7. 谷歌的一篇博客写道："潘达更新旨在降低低质量网站的排名，这些网站对用户的附加值很低,仅复制其他网站的内容,故而这些网站并非十分有用。同时,它为高质量的网站提供更好的排名,这些网站具有原始内容和信息,如研究、深度报道以及深思熟虑的分析等。"(https://googleblog.blogspot.com/2011/02/finding-more-high-quality-sites-in.html,查询时间为 2019 年 1 月 25 日。)

8. 来自谷歌员工的电子邮件,转引自 European Commission, *Google Search* (*Shopping*), AT. 39740, Decision, June 27, 2017, 第 382 页 ("EC Google Shopping Decision")。

9. 这些统计数据来自 Statcounter (http://gs.statcounter.com/search-engine-market-share/,查询时间为 2019 年 1 月 25 日)。查询共享因设备、位置和测量方式而异。Comscore 报告称,2016 年 2 月,谷歌占美国用户直接搜索查询的 64% ("Comscore 发布 2016 年 2 月至 3 月美国桌面搜索引擎排名",2016 年 3 月 16 日,https://www.comscore.com/Insights/Rankings/comScore-Releases-February-2016-US-Desktop-Search-Engine-Rankings)。

10. "如果您不喜欢谷歌搜索提供的答案,只需点击一下即可切换到另一引擎……"谷歌公司执行主席 Eric Schmidt 在参议院反垄断、竞争政策和消费者权利司法小组委员会上的证词,2011 年 9 月 21 日,第 6 页。

11. 可参见 Manne and Wright (2011) 以及 Ratliff and Rubinfeld (2014)。更一般地说,双边市场的一边提高价格或排除竞争的能力取决于另一边的公司或消费者的反应。可参见 Evans and Noel (2005) 以及 Ratliff and Rubinfeld (2010)。

12. 也可参见 Patterson (2013),Darby and Karni (1973) 对信任品的讨论。

13. 谷歌每天处理约 35 亿次搜索查询,每年总计超过 1 万亿次;请参阅谷歌搜索统计数据,http://www.internetlivestats.com/google-search-statistics/,查询时间为 2019 年 1 月 25 日。截至 2018 年底,DuckDuckGo 上搜索总数为 260 亿;https://duckduckgo.com/about,查询时间为 2019 年 1 月 25 日。

14. 参见 Luca et al.（2015）。

15. 参见 Allain、Chambolle and Rey（2011，2016）。

16. Langford（2013），Stucke and Ezrachi（2016）。

17. *US v. Google and ITA Software*，Complaint，US District Court for the District Columbia，Case：1：11-cv-00688（2011年4月8日）。

18. 美国联邦贸易委员会处理与谷歌搜索相关的其他行为，但接受谷歌自愿同意改变受到质疑的做法，且不需要正式的同意令（US Federal Trade Commission，2013a）。

19. 同上。

20. 欧盟委员会新闻稿，"反垄断：因为谷歌非法利用其拥有的比较购物服务概况，欧盟委员会对谷歌的滥用搜索引擎支配地位的行为处以24.2亿欧元罚款"，布鲁塞尔，2017年6月27日。

21. EC Google Shopping Decision，第154页。

22. 同上，第271页。

23. 同上，第341页。

24. 同上。另见欧盟委员会，Summary of Commission Decision of 27 June 2017 Relating Proceeding under Article 102 of the Treaty on the Functioning of the European Union and Article 54 of the EEA Agreement，Case AT.39740—Google Search（Shopping）。

25. EC Google Shopping Decision，第7.5节。

26. 同上，第333页。

27. Consolidated version of the Treaty on the Functioning of the European Union—Rules Applying to Undertakings—Article 102（ex Article 82 TEC）。也可参见 Vickers（2005）。

28. EC Google Shopping Decision，第593—596页。

29. 同上，第538页。

30. 同上，第144页。

31. European Commission Press Release, "Antitrust: Commission fines Google € 1.49 billion for abusive practices in online advertising," Brussels, 2019 年 3 月 20 日。

32. 同上。

33. 存在例外。美国联邦巡回上诉法院认为，旨在排除竞争对手的设计变更是反竞争的，尽管有证据表明该变更是一种改进。参见 *C. R. Bard Inc. v. M3 Systems, Inc.*, US Court of Appeals for the Federal Cir. (1998 年 9 月 30 日)。本案的判例意义有限，因为反竞争指控在上诉中没有得到充分介绍。该案与传统的美国反垄断法不同，后者关注竞争效应而非意图。

34. *US v. Microsoft Corp.*, 253 F.3d 34, 64 (June 28, 2001).

35. *Berkey Photo v. Eastman Kodak Co.*, US Court of Appeals for the 2nd Circuit, 603 F.2d 263, 286 (June 25, 1979) (emphasis added).

36. 2010 年，制药公司在促销和直接面向消费者的广告上花费了 277 亿美元，约占其销售额的 9% (Kornfield、Donohoe、Berndt and Alexander, 2013)。

37. Carrier and Shadowen (2016, 2018) 提出了这一论点。

38. Jones and Williams (1998).

39. Newman (2012).

40. 可参见 *Cal. Computer Prods. v. IBM Corp.*, 613 F.2d 727 (1979) 以及 *Memorex Corp. v. IBM Corp.*, 636 F.2d 1188 (1980) (设计变更降低了成本，提高了业绩)。在 *Transamerica Computer Co. v. IBM Corp.*, 698 F.2d 1377 (9th Cir. 1983) 中，一家地区法院判定，设计变更有违竞争，但原告没有遭受反垄断损害。

41. *Verizon Communications, Inc. v. Law Offices of Curtis V. Trinko*, US Supreme Court (January 13, 2004). 法院没有提及发生在一个受监管行业中发生特林科公司的被质疑行为的条件。

42. *In re Apple iPod iTunes Antitrust Litigation*, US District Court for the Northern District of California (May 19, 2011).

43. *In re Apple iPod iTunes Antitrust Litigation*, Verdict Form Re Genuine Product Improvement (N. D. Cal. 2014).

44. 参见 Werden（2006，第 419 页），转引自 Areeda and Hovenkamp（2002）。

45. *Allied Orthopedic Appliances*, *Inc. v. Tyco Health Care Group LP*, 592 F. 3d 991, 999 (January 6, 2010) (citations omitted).

46. Ordover and Willig（1981）.

47. Werden（2006）, Melamed（2006）.

48. Elhauge（2003）.

49. Steve Jobs, *BusinessWeek*, October 12, 2004.

50. US Federal Trade Commission, *In the Matter of Intel Corporation*, Docket No. 9341, Complaint (December 16, 2009).

51. US Federal Trade Commission, *In the Matter of Intel Corporation*, Docket No. 9341, Decision and Order (October 29, 2010). 该法令只要求证明设计变更给英特尔带来的实际好处；并不要求平衡成本和收益，尽管美国联邦贸易委员会披露，如果设计变更受到反垄断法的质疑，平衡成本和收益是合适的。参见 *In the Matter of Intel Corporation*, Docket No. 9341, Analysis of Proposed Consent Order to Aid Public Comment。

52. 参见 Werden（2006），第 416 页。

53. 参见 Salop（2006）。

54. Vickers（2005）.

55. Hovenkamp（2013）.

56. Gilbert（2007）.

57. European Commission – Fact Sheet, "Antitrust: Commission fines Google € 2.42 billion for abusing dominance as search engine by giving illegal advantage to own comparison shopping service," Brussels, June 27, 2017.

58. Creighton and Jacobson（2012）. 他们认为，最高法院在威瑞森诉特林

科一案中的意见与之前的法院判决不同，该判决对一家支配型企业施加协助其竞争对手的义务。

59. *Lorain Journal Co. v. United States*, 342 U.S. 143 (1951).

60. *Otter Tail Power Co. v. United States*, 410 U.S. 366 (1973). A subsequent case that is often cited in the context of allegations of refusals to deal is *Aspen Skiing Co. v. Aspen Highlands Skiing Corp.*, 472 U.S. 585 (1985). 该案推定，在有利可图的先前交易过程终止时，拒绝交易的反垄断责任与某些具有反竞争后果的行为无关。参见 Creighton and Jacobson (2012)。

第10章

1. 据估计，一台现代笔记本计算机包含超过250种标准定义的技术。参见 Biddle (2018)。

2. 本章部分内容基于 Gilbert (2014)。

3. 参见 Shapiro and Varian (1999a, 1999b)。

4. 参见 Farrell and Saloner (1985, 1986)。

5. Simcoe (2012) 表明，互联网的商业化导致互联网工程任务组（IETF）内部战略机动的增加，以及委员会关于互联网标准的决策放缓。

6. 参见 Anton and Yao (1995)。

7. 1997年，太阳微系统申请并获得批准，将 Java 提交给国际信息技术标准化委员会。太阳微最终在知识产权保护纠纷中努力证明 Java 系公共标准。参见 Garud et al. (2002)。

8. European Commission, *Google Android*, Case AT.40099, Commission Decision, 2018年7月18日，第12.6.1节。

9. 同上。

10. 欧盟委员会新闻稿，"反垄断：因谷歌在安卓移动设备方面进行非法行为，用以加强搜索引擎的支配地位，委员会对谷歌处以43.4亿欧元罚款"，2018年7月18日。

11. 美国国家标准学会专利政策（ANSI Patent Policy），2016 年修订版，见 https://share.ansi.org/Shared%20Documents/Standards%20Activities/American%20National%20Standards/Procedures,%20Guides,%20and%20Forms/ANSI%20Patent%20Policy%202016.pdf。

12. Goodman and Myers（2005）。WCDMA 和 CDMA2000 是第三代蜂窝通信技术。首字母缩写 WCDMA 代表"宽带码分多址"。专利族包括一个或多个普通发明人在不同国家为保护一项发明而注册的所有专利。

13. 参见 Williamson（1979）以及 Farrell、Hayes、Shapiro and Sullivan（2007）对标准制定背景下要挟的经济学分析。

14. 参见 Shapiro（2001）。

15. 参见 Lemley and Shapiro（2007）。许可费叠加是本书第 2 章讨论古诺互补效应的一个例子。

16. 美国国家标准化组织专利政策。

17. 参见 Goodman and Myers（2005）以及 Maskus and Merrill（2013）。

18. US Federal Trade Commission, *In the Matter of Dell Computer Corporation*, *Complaint*, May 20, 1996.

19. US Federal Trade Commission, *In the Matter of Dell Computer Corporation*, Statement of the Commission, June 17, 1996.

20. 作者在一个相关案件中代表反对蓝博士（Rambus）的私人原告作证。

21. US Federal Trade Commission, *In the Matter of Rambus Inc.*, Docket No. 9302, Opinion of the Commission（August 2, 2006）.

22. *Rambus Inc. v. FTC*, US Court of Appeals for the District of Columbia,（April 22, 2008）, 522 F.3d 456.

23. 522 F.3d 456, 456（emphasis in original）。"SSO"代表"标准制定组织"，这是"标准开发组织"的另一个术语。

24. 在蓝博士案中，上诉法院没有直接处理蓝博士是否可能违反《联邦贸易委员会法》第 5 条的问题，但指出，联合电子设备工程委员会含糊的披露要求使人对此判决产生怀疑。

25. 522 F. 3d 456, 465. Italics in original.

26. Galetovic, Haber and Levine (2015).

27. Galetovic, Haber and Levine (2015) 还声称，要挟不是一个经济问题，因为减少标准必要专利持有者拥有过度权力的法院判决未能加速依赖标准必要专利的行业创新。但没有足够的数据来准确估计这种创新效应。

28. 可参见 Carey and Culley (2018)。

29. *Allied Tube & Conduit Corp. v. Indian Head*, US Supreme Court (June 13, 1988).

30. Simcoe (2012).

31. Arrow (1950).

32. 许多此类指控在驳回动议或即决判决后仍然存在，但如果法院发现标准是在遵循这些原则的过程中制定的，则根据案情予以驳回。实例包括 *Addamax v. Open Software Foundation*, 888 F. Supp. 274 (D. Mass. 1995), aff'd, 152 F. 3d 48 (1st Cir. 1998) (not unlawful to exclude technology from Unix OSF/1); *Golden Bridge Tech., Inc. v. Nokia, Inc.* (E. D. Tex., Sept. 10, 2007), aff'd *Golden Bridge Tech., Inc. v. Motorola, Inc.*, 547 F. 3d 266 (5th Cir. 2008) (将技术排除在 3G 蜂窝标准之外并不违法)。

33. *GSI Tech., Inc. v. Cypress Semiconductor Corp.*, US Dist. LEXIS 9378 (January 27, 2015). 在双方达成未披露的和解后，案件终结。Cypress Semiconductor, 2015 Annual Report，第 104 页。

34. 也可参见 *Microsoft Corporation v. Motorola, Inc., et al.*, 2013 US Dist. LEXIS 60233 (W. D. Wash., April 25, 2013); *In re Innovatio IP Ventures, LLC Patent Litig.*, 2013 US Dist. LEXIS 144061 (N. D. Ill., October 3, 2013); 以及 *Commonwealth Sci. & Indus. Research Organisation v. Cisco Sys.* (Fed. Cir., December 3, 2015)。

35. VITA Standards Organization, *VSO Policies and Procedures*, September 1,

2015, Revision 2. 8.

36. 助理检察长托马斯·巴内特（Thomas O. Barnett），给罗伯特·斯克托尔（Robert A. Skitol）的信，2006 年 10 月 30 日，见 https://www.justice.gov/atr/response-vmebus-international-trade-association-vitas-request-business-review-letter。

37. 助理检察长 Renata B. Hesse 写给 Michael A. Lindsay 的信，2015 年 2 月 2 日，见 https://www.justice.gov/atr/response-institute-electrical-and-electronics-engineers-incorporated。

38. 参见 Lerner and Tirole（2006），Chiao、Lerner and Tirole（2017）。

39. Contreras and Gilbert（2015）。

40. Delrahim（2018a, 2018b）。

41. 参见 *In the Matter Negotiated Date Solutions LLC*，Complaint（September 23, 2008）and *In the Matter of Robert Bosch Gmbh*，Complaint（November 26, 2012）。Maskus and Merrill（2013）详细探讨了与公平合理非歧视（FRAND）许可协议相关的问题。

42. Gilbert（2018a）。

43. See Gilbert（2011），Carlton and Shampine（2013）。

44. Contreras and Gilbert（2015），Lee and Melamed（2016）。

45. 同上。

46. 参见 *Ericsson, Inc. v. D-Link Sys.*（Fed. Cir. December 4, 2014），773 F. 3d 1201, 1226, 1231。

47. Ratliff and Rubinfeld（2013）提出了一个方案，以确定专利所有人何时可以合理请求禁令或排除令。Geradin and Rato（2007）认为，非歧视承诺不应排除在诚信谈判失败时寻求禁令。

48. Merges and Kuhn（2009），第 4 页。

参考文献

Adams, William J. and Janet L. Yellen (1976). Commodity bundling and the burden of monopoly. *Quarterly Journal of Economics*, 90(3): 475–498.

Aghion, Philippe, Nick Bloom, Richard Blundell, Rachel Griffith, and Peter Howitt (2005). Competition and innovation: An inverted-U relationship. *Quarterly Journal of Economics*, 120(2): 701–728.

Aghion, Philippe, Richard Blundell, Rachel Griffith, Peter Howitt, and Susanne Prantl (2009). The effects of entry on incumbent innovation and productivity. *Review of Economics and Statistics*, 91(1): 20–32.

Aghion, Philippe, Christopher Harris, Peter Howitt, and John Vickers (2001). Competition, imitation and growth with step-by-step innovation. *Review of Economic Studies*, 68(3): 467–492.

Aghion, Philippe, Christopher Harris, and John Vickers (1997). Competition and growth with step-by-step innovation: An example. *European Economic Review*, 41(3–5): 771–782.

Aghion, Philippe and Jean Tirole (1994). The management of innovation. *Quarterly Journal of Economics*, 109(4): 1185–1209.

Allain, Marie-Laure, Claire Chambolle, and Patrick Rey (2011). Vertical integration, information and foreclosure. Toulouse School of Economics, Working paper, November 25.

Allain, Marie-Laure, Claire Chambolle, and Patrick Rey (2016). Vertical integration as a source of hold-up. *Review of Economic Studies*, 83: 1–25.

Anand, Geeta (2006). *The Cure: How a How a Father Raised $100 Million—and Bucked the Medical Establishment—in a Quest to Save His Children*. HarperCollins.

Antitrust Subcommittee (1959). *Consent Decree Program of the Department of Justice*. Committee on the Judiciary, House of Representatives. Eighty-Sixth Congress, First Session.

Anton, James J. and Dennis A. Yao (1995). Standard-setting consortia, antitrust, and high-technology industries. *Antitrust Law Journal*, 64: 247–265.

Armstrong, Mark (2006). Competition in two-sided markets. *Rand Journal of Economics*, 37(3): 668–691.

Arrow, Kenneth J. (1950). A difficulty in the concept of social welfare. *Journal of Political Economy*, 58: 328–346.

Arrow, Kenneth J. (1962). Economic welfare and the allocation of resources for invention. In Richard R. Nelson (Ed.), *The Rate and Direction of Inventive Activity* (pp. 609–626). Princeton University Press.

Aurelian, Laure (2004). Herpes simplex virus type 2 vaccines: New ground for optimism? *Clinical and Diagnostic Laboratory Immunology*, 11(3): 437–445.

Autor, David, David Dorn, Gordon H. Hanson, Gary Pisano, and Pian Shu (2020). Foreign competition and domestic innovation: Evidence from US patents. *American Economic Review*, forthcoming.

Autor, David, David Dorn, Lawrence F. Katz, Christina Patterson, and John Van Reenen (2017). The fall of the labor share and the rise of superstar firms. Available at https://economics.mit.edu/files/12979.

Ayres, Ian and Barry Nalebuff (2005). Going soft on Microsoft? The EU's antitrust case and remedy. *The Economists' Voice*, 2(2): 1–10.

Baker, Jonathan B. (2007). Beyond Schumpeter vs. Arrow: How antitrust fosters innovation. *Antitrust Law Journal*, 74(3): 575–602.

Baker, Jonathan B. (2016). Evaluating appropriability defenses for the exclusionary conduct of dominant firms in innovative industries. *Antitrust Law Journal*, 80: 431–461.

Baker, Jonathan B. and Carl Shapiro (2008). Reinvigorating horizontal merger enforcement. In Robert Pitofsky (Ed.), *How the Chicago School Overshot the Mark: The Effect of Conservative Economic Analysis on US Antitrust* (pp. 235–238). Oxford University Press.

Baldwin, William L. and John T. Scott (1987). Market structure and technological change. In J. Lesourne and H. Sonnenschein (Eds.), *Fundamentals of Pure and Applied Economics*. Harwood Academic Publishers.

Bankhead, Charles (2011). Gene therapy flunks limb ischemia test. *Medpage Today*, June 2. Available at https://www.medpagetoday.com/cardiology/peripheralarterydisease/26814.

Baten, Joerg, Nicola Bianchid, and Petra Moser (2017). Compulsory licensing and innovation—historical evidence from German patents after WWI. *Journal of Development Economics*, 126: 231–242.

Baxter, William F. (1984–1985). The definition and measurement of market power in industries characterized by rapidly developing and changing technologies. *Antitrust Law Journal*, 53: 717–732.

Baye, Michael R., Barbur de los Santos, and Matthijs R. Wildenbeest (2016). Search engine optimization: What drives organic traffic to retail sites? *Journal of Economics & Management Strategy*, 25(1): 6–31.

Bessen, James and Eric Maskin (2009). Sequential innovation, patents, and imitation. *RAND Journal of Economics*, 40(4): 611–635.

Biddle, C. Bradford (2018). No standard for standards: Understanding the ICT standards-development ecosystem. In Jorge L. Contreras (Ed.), *The Cambridge Handbook of Technical Standardization Law: Competition, Antitrust, and Patents* (pp. 17–28). Cambridge University Press.

Biotech Industry Report (2015). *Beyond Borders: Reaching New Heights*.

Blonigen, Bruce A. and Justin R. Pierce (2016). Evidence of the effects of mergers on market power and efficiency. NBER Working Paper no. 22750, October.

Bloom, Nicholas, Mirko Draca, and John Van Reenen (2016). Trade-induced technical change? The impact of Chinese imports on innovation, IT, and productivity. *Review of Economic Studies*, 83(1): 87–117.

Blundell, Richard, Rachel Griffith, and John Van Reenen (1999). Market share, market value and innovation in a panel of British manufacturing firms. *Review of Economic Studies*, 66(3): 529–554.

Bourreau, Marc and Bruno Jullien (2018). Mergers, investment, and demand expansion. *Economic Letters*, 167(C): 136–141.

Bourreau, Marc, Bruno Jullien, and Yassine Lefouili (2018). Mergers and demand-enhancing innovation. Toulouse School of Economics, Working Paper No. 18–907, March.

Bresnahan, Timothy F. (1985). Post-entry competition in the plain paper copier market. *American Economic Review, Papers and Proceedings*, 75(2): 15–19.

Bresnahan, Timothy F. (2001). A remedy that falls short of restoring competition. *Antitrust*, Fall: 67–71.

Brodley, Joseph F. (1987). The economic goals of antitrust: Efficiency, consumer welfare, and technological progress. *New York University Law Review*, 62: 1020–1053.

Bulow, Jeremy I., John D. Geanakoplos, and Paul D. Klemperer (1985). Multimarket oligopoly: Strategic substitutes and complements. *Journal of Political Economy*, 93(3): 488–511.

Cabral, Luís (1994). Bias in market R&D programs. *International Journal of Industrial Organization*, 12: 533–547.

Cabral, Luís and David Salant (2014). Evolving technologies and standards regulation. *International Journal of Industrial Organization*, 36: 48–56.

Carey, George S. and Daniel P. Culley (2018). Concerted action in standard-setting. In Jorge L. Contreras (Ed.), *The Cambridge Handbook of Technical Standardization Law: Competition, Antitrust, and Patents* (pp. 61–77). Cambridge University Press.

Carlton, Dennis W. and Robert H. Gertner (2003). Intellectual property, antitrust, and strategic behavior. In Adam B. Jaffe, Josh Lerner, and Scott Stern (Eds.), *Innovation Policy and the Economy* (Vol. 3) (pp. 29–59). MIT Press.

Carlton, Dennis W. and Allan L. Shampine (2013). An economic interpretation of FRAND. *Journal of Competition Law and Economics*, 9(3): 531–552.

Carlton, Dennis W. and Michael Waldman (2002). The strategic use of tying to preserve and create market power in evolving industries. *RAND Journal of Economics*, 33(2): 194–220.

Carrier, Michael A. (2008). Two puzzles resolved: of the Schumpeter-Arrow stalemate and pharmaceutical innovation markets. *Iowa Law Review*, 93(2): 393–450.

Carrier, Michael A. and Steve D. Shadowen (2016). Product hopping: A new framework. *Notre Dame Law Review*, 92(1): 167–230.

Carrier, Michael A. and Steve D. Shadowen (2018). A non-coercive economic approach to product hopping. *Antitrust*, 33(1): 102–107.

Cartwright, Heather and Taskin Ahmed (2016). *IMS PharmaDeals: Review of 2016*. QuintilesIMS.

Cass, Ronald A. and Keith N. Hylton (1999). Preserving competition: Economic analysis, legal standards, and Microsoft. *George Mason Law Review*, 8: 1–40.

Cassiman, Bruno, Massimo G. Colombo, Paola Garrone, and Reinhilde Veugelers (2005). The impact of M&A on the R&D process: An empirical analysis of the role of technological- and market-relatedness. *Research Policy*, 34(2): 195–220.

Chang, Howard F. (1995). Patent scope, antitrust policy, and cumulative innovation. *RAND Journal of Economics*, 26(1): 34–57.

Chen, Yongmin and Marius Schwartz (2013). Product innovation incentives: Monopoly vs. competition. *Journal of Economics and Management Strategy*, 22(3): 513–528.

Chiao, Benjamin, Josh Lerner, and Jean Tirole (2017). The rules of standard-setting organizations: An empirical analysis. *RAND Journal of Economics*, 38(4): 905–930.

Chien, Colleen (2003). Cheap drugs at what price to innovation: Does the compulsory licensing of pharmaceuticals hurt innovation? *Berkeley Technology Law Journal*, 18: 853–907.

Choi, Jay Pil (2004). Tying and innovation: A dynamic analysis of tying arrangements. *Economic Journal*, 114: 83–101.

Christensen, Clayton (1997). *The Innovator's Dilemma*. Harvard Business School Press.

Church, Jeffrey and Neil Gandal (1993). Complementary network externalities and technological adoption. *International Journal of Industrial Organization*, 11: 239–260.

Clark, Don and Ezequiel Minaya (2016). Lam Research, KLA-Tencor call off merger on antitrust concerns. *Wall Street Journal*, October 5.

Coase, Robert (1972). Durability and monopoly. *Journal of Law and Economics*, 15(1): 143–149.

Cockburn, Iain and Rebecca Henderson (1994). Racing to invest? The dynamics of competition in ethical drug discovery. *Journal of Economics and Management Strategy*, 3(3): 481–519.

Cohen, Wesley M. (2010). Fifty years of empirical studies of innovative activity and performance. In Bronwyn H. Hall and Nathan Rosenberg (Eds.), *Handbook of the Economics of Innovation* (Vol. 1) (pp. 129–213). Elsevier.

Cohen, Wesley M., Richard R. Nelson, and John P. Walsh (2004). Protecting their intellectual assets: Appropriability conditions and why US manufacturing firms patent (or not). NBER Working Paper No. 7552, February.

Cole, Bernard (2015). RISC vs CISC: What's the difference? *EE Times*, June 30. Available at https://www.eetimes.com/author.asp?section_id=36&doc_id=1327016.

Contreras, Jorge L. and Richard J. Gilbert (2015). A unified framework for RAND and other reasonable royalties. *Berkeley Technology Law Journal*, 30(2): 1451–1504.

Cournot, Augustin (1927). *Researches into the Mathematical Principles of the Theory of Wealth*. Nathaniel T. Bacon, trans. The MacMillan Co. (Original work published 1838).

Crane, Daniel A. (2011). Rethinking merger efficiencies. *Michigan Law Review*, 110(3): 347–391.

Crane, Daniel A. (2012). Search neutrality as an antitrust principle. *George Mason Law Review*, 19: 1199–1209.

Creighton, Susan A. and Jonathan M. Jacobson (2012). Twenty-five years of access denials. *Antitrust*, 27(1): 50–55.

Cukier, Kenneth (2010). Data, data, everywhere. *The Economist*, February 27.

Cunningham, Colleen, Florian Ederer, and Song Ma (2018). Killer acquisitions (August 28). Available at SSRN: https://ssrn.com/abstract=3241707.

Cusumano, Michael A. and David B. Yoffie (1998). *Competing on Internet Time: Lessons from Netscape and Its Battle with Microsoft*. Simon and Schuster.

Damanpour, Fariborz (2010). An integration of research findings of effects of firm size and market competition on product and process innovations. *British Journal of Management*, 21(4): 996–1010.

Danzon, Particia M., Andrew Epstein, and Sean Nicholson (2007). Mergers and acquisitions in the pharmaceutical and biotech industries. *Managerial and Decision Economics*, 28(4–5): 307–328.

Darby, Michael R. and Edi Karni (1973). Free competition and the optimal amount of fraud. *Journal of Law and Economics*, 16: 67–88.

Dasgupta, Partha and Eric Maskin (1987). The simple economics of research portfolios. *Economic Journal*, 97: 581–595.

Dasgupta, Partha and Joseph Stiglitz (1980). Industrial structure and the nature of innovative activity. *Economic Journal*, 90(358): 266–293.

D'Aspremont, Claude and Alexis Jacquemin (1988). Cooperative and noncooperative R&D in duopoly with spillovers. *American Economic Review*, 78(5): 1133–1137.

Delrahim, Makan (2004). Forcing firms to share the sandbox: Compulsory licensing of intellectual property rights and antitrust. Speech presented at the British Institute of International and Comparative Law, London, May 10.

Delrahim, Makan (2017). Antitrust and deregulation. Remarks as prepared for delivery at American Bar Association Antitrust Section Fall Forum, Washington, DC, November 16.

Delrahim, Makan (2018a). The "New Madison" approach to antitrust and intellectual property law. Remarks as prepared for delivery at University of Pennsylvania Law School, Philadelphia, March 16.

Delrahim, Makan (2018b). "Telegraph Road": Incentivizing innovation at the intersection of patent and antitrust law. 19th Annual Berkeley-Stanford Advanced Patent Law Institute, Palo Alto, CA, December 7.

Del Rey, Jason (2017). Amazon invested millions in the startup Nucleus—then cloned its product for the new Echo. *Vox*, May 10. Available at https://www.vox.com/2017/5/10/15602814/amazon-invested-startup-nucleus-cloned-alexa-echo-show-voice-control-touchscreen-video.

Denicolò, Vincenzo and Michele Polo (2018a). Duplicative research, mergers, and innovation. *Economics Letters*, 166(C): 56–59.

Denicolò, Vincenzo and Michele Polo (2018b). The innovation theory of harm: An appraisal. Available at SSRN: https://ssrn.com/abstract=3146731.

Deveau, Scott and Kiel Porter (2018). ComScore is exploring options including a potential sale. *Bloomberg*, January 23. Available at https://www.bloomberg.com/news/articles/2018-01-23/comscore-is-said-to-explore-options-including-a-potential-sale.

Devos, Erik, Palani-Rajan Kadapakkam and Srinivasan Krishnamurthy (2016). How do mergers create value? A comparison of taxes, market power, and efficiency improvements as explanations for synergies. *Review of Financial Studies*, 22(3): 1179–1211.

DiMasi, Joseph A., Henry G. Grabowski, and Ronald W. Hansen (2016). Innovation in the pharmaceutical industry: New estimates of R&D costs. *Journal of Health Economics*, 47: 20–33.

Doraszelski, Ulrich (2003). An R&D race with knowledge accumulation. *RAND Journal of Economics*, 34(1): 20–42.

Dryden, Benjamin R. and Shankar (Sean) Iyer (2017). Privacy fixing and predatory privacy: The intersection of big data, privacy policies, and antitrust. *Competition Policy International Antitrust Chronicle*, September.

Easterbrook, Frank H. (1992). Ignorance and antitrust. In Thomas M. Jorde and David J. Teece (Eds.), *Antitrust, Innovation, and Competitiveness*. Oxford University Press.

Elhauge, Einer (2003). Defining better monopolization standards. *Stanford Law Review*, 56: 253–344.

Elhauge, Einer (2009). Tying, bundled discounts, and the death of the single monopoly profit theory. *Harvard Law Review*, 123(2): 397–481.

Ellison, Glenn and Drew Fudenberg (2000). The neo-Luddite's lament: Excessive upgrades in the software industry. *RAND Journal of Economics*, 31(2): 253–272.

European Commission (2004). Guidelines on the assessment of horizontal mergers under the Council Regulation on the control of concentrations between undertakings (2004/C 31/03).

European Commission (2016). EU merger control and innovation. Competition Policy Brief, April.

Evans, David S., Albert L. Nichols, and Bernard Reddy (2002). The rise and fall of leaders in personal computer software. In David S. Evans (Ed.), *Microsoft, Antitrust, and the New Economy: Selected Essays* (pp. 265–285). Kluwer Academic Publishers.

Evans, David S. and Michael Noel (2005). Defining antitrust markets when firms operate two-sided platforms. *Columbia Business Law Review*, 2005(3): 667–702.

Evans, David S. and Michael Salinger (2005). Why do firms bundle and tie? Evidence from competitive markets and implications for tying law. *Yale Journal on Regulation*, 22(1): 37–89.

Evans, David S. and Richard Schmalensee (2018). Two-sided red herrings. *CPI Antitrust Chronicle*, October.

Farrell, Joseph, John Hayes, Carl Shapiro, and Theresa Sullivan (2007). Standard setting, patents, and hold-up. *Antitrust Law Journal*, 74(3): 603–70.

Farrell, Joseph and Michael L. Katz (1998). The effects of antitrust and intellectual property law on compatibility and innovation. *Antitrust Bulletin*, Fall/Winter: 609–650.

Farrell, Joseph and Michael L. Katz (2000). Innovation, rent extraction, and integration in systems markets. *Journal of Industrial Economics*, 48(4): 413–432.

Farrell, Joseph and Michael L. Katz (2005). Competition or predation? Consumer coordination, strategic pricing and price floors in network markets. *Journal of Industrial Economics*, 53(2): 203–231.

Farrell, Joseph, Janis K. Pappalardo, and Howard Shelanski (2010). Economics at the FTC: Mergers, dominant-firm conduct, and consumer behavior. *Review of Industrial Organization*, 37: 263–277.

Farrell, Joseph and Garth Saloner (1985). Standardization, compatibility, and innovation. *RAND Journal of Economics*, 16: 70–83.

Farrell, Joseph and Garth Saloner (1986). Installed base and compatibility: Innovation, product preannouncements, and predation. *American Economic Review*, 76(5): 940–55.

Farrell, Joseph and Carl Shapiro (2010). Antitrust evaluation of horizontal mergers: An economic alternative to market definition. *B. E. Journal of Theoretical Economics*, 10(1): 1–41.

Federico, Giulio, Gregor Langus, and Tommaso Valletti (2017). A simple model of mergers and innovation. *Economics Letters*, 157(C): 136–140.

Federico, Giulio, Gregor Langus, and Tommaso Valletti (2018). Horizontal mergers and product innovation: An economic framework. *International Journal of Industrial Organization*, 59: 1–23.

Federico, Giulio, Fiona Scott-Morton, and Carl Shapiro (2020). Antitrust and innovation: Welcoming and protecting disruption. Forthcoming in NBER, Innovation Policy and the Economy.

Filistrucchi, Lapo, Damien Geradin, Eric van Damme, and Pauline Affeldt (2014). Market definition in two-sided markets: Theory and practice. *Journal of Competition Law and Economics*, 10(2): 293–339.

First, Harry and Andrew I. Gavil (2006). Re-framing Windows: The durable meaning of the Microsoft antitrust litigation. *Utah Law Review*, 679(3): 679–761.

Fisher, Lawrence M. (1994). Company news: Rhone unit focuses on gene drugs. *New York Times*, November 15. Available at https://www.nytimes.com/1994/11/15/business/company-news-rhone-unit-focuses-on-gene-drugs.html.

Fox, Justin (2017). The fall, rise, and fall of creative destruction. *Bloomberg*, September 26.

Franco, April Mitchell and Darren Filson (2006). Spin-outs: Knowledge diffusion through employee mobility. *RAND Journal of Economics*, 37(4): 841–860.

Fudenberg, Drew, Richard Gilbert, Joseph Stiglitz, and Jean Tirole (1983). Preemption, leapfrogging and competition in patent races. *European Economic Review*, 22(1): 3–31.

Fuglie, Keith O. et al. (2011). Research investments and market structure in the food processing, agricultural input, and biofuel industries worldwide. US Department of Agriculture. Economic Research Report No. 130, December.

Furman, Jason (2016). Beyond antitrust: The role of competition policy in promoting inclusive growth. Speech presented at the Searle Center Conference on Antitrust Economics and Competition Policy, Chicago, September 16.

Furman, Jason and Peter Orszag (2015). A firm-level perspective on the role of rents in the rise in inequality. Paper presented at Columbia University's "A Just Society" Centennial Event in honor of Joseph Stiglitz, New York, October 16.

Galasso, Alberto and Mark Schankerman (2015). Patents and cumulative innovation: Causal evidence from the courts. *Quarterly Journal of Economics*, 130(1): 317–369.

Galasso, Alberto and Mark Schankerman (2018). Patent rights, innovation, and firm exit. *RAND Journal of Economics*, 49(1): 64–86.

Galetovic, Alexander, Stephen Haber, and Ross Levine (2015). An empirical examination of patent hold-up. *Journal of Competition Law and Economics*, 11(3): 549–578.

Gans, Joshua (2016). *The Disruption Dilemma*. MIT Press.

Garcia-Macia, Daniel, Chang-Tai Hsieh, and Peter Klenow (2017). How destructive is innovation? US Census Bureau Center for Economic Studies Paper No. CES-WP-17–04, January 1. Available at SSRN: https://ssrn.com/abstract=2896913.

Garud, Rahu, Sanjay Jain, and Arun Kumaraswamy (2002). Institutional entrepreneurship in the sponsorship of common technological standards: The case of Sun Microsystems and Java. *Academy of Management Journal*, 45(1): 196–214.

Garza, Deborah A. et al. (2007). *Antitrust Modernization Commission: Report and Recommendations.* Available at http://www.amc.gov/report_recommendation/amc_final_report.pdf.

Gavil, Andrew I. and Harry First (2014). *The Microsoft Cases: Competition Policy for the Twenty-First Century.* MIT Press.

Geradin, Damien and Dimitrios Katsifis (2018). An EU competition law analysis of online display advertising in the programmatic age. Tilburg Law & Economics Center (TILEC) working paper. Available at https://ssrn.com/abstract=3299931.

Geradin, Damien and Miguel Rato (2007). Can standard setting lead to exploitative abuse? A dissonant view on patent hold-up, royalty stacking and the meaning of FRAND. *European Competition Journal*, 3: 101–161.

Ghosh, Aloke (2001). Does operating performance really improve following corporate acquisitions? *Journal of Corporate Finance*, 7(2): 151–78.

Gilbert, Richard J. (1999). Networks, standards, and the use of market dominance: Microsoft (1995). In John E. Kwoka Jr. and Lawrence J. White (Eds.), *The Antitrust Revolution: Economics, Competition, and Policy* (3rd ed.), (pp. 409–429). Oxford University Press,

Gilbert, Richard J. (2006). Looking for Mr. Schumpeter: Where are we in the competition-innovation debate? In A. Jaffe, J. Lerner, and S. Stern (Eds.), *Innovation Policy and the Economy* (Vol. 6) (pp. 159–215). National Bureau of Economic Research.

Gilbert, Richard J. (2007). Holding innovation to an antitrust standard. *Competition Policy International*, 3(1): 3–33.

Gilbert, Richard J. (2011). Deal or no deal? Licensing negotiations in standard-setting organizations. *Antitrust Law Journal*, 77(3): 855–888.

Gilbert, Richard J. (2014). Competition policy for industry standards. In Roger Blair and D. Daniel Sokol (Eds.), *Oxford Handbook on International Antitrust Economics, Vol. 2* (pp. 554–585). Oxford University Press.

Gilbert, Richard J. (2018a). Collective rights organizations: A guide to benefits, costs and antitrust safeguards. In Jorge L. Contreras (Ed.), *The Cambridge Handbook of Technical Standardization Law: Competition, Antitrust, and Patents* (pp. 125–146). Cambridge University Press.

Gilbert, Richard J. (2018b). US Federal Trade Commission investigation of Google Search (2013). In John E. Kwoka and Lawrence White (Eds.), *The Antitrust Revolution* (7th ed.) (pp. 489–513). Oxford University Press,

Gilbert, Richard J. (2019). Competition, mergers, and R&D diversity. *Review of Industrial Organization*, 54(3): 465–484.

Gilbert, Richard and Eirik Gaar Kristiansen (2018). Licensing and innovation with imperfect contract enforcement. *Journal of Economics and Management Strategy*, 27(2): 297–314.

Gilbert, Richard J. and Hillary Greene (2015). Merging innovation into antitrust agency enforcement of the Clayton Act. *George Washington Law Review*, 83: 1919–1947.

Gilbert, Richard J. and Michael L. Katz (2001). An economist's guide to US v. Microsoft. *Journal of Economic Perspectives*, 15(2): 25–44.

Gilbert, Richard J. and David M. G. Newbery (1982). Preemptive patenting and the persistence of monopoly. *American Economic Review*, 72(3): 514–526.

Gilbert, Richard, Christian Riis, and Erlend Riis (2018). Stepwise innovation by an oligopoly. *International Journal of Industrial Organization*, 61: 413–438.

Gilbert, Richard J. and Stephen C. Sunshine (1995). Incorporating dynamic efficiency concerns in merger analysis: The use of innovation markets. *Antitrust Law Journal*, 63(2): 574–581.

Gilbert, Richard J. and Willard Tom (2001). Is innovation king at the antitrust agencies? The Intellectual Property Guidelines five years later. *Antitrust Law Journal*, 69: 43–86.

Goettler, Ronald and Brett Gordon (2011). Does AMD spur Intel to innovate more? *Journal of Political Economy*, 119 (6): 1141–1200.

Goodman, David J. and Robert A. Myers (2005). 3G cellular standards and patents. *2005 International Conference on Wireless Networks, Communications, and Mobile Computing*, 1: 415–420.

Grabowski, Henry G. and Margaret Kyle (2008). Mergers and alliances in pharmaceuticals: Effects on innovations and R&D productivity. In Klaus Gugler and Burcin Yurtoglu, (Eds.), *The Economics of Corporate Governance and Mergers*. Edward Elgar.

Greenstein, Shane and Garey Ramey (1998). Market structure, innovation and vertical product differentiation. *International Journal of Industrial Organization*, 16: 285–311.

Grindley, Peter C. and David J. Teece (1997). Managing intellectual capital: Licensing and cross-licensing in semiconductors and electronics. *California Management Review*, 39(2): 8–41.

Grove, Andrew S. (1996). *Only the Paranoid Survive: How to Exploit the Crisis Points that Challenge Every Company and Career*. Doubleday.

Gutiérrez, Germán and Thomas Philippon (2018). Declining competition and investment in the US. NBER Working Paper.

Hall, Bronwyn and Rosemarie Ham Ziedonis (2001). The patent paradox revisited: An empirical study of patenting in the U.S. Semiconductor Industry, 1979–1995. *RAND Journal of Economics*, 32(1): 101–128.

Harris, Christopher and John Vickers (1985). Perfect equilibrium in a model of a race. *Review of Economic Studies*, 52: 193–209.

Hart, Oliver D. (1983). The market mechanism as an incentive scheme. *Bell Journal of Economics*, 14(2): 366–382.

Haucap, Justus, Alexander Rasch, and Joel Stiebale (2019). How mergers affect innovation: Theory and evidence. *International Journal of Industrial Organization*, 63: 283–325.

Hawking, Stephen W. (2005). *The Theory of Everything: The Origin and Fate of the Universe.* Phoenix Books. First published under the title *The Cambridge Lectures: Life Works* (1996), Dove Audio.

Heiner, David (2012). Microsoft: A remedial success? *Antitrust Law Journal*, 78(2): 329–362.

Henderson, Rebecca (1993). Underinvestment and incompetence as responses to radical innovation: Evidence from the photolithographic alignment equipment industry. *RAND Journal of Economics*, 24(2): 248–270.

Henderson, Rebecca M. and Kim B. Clark (1990). Architectural innovation: The reconfiguration of existing product technologies and the failure of established firms. *Administrative Science Quarterly*, 35(1): 9–30.

Hermalin, Benjamin E. (1992). The effects of competition on executive behavior. *RAND Journal of Economics*, 23(3): 350–365.

Herndon, Astead W. (2019). Elizabeth Warren proposes breaking up tech giants like Amazon and Facebook. *New York Times*, March 8.

Hesse, Renata B. (2009). Section 2 remedies and US v. Microsoft: What is to be learned? *Antitrust Law Journal*, 75(3): 847–869.

Hesse, Renata B. (2014). At the intersection of antitrust and high-tech: Opportunities for constructive engagement. Remarks as prepared for the Conference on Competition and IP Policy in High-Technology Industries, Stanford, CA, January 22.

Hicks, John R. (1935). Annual survey of economic theory: The theory of monopoly. *Econometrica*, 3(1): 1–20.

Hill, Nicolas, Nancy L. Rose, and Tor Winston (2015). Economics at the Antitrust Division 2014–2015: Comcast/Time Warner Cable and Applied Materials/Tokyo Electron. *Review of Industrial Organization*, 47(4): 425–435.

Hoerner, Robert J. (1995). Innovation markets: New wine in old bottles? *Antitrust Law Journal*, 64: 49–73.

Holmstrom, Bengt (1982). Moral hazard in teams. *Bell Journal of Economics*, 13(2): 324–340.

Hombert, Johan and Adrien Matray (2018). Can innovation help U.S. manufacturing firms escape import competition from China? *Journal of Finance*, 73(5): 2003–2038.

Hovenkamp, Herbert J. (2008a). *The Antitrust Enterprise: Principles and Execution*. Harvard University Press.

Hovenkamp, Herbert J. (2008b). Schumpeterian competition and antitrust. *Competition Policy International*, 4: 273–281.

Hovenkamp, Herbert J. (2010). The Federal Trade Commission and the Sherman Act. *Florida Law Review*, 62: 1–23.

Hovenkamp, Herbert J. (2013). Implementing antitrust's welfare goals. *Fordham Law Review*, 81: 2471–2496.

Hovenkamp, Herbert J. (2017). Appraising merger efficiencies. *George Mason Law Review*, 24: 703–741.

Hunt, Robert M. (2004). Patentability, industry structure, and innovation. *Journal of Industrial Economics*, 52(3): 401–425.

Hylton, Keith N. and Haizhen Lin (2013). Innovation and optimal punishment, with antitrust applications. *Journal of Competition Law & Economics*, 10: 1–25.

Igami, Mitsuru (2017). Estimating the Innovator's Dilemma: Structural analysis of creative destruction in the hard disk drive industry, 1981–1998. *Journal of Political Economy*, 125(3): 798–847.

Igami, Mitsuru and Kosuke Uetake (2018). Mergers, innovation, and entry-exit dynamics: Consolidation of the hard disk drive industry, 1996–2016. November 22. Available at SSRN: https://ssrn.com/abstract=2585840.

Isaacson, Walter (2011). *Steve Jobs*. Simon and Schuster.

Isaacson, Walter (2014). *The Innovators: How a Group of Hackers, Geniuses, and Geeks Created the Digital Revolution*. Simon and Schuster.

Jobs, Steve (2004). Voices of innovation. *Bloomberg BusinessWeek*, October 10.

Jones, Charles I. and John C. Williams (1998). Measuring the social return to R&D. *Quarterly Journal of Economics*, 113(4): 1119–1135.

Jullien, Bruno and Yassine Lefouili (2018). Horizontal mergers and innovation. Toulouse School of Economics, Working Paper No. 18–892, May.

Katz, Michael L. and Carl Shapiro (1985). Network externalities, competition, and compatibility. *American Economic Review*, 75(3): 424–440.

Katz, Michael L., and Carl Shapiro (1986a). Product compatibility choice in a market with technological progress. *Oxford Economic Papers*, Special Issue on the New Industrial Economics, 38(1): 146–165.

Katz, Michael L. and Carl Shapiro (1986b). Technology adoption in the presence of network externalities. *Journal of Political Economy*, 94(4): 822–841.

Katz, Michael L. and Carl Shapiro (1987). Research and development rivalry with licensing or imitation. *American Economic Review*, 77(3): 402–420.

Katz, Michael L. and Carl Shapiro (1992). Product introduction with network externalities. *Journal of Industrial Economics*, 15(1): 55–83.

Katz, Michael L. and Carl Shapiro (1994). Systems competition and network effects. *Journal of Economic Perspectives*, 8(1): 93–115.

Katz, Michael L. and Howard A. Shelanski (2005). Merger policy and innovation: Must enforcement change to account for technological change? *Innovation Policy and the Economy*, 5: 109–165.

Katz, Michael L. and Howard A. Shelanski (2007a). Merger analysis and the treatment of uncertainty: Should we expect better? *Antitrust Law Journal*, 74: 537–574.

Katz, Michael L. and Howard A. Shelanski (2007b). Mergers and innovation. *Antitrust Law Journal*, 74(1): 1–85.

Kearns, David T. and David A. Nadler (1992). *Prophets in the Dark: How Xerox Reinvented Itself and Beat Back the Japanese*. Harper Collins.

Khan, Lina M. (2017). Amazon's antitrust paradox. *Yale Law Journal*, 126: 710–805.

King, Andrew (2017). The theory of disruptive innovation: Science or allegory? *Entrepreneur and Innovation Exchange*. Published online at EIX.org on October 26, 2017.

Kitch, Edmund W. (1977). The nature and function of the patent system. *Journal of Law and Economics*, 20(2): 265–290.

Klein, Joel I. (1997). Cross-licensing and antitrust law. Speech before the American Intellectual Property Law Association, May 2. Available at http://www.usdoj.gov/atr/public/speeches/1118.pdf.

Kolasky, William J. and Andrew R. Dick (2003). The merger guidelines and the integration of efficiencies into antitrust review of horizontal mergers. *Antitrust Law Journal*, 71: 207–251.

Kornfield, Rachel, J. Donohoe, E. R. Berndt, and G. C. Alexander. (2013). Promotion of prescription drugs to consumers and providers, 2001–2010. *PLOS ONE*, 8(3): 1–7.

Koyré, Alexandre (1952). An unpublished letter of Robert Hooke to Isaac Newton. *Isis*, 43(4): 312–337.

Kueng, Lorenz, Nicholas Li, and Mu-Jeung Yang (2016). The impact of emerging market competition on innovation and business strategy. NBER Working Paper No. 22840, November.

Kühn, Kai-Uwe and John Van Reenen (2009). Interoperability and market foreclosure in the European Microsoft case. In Bruce Lyons (Ed.), *Cases in European Competition Policy*. Cambridge University Press.

Kwoka, John (2008). Eliminating potential competition. *Issues in Competition Law and Policy*, 2 (ABA Section of Antitrust Law): 1437–1454.

Kwoka, John, Daniel Greenfield, and Chengyan Gu (2015). *Mergers, Merger Control, and Remedies: A Retrospective Analysis of US Policy*. MIT Press.

Kwon, Illoong (2010). R&D portfolio and market structure. *Economic Journal*, 120(543): 313–323.

Langford, Andrew (2013). gMonopoly: Does search bias warrant antitrust or regulatory intervention? *Indiana Law Journal*, 88: 1559–1592.

Lee, Robin S. (2013). Vertical integration and exclusivity in platform and two-sided markets. *American Economic Review*, 103(7): 2960–3000.

Lee, Robin S. (2014). Competing platforms. *Journal of Economics & Management Strategy*, 23(3): 507–526.

Lee, Tom and Louis L. Wilde (1980). Market structure and innovation: A reformulation. *Quarterly Journal of Economics*, 94(2): 429–436.

Lee, William F. and A. Douglas Melamed (2016). Breaking the vicious cycle of patent damages. *Cornell Law Review*, 101: 385–466.

Lemley, Mark A. and Carl Shapiro (2007). Patent hold-up and royalty stacking. *University of Texas Law Review*, 85: 1991–2049.

Lepore, Jill (2014). The disruption machine: What the gospel of innovation gets wrong. *New Yorker*, June 23.

Lerner, Joshua (1997). An empirical exploration of a technology race. *RAND Journal of Economics*, 28(2): 228–247.

Lerner, Josh and Jean Tirole (2006). A model of forum shopping. *American Economic Review*, 96(4): 1091–1113.

Letina, Igor (2016). The road not taken: Competition and the R&D portfolio. *RAND Journal of Economics*, 47(2): 433–460.

Levin, Richard C., Wesley M. Cohen, and David C. Mowery (1985). R&D appropriability, opportunity, and market structure: New evidence on some Schumpeterian hypotheses. *American Economic Review*, 75(2): 20–24.

Levin, Richard C., Alvin K. Klevorick, Richard R. Nelson, and Sidney G. Winter (1987). Appropriating the returns from industrial R&D. *Brookings Papers on Economic Activity*, 3: 783–820.

Lewis, Tracy R. (1983). Preemption, divestiture, and forward contracting in a market dominated by a single firm. *American Economic Review*, 73(5): 1092–1101.

Lipsey, R. G. and Kelvin Lancaster (1956). The general theory of second best. *Review of Economic Studies*, 24(1): 11–32.

Lohr, Steve and James Kantor (2019). A.M.D.-Intel settlement won't end their woes. *New York Times*, November 12. Available at https://www.nytimes.com/2009/11/13/technology/companies/13chip.html.

López, Ángel L. and Xavier Vives (2019). Overlapping ownership, R&D spillovers, and antitrust policy. *Journal of Political Economy*, 127(5): 2394–2437.

Loury, Glenn C. (1979). Market structure and innovation. *Quarterly Journal of Economics*, 93(3): 395–410.

Luca, Michael et al. (2015). Does Google content degrade Google search? Experimental evidence. Harvard Business School, Working Paper 16–035.

Lynn, Leonard H. (1998). The commercialization of the transistor radio in Japan: The functioning of an innovation community. *IEEE Transactions on Engineering Management*, 45(3): 220–229.

Macher, Jeffrey, Nathan H. Miller, and Matthew Osborne (2017). Finding Mr. Schumpeter: An empirical study of competition and technology adoption. Georgetown University, Working Paper, January 3.

Maddaus, Gene (2017). Nielsen sues Comscore to block new TV audience measurement service. *Variety*, September 22. Available at https://variety.com/2017/tv/news/nielsen-comscore-extended-tv-lawsuit-1202566367/.

Manne, Geoffrey A. and Joshua D. Wright (2011). Google and the limits of antitrust: The case against the case against Google. *Harvard Journal of Law and Public Policy*, 34: 1–74.

Marshall, Guillermo and Álvaro Parra (2019). Innovation and competition: The role of the product market. *International Journal of Industrial Organization*, 65: 221–247.

Maskus, Keith and Stephen A. Merrill (Eds.) (2013). *Patent Challenges for Standard-Setting in the Global Economy: Lessons from Information and Communications Technology*. National Research Council of the National Academies. National Academies Press.

Mauboussin, Michael J., Dan Callahan, and Darius Majd (2017). The incredible shrinking universe of stocks: The causes and consequences of fewer U.S. equities. Credit Suisse Report. March 22.

McCraw, Thomas K. (2012). Joseph Schumpeter on competition. *Competition Policy International*, 8: 194–221.

Melamed, Douglas A. (2006). Exclusive dealing arrangements and other exclusionary conduct—are there unifying principles? *Antitrust Law Journal*, 73: 375–412.

Merges, Robert P. and Jeffery M. Kuhn (2009). An estoppel doctrine for patented standards. *California Law Review*, 97(1): 1–50.

Merges, Robert P. and Richard R. Nelson (1990). On the complex economics of patent scope. *Columbia Law Review*, 90(4): 839–916.

Moser, Petra and Alessandra Voena (2012). Compulsory licensing: Evidence from the Trading with the Enemy Act. *American Economic Review*, 102(1): 396–427.

Motta, Massimo and Emanuele Tarantino (2017). The effect of horizontal mergers, when firms compete in prices and investments. UPF Working Paper No.1579, August 30.

Mowery, David C. (2011). Federal policy and the development of semiconductors, computer hardware, and computer software: A policy model for climate change R&D? In Rebecca M. Henderson and Richard G. Newell, (Eds.), *Accelerating Energy Innovation: Insights from Multiple Sectors* (pp. 159–188). University of Chicago Press.

Nalebuff, Barry (2004). Bundling as an entry barrier. *Quarterly Journal of Economics*, 119(1): 159–187.

Nalebuff, Barry J. and Joseph E. Stiglitz (1983). Prizes and incentives: Towards a general theory of compensation and competition. *Bell Journal of Economics*, 14(1): 21–43.

National Science Foundation (2018a). *Business Research and Development and Innovation: 2015*. National Center for Science and Engineering Statistics.

National Science Foundation (2018b). *Science and Engineering Indicators*. National Science Board.

Newman, John M. (2012). Anticompetitive product design in the new economy. *Florida State University Law Review*, 39(3): 1–54.

Nickell, Stephen J. (1996). Competition and corporate performance. *Journal of Political Economy*, 104(4): 724–746.

O'Donoghue, Ted (1998). A patentability requirement for sequential innovation. *RAND Journal of Economics*, 29(4): 654–79.

O'Donoghue, Ted, Suzanne Scotchmer, and Jacques-Francois Thisse (1998). Patent breadth, patent life, and the pace of technological progress. *Journal of Economics and Management Strategy*, 7(1): 1–32.

OECD (2018). *Oslo Manual, The Measurement of Scientific, Technological, and Innovation Activities*, 4th ed.

Ordover, Janusz A., Garth Saloner, and Steven C. Salop (1990). Equilibrium vertical foreclosure. *American Economic Review*, 80(1): 127–142.

Ordover, Janusz A. and Robert D. Willig (1981). An economic definition of predation: Pricing and product innovation. *Yale Law Journal*, 91(1): 8–53.

Ornaghi, Carmine (2009). Mergers and innovation in big pharma. *International Journal of Industrial Organization*, 27(1): 70–79.

Patterson, Mark R. (2013). Google and search-engine market power. *Harvard Journal of Law and Technology*, Occasional Paper Series: 1–24.

Petit, Nicolas (2018). Innovation competition, unilateral effects and merger control policy. International Center for Law and Economics, White Paper 2018-03.

Phillips McDougall (2016). *Agrochemical Research and Development*. March.

Pleatsikas, Christopher and David Teece (2001). The analysis of market definition and market power in the context of rapid innovation. *International Journal of Industrial Organization*, 19(5): 665–693.

Porter, Michael E. (2001). Competition and antitrust: Toward a productivity-based approach to evaluating mergers and joint ventures. *Antitrust Bulletin*, Winter: 919–958.

Posner, Richard (2001). Antitrust in the new economy. *Antitrust Law Journal*, 68: 925–943.

Ratliff, James D. and Daniel L. Rubinfeld (2010). Online advertising: Defining relevant markets. *Journal of Competition Law and Economics*, 6: 653–686.

Ratliff, James and Daniel L. Rubinfeld (2013). The use and threat of injunctions in the RAND context. *Journal of Competition Law and Economics*, 9(1): 1–22.

Ratliff, James D. and Daniel L. Rubinfeld (2014). Is there a market for organic search engine results, and can their manipulation give rise to antitrust liability? *Journal of Competition Law and Economics*, 10: 517–541.

Reinganum, Jennifer (1981). Dynamic games of innovation. *Journal of Economic Theory*, 25(1): 21–41.

Reinganum, Jennifer (1983). Uncertain innovation and the persistence of monopoly. *American Economic Review*, 73(4): 741–748.

Reinganum, Jennifer (1984). Gilbert, Richard J. and David M. G. Newbery. Uncertain innovation and the persistence of monopoly: Comment. *American Economic Review*, 74(1): 238–42.

Reinganum, Jennifer (1989). The timing of innovation: research, development, and diffusion. In R. Schmalensee and R. Willig (Eds.), *Handbook of Industrial Organization* (pp. 849–908). Elsevier Science.

Reynolds, Michael J. and Christopher Best (2012). Article 102 and innovation: The journey since Microsoft. Paper presented at the 39th Annual Fordham Conference on International Antitrust Law and Policy, September 20–21.

Rochet, Jean-Charles and Jean Tirole (2002). Cooperation among competitors: Some economics of payment card associations. *RAND Journal of Economics*, 33(4): 549–570.

Rochet, Jean-Charles and Jean Tirole (2006). Two-sided markets: A progress report. *RAND Journal of Economics*, 37(3): 645–667.

Royall, Sean M. and Adam J. DiVincenzo (2010). Evaluating mergers between potential competitors under the new Horizontal Merger Guidelines. *Antitrust*, 25(1): 33–38.

Rubinfeld, Daniel L. (2008). Maintenance of monopoly: U.S. v. Microsoft. In John E. Kwoka Jr. and Lawrence J. White (Eds.), *The Antitrust Revolution* (5th ed.) (pp. 530–557). Oxford University Press.

Rubinfeld, Daniel L. and Michal Gal (2017). Access barriers to big data. *Arizona Law Review*, 59: 339–381.

Sabety, Ted (2005). Nanotechnology innovation and the patent thicket: Which IP policies promote growth? *Albany Law Journal of Science and Technology*, 15: 477–516.

Sah, Raaj Kumar and Joseph E. Stiglitz (1987). The invariance of market innovation to the number of firms. *RAND Journal of Economics*, 18(1): 98–108.

Salant, Stephen W. (1984). Preemptive patenting and the persistence of monopoly: Comment. *American Economic Review*, 74(1): 247–250.

Salinger, Michael A. (2016). Net innovation pressure in merger analysis. Available at SSRN: https://ssrn.com/abstract=3051249.

Salinger, Michael A. and Robert J. Levinson (2015). Economics and the FTC's Google investigation. *Review of Industrial Organization*, 46: 25–57.

Salop, Steven C. (2006). Exclusionary conduct, effect on consumers, and the flawed profit-sacrifice standard. *Antitrust Law Journal*, 73: 311–374.

Salop, Steven C. and R. Craig Romaine (1999). Preserving monopoly: Economic analysis, legal standards, and Microsoft. *George Mason Law Review*, 7: 617–671.

Scharfstein, David (1988). Product-market competition and managerial slack. *RAND Journal of Economics*, 19(1): 147–155.

Scherer, F. M. (1965). Firm size, market structure, opportunity, and the output of patented inventions. *American Economic Review*, 55(5): 1097–1125.

Scherer, Frederic M. (1977). *The Economic Effects of Compulsory Patent Licensing.* New York University, Graduate School of Business Administration, Center for the Study of Financial Institutions.

Schmalensee, Richard (1999). Bill Baxter in the antitrust arena: An economist's appreciation. *Stanford Law Review*, 51(5): 1317–1332.

Schmidt, Klaus M. (1997). Managerial incentives and product market competition. *Review of Economic Studies*, 64(2): 191–213.

Schumpeter, Joseph A. (1942). *Capitalism, Socialism, and Democracy.* Harper.

Scotchmer, Suzanne (1991). Standing on the shoulders of giants: Cumulative research and the patent law. *Journal of Economic Perspectives*, 5(1): 29–41.

Scotchmer, Suzanne (2004). *Innovation and Incentives.* MIT Press.

Segal, Ilya and Michael D. Whinston (2007). Antitrust in innovative industries. *American Economic Review*, 97(5): 1703–1730.

Shapiro, Carl (1999). Exclusivity in network industries. *George Mason Law Review*, 7: 673–683.

Shapiro, Carl (2001). Navigating the patent thicket: Cross licensing, patent pools, and standard setting. In Adam Jaffe et al. (Eds.), *Innovation Policy and the Economy*. MIT Press.

Shapiro, Carl (2009). Microsoft: A remedial failure. *Antitrust Law Journal*, 75(3): 739–772.

Shapiro, Carl (2012). Competition and innovation: Did Arrow hit the bull's eye? In Josh Lerner and Scott Stern, (Eds.), *The Rate and Direction of Inventive Activity Revisited* (pp. 361–404). University of Chicago Press.

Shapiro, Carl and Hal R. Varian (1999a). The art of standards wars. *California Management Review*, 41(2): 8–32.

Shapiro, Carl and Hal R. Varian (1999b). *Information Rules: A Strategic Guide to the Network Economy*. Harvard Business School Press.

Shelanski, Howard A. and J. Gregory Sidak (2001). Antitrust divestiture in network industries. *University of Chicago Law Review*, 68(1): 1–93.

Sidak, J. Gregory and David F. Teece (2009). Dynamic competition in antitrust law. *Journal of Competition Law and Economics*, 5(4): 581–631.

Simcoe, Tim (2012). Standard setting committees: Consensus governance for shared technology platforms. *American Economic Review*, 102(1): 305–336.

Sivinski, Greg, Alex Okuliar, and Lars Kjolbye (2017). Is big data a big deal? A competition law approach to big data. *European Competition Law Journal*, 13(2–3): 199–227.

Spence, A. Michael (1984). Cost reduction, competition, and industry performance. *Econometrica*, 52(1): 101–122.

Srinivason, Dina (2019). The antitrust case against Facebook: A monopolist's journey towards pervasive surveillance in spite of consumers' preference for privacy. *Berkeley Business Law Journal*, 16(1): 39–101.

Stewart, Marion B. (1983). Noncooperative oligopoly and preemptive innovation without winner-take-all. *Quarterly Journal of Economics*, 98(4): 681–694.

Stigler, George J. (1963). United States v. Loew's Inc.: A note on block-booking. *Supreme Court Review*, 1963: 152–157.

Stiglitz, Joseph E. (2017). Towards a broader view of competition policy. Roosevelt Institute, Working Paper, June.

Stone, Brad (2013). *The Everything Store: Jeff Bezos and the Age of Amazon*. Little Brown & Co.

Stucke, Maurice E. and Ariel Ezrachi (2016). When competition fails to optimize quality: A look at search engines. *Yale Journal of Law and Technology*, 18(1).

Sutton, John (1998). *Technology and Market Structure*. MIT Press.

Swedin, Eric G. (2009). Why OS/2 failed: Business mistakes compounded by memory prices. *Mountain Plains Journal of Business and Economics, Opinions and Experiences*, 10: 29–38.

Syverson, Chad (2011). What determines productivity? *Journal of Economic Literature*, 49(2): 326–365.

Tom, Willard (2001). The 1975 Xerox consent decree: Ancient artifacts and current tensions. *Antitrust Law Journal*, 68(3): 967–990.

Tripsas, Mary and Giovanni Gavetti (2000). Capabilities, cognition, and inertia: Evidence from digital imaging. *Strategic Management Journal*, 21(10–11): 1147–1161.

Tushman, Michael L. and Philip Anderson (1986). Technological discontinuities and organizational environments. *Administrative Science Quarterly*, 31(3): 439–465.

US Census Bureau (2015). *Business R&D and Innovation Survey*.

US Department of Justice (1968). 1968 Merger Guidelines. Available at https://www.justice.gov/archives/atr/1968-merger-guidelines.

US Department of Justice and Federal Trade Commission (various years). *Hart-Scott-Rodino Annual Report*.

US Department of Justice and Federal Trade Commission (2000). *Antitrust Guidelines for Collaborations among Competitors*. April.

US Department of Justice and Federal Trade Commission (2010). *Horizontal Merger Guidelines*. August 19.

US Department of Justice and Federal Trade Commission (2017). *Antitrust Guidelines for the Licensing of Intellectual Property*. January 12.

US Federal Trade Commission (2013a). Google Press Conference Opening Remarks of Federal Trade Commission Chairman Jon Leibowitz as Prepared for Delivery, January 3.

US Federal Trade Commission (2013b). Statement of the Federal Trade Commission Regarding Google's Search Practices, In the Matter of Google Inc. FTC File Number 111–0163, January 3.

US Federal Trade Commission (2017). *The FTC's Merger Remedies 2006–2012: A Report of the Bureaus of Competition and Economics*. January.

Van Reenen, John (2011). Does competition raise productivity through improving management quality? *International Journal of Industrial Organization*, 29(3): 306–316.

Vickers, John (1986). The evolution of market structure when there is a sequence of innovations. *Journal of Industrial Economics*, 35(1): 1–12.

Vickers, John (2005). Abuse of market power. *Economic Journal*, 115(504): F244–F261.

Vickers, John (2010). Competition policy and property rights. *Economic Journal*, 120: 375–392.

Visnji, Margaret (2019). Pharma industry merger and acquisition analysis, 1995 to 2015. *Revenues and Profits*, February 11. Available at https://revenuesandprofits.com/pharma-industry-merger-and-acquisition-analysis-1995-2015/.

Vives, Xavier (2008). Innovation and competitive pressure. *Journal of Industrial Economics*, 41(1): 419–469.

Watzinger, Martin, Thomas A. Fackler, Markus Nagler, and Monika Schnitzer (2017). How antitrust enforcement can spur innovation: Bell Labs and the 1956 Consent Decree. CESIFO Working Paper No. 6351, February.

Wells, Georgia (2019). Facebook to pull controversial Onavo app. *Wall Street Journal*, February 22.

Werden, Gregory J. (2006). The "no economic sense" test for exclusionary conduct. *Antitrust Law Journal*, 73: 413–433.

Wessner, Charles W. (Ed.) (2001). *Capitalizing on New Needs and New Opportunities: Government–Industry Partnerships in Biotechnology and Information Technologies.* Board on Science, Technology, and Economic Policy. National Research Council. National Academies Press.

Weyl, Glen E. and Alexander White (2014). Let the right "one" win: Policy lessons from the new economics of platforms. Coase-Sandor Working Paper Series in Law and Economics, No. 709.

Whinston, Michael D. (1990). Tying, foreclosure, and exclusion. *American Economic Review*, 80(4): 837–859.

Whinston, Michael D. (2001). Exclusivity and tying in US v. Microsoft: What we know, and don't know. *Journal of Economic Perspectives*, 15(2): 63–80.

Williamson, Oliver E. (1979). Transactions-cost economics: The governance of contractual relations. *Journal of Law and Economics*, 22(2): 233–262.

Williamson, Oliver E. (1983). *Markets and Hierarchies: Analysis and Antitrust Implications.* Free Press.

Wollman, Thomas (2019). Stealth consolidation: Evidence from an amendment to the Hart-Scott-Rodino Act. *American Economic Review: Insights*, 1(1): 77–94.

Wu, Tim (2018a). After consumer welfare, now what? The "protection of competition" standard in practice. *Journal of the Competition Policy International*, April.

Wu, Tim (2018b). The curse of bigness: Antitrust in the new gilded age. Columbia Global Reports.

Xu, Rui and Kaiji Gong (2017). Does import competition induce R&D reallocation? Evidence from the U.S. International Monetary Fund Working Paper 17/253.

List of Cited Cases and Press Releases

US cases

Addamax v. Open Software Foundation. US District Court for the District of Massachusetts (May 19, 1995).

Addamax v. Open Software Foundation. US Court of Appeals for the First Circuit (December 4, 1998).

Allied Orthopedic Appliances, Inc. v. Tyco Health Care Group LP. US Court of Appeals, Ninth Circuit (January 6, 2010).

Allied Tube & Conduit Corp. v. Indian Head. US Supreme Court (June 13, 1988).

American Society of Mechanical Engineers v. Hydrolevel Corp. US Supreme Court (May 17, 1982).

Aspen Skiing Co. v. Aspen Highlands Skiing Corp., US Supreme Court (June 19, 1985).

Berkey Photo v. Eastman Kodak Co. US Court of Appeals for the Second Circuit (June 25, 1979).

Burton v. BMW AG. 17-cv-04314, US District Court, Northern District of California (July 28, 2017).

California Computer Prods. v. IBM Corp. US Court of Appeals, Ninth Circuit (June 21, 1979).

Commonwealth Scientific & Industrial Research Organisation v. Cisco Systems. US Court of Appeals for the Federal Circuit (December 3, 2015).

C.R. Bard, Inc. v. M3 Systems, Inc. US Court of Appeals for the Federal Circuit (September 30, 1998).

Ericsson, Inc. v. D-Link Systems, Inc. US Court of Appeals for the Federal Circuit (December 4, 2014).

Golden Bridge Tech., Inc. v. Nokia, Inc. US District Court for the Eastern District of Texas (September 10, 2007).

Golden Bridge Tech., Inc. v. Motorola, Inc. US Court of Appeals for the Fifth Circuit (October 23, 2008).

Golden Gate Pharmacy Services, Inc. v. Pfizer, Inc. US District Court for the Northern District of California (December 2, 2009).

Golden Gate Pharmacy Services, Inc. v. Pfizer, Inc. US Court of Appeals for the Ninth Circuit (May 19, 2011).

GSI Tech., Inc. v. Cypress Semiconductor Corp. US Dist. LEXIS 9378 (January 27, 2015).

Illinois Tool Works Inc. v. Independent Ink, Inc. US Supreme Court (March 1, 2006).

In re Apple iPod iTunes Antitrust Litigation. US District Court for the Northern District of California (May 19, 2011).

In re Apple iPod iTunes Antitrust Litigation. Verdict Form Re Genuine Product Improvement (N.D. Cal. 2014).

In re Innovatio IP Ventures, LLC Patent Litig. US District Court for the Northern District of Illinois (October 3, 2013).

Kaufman v. BMW. 17-cv-05440, US District Court of New Jersey (July 25, 2017).

Lorain Journal Co. v. United States, US Supreme Court (December 11, 1951).

Massachusetts v. Microsoft Corp. US Court of Appeals for the District of Columbia Circuit (June 30, 2004).

Memorex Corp. v. IBM Corp. US Court of Appeals, Ninth Circuit (November 18, 1980).

Microsoft Corporation v. Motorola, Inc., et al. US District Court for the Western District of Washington (April 25, 2013).

New York ex. rel. v. Microsoft. California Group's Report on Remedial Effectiveness, Civil Action 98–1233 (CKK) (D.D.C. September 11, 2007).

New York v. Actavis PLC. US Court of Appeals for the Second Circuit (May 22, 2015).

Ohio et al. v. American Express Co. et al. US Supreme Court (June 25, 2018).

Otter Tail Power Co. v. United States. US Supreme Court (February 22, 1973).

Rambus Inc. v. FTC. US Court of Appeals for the District of Columbia (April 22, 2008).

SCM Corp. v. Xerox Corp. US District Court for the District of Connecticut (December 29, 1978).

SCM Corp. v. Xerox Corp. US Court of Appeals for the Second Circuit (March 12, 1981).

Transamerica Computer Co. v. IBM Corp. US Court of Appeals, Ninth Circuit (February 15, 1983).

US et al. v. Dow Chemical Corporation and E.I. DuPont de Nemours and Company. Competitive Impact Statement (June 15, 2017).

US Federal Trade Commission. *In re Baxter Int'l Inc.*, 123 F.T.C. 904 (1997).

US Federal Trade Commission. *In re Ciba-Geigy Ltd.*, 123 F.T.C. 842 (1997).

US Federal Trade Commission. *In re Dow Chem. Co.*, 118 F.T.C. 730 (1994).

US Federal Trade Commission. *In re Eli Lilly & Co.*, 95 F.T.C. 538 (1980).

US Federal Trade Commission. *In re Institut Merieux S.A.*, 113 F.T.C. 742 (1990).

US Federal Trade Commission. *In re Roche Holding Ltd.*, 113 F.T.C. 1086 (1990).

US Federal Trade Commission. *In the Matter of Bayer AG and Aventis S.A.*, Docket No. C-4049, Analysis of Proposed Consent Order to Aid Public Comment (May 30, 2002).

US Federal Trade Commission. *In the Matter of Ciba-Geigy, Chiron, Sandoz and Novartis*, Docket No. C-3725, *Analysis of Proposed Consent Order to Aid Public Comment* (December 17, 1996).

US Federal Trade Commission. *In the Matter of Dell Computer Corporation*, Complaint (May 20, 1996).

US Federal Trade Commission. *In the Matter of Dell Computer Corporation*, Statement of the Commission (June 17, 1996).

US Federal Trade Commission. *In the Matter of Flow International Corp.*, File No. 081–0079, Complaint (August 15, 2008).

US Federal Trade Commission. *In the Matter of Flow International Corp.*, Analysis of the Agreement Containing Consent Order to Aid Public Comment File No. 081–0079.

US Federal Trade Commission. *In the Matter of Glaxo Wellcome and SmithKine Beecham*, Analysis of Proposed Consent Order to Aid Public Comment (2000).

US Federal Trade Commission. *In the Matter of Intel Corporation*, Docket No. 9341, Complaint (December 16, 2009).

US Federal Trade Commission. *In the Matter of Intel Corporation*, Docket No. 9341, Analysis of Proposed Consent Order to Aid Public Comment (August 4, 2010).

US Federal Trade Commission. *In the Matter of Intel Corporation*, Docket No. 9341, Decision and Order (October 29, 2010).

US Federal Trade Commission. *In the Matter of Medtronic, Inc. and Covidien plc*, Docket No. C-4503, Decision and Order (January 21, 2015).

US Federal Trade Commission. *In the Matter of Negotiated Data Solutions LLC*, Complaint, (September 23, 2008).

US Federal Trade Commission. *In the Matter of Nielsen Holdings N.V. and Arbitron Inc.*, File No. 131 0058, Analysis of Agreement Containing Consent Order to Aid Public Comment (September 20, 2013).

US Federal Trade Commission. *In the Matter of Novartis and AstraZeneca*, Docket No. C-3979, Complaint (November 1, 2000).

US Federal Trade Commission. *In the Matter of Novartis, AG and GlaxoSmithKline plc*, Docket No. C-4510, Complaint (February 20, 2015).

US Federal Trade Commission. *In the Matter of Novartis, AG and GlaxoSmithKline plc*, Analysis of Agreement Containing Consent Orders to Aid Public Comment, File No. 141–0141 (February 23, 2015).

US Federal Trade Commission. *In the Matter of Pfizer, Inc. and Hospira, Inc.*, Docket No. C-4537, Complaint (August 21, 2015).

US Federal Trade Commission. *In the Matter of Rambus Inc.*, Docket No. 9302, Opinion of the Commission (August 2, 2006).

US Federal Trade Commission. *In the Matter of Robert Bosch Gmbh*, Complaint (November 26, 2012).

US Federal Trade Commission. *In the Matter of Thoratec Corporation and HeartWare International, Inc.*, Docket No. 9339, Complaint (July 28, 2009).

US Federal Trade Commission v. Steris Corporation. US District Court for the N.D. Ohio (September 25, 2015).

US v. 3D Systems Corporation and DTM Corporation. Complaint, US District Court for the District of Columbia (June 6, 2001).

US v. 3D Systems Corporation and DTM Corporation. Competitive Impact Statement, US District Court for the District of Columbia (September 4, 2001).

US v. 3D Systems Corporation and DTM Corporation. Final Judgment, US District Court for the District of Columbia (April 17, 2002).

US v. Automobile Manufacturers Ass'n. 307 F. Supp. 617 (C.D. Cal. 1969), aff'd in part and appeal dismissed in part; *City of New York v. US*, US Supreme Court (March 16, 1970).

US v. E. I. DuPont de Nemours. US Supreme Court (June 3, 1957).

US v. General Motors and ZF Friedrichshafen, AG, et al. Civil Action 93–530, Complaint (November 16, 1993).

US v. Google and ITA Software. Complaint, US District Court for the District of Columbia, Case: 1:11-cv-00688 (April 8, 2011).

US v. Heraeus Electro-Nite Co., LLC. US District Court for the District of Columbia, Complaint (January 2, 2014).

US v. Heraeus Electro-Nite Co., LLC. US District Court for the District of Columbia, Final Judgment (April 7, 2014).

US v. International Business Machines. Final Judgment, US District Court for the Southern District of New York, Civil Action No. 72–344 (1956).

US v. Lockheed Martin Corp. and Northrop Grumman Corp. Complaint (March 23, 1998).

US v. Microsoft. US District Court for the District of Columbia, Civil Action No. 98–1232 (TPJ), Complaint (May 18, 1998).

US et al. v. Microsoft. US District Court for the District of Columbia, Civil Action No. 98–1232 (TPJ), Findings of Fact (November 5, 1999).

US et al. v. Microsoft. US District Court for the District of Columbia, Civil Action No. 98–1232 (TPJ), Conclusions of Law (April 3, 2000).

US et al. v. Microsoft. US District Court for the District of Columbia, Civil Action No. 98–1232 (TPJ), Declaration of Carl Shapiro (April 28, 2000).

US et al. v. Microsoft. US District Court for the District of Columbia, Civil Action No. 98–1232 (TPJ), Declaration of Paul M. Romer (April 27, 2000).

US v. Microsoft. Court of Appeals, for the District of Columbia Circuit (June 28, 2001).

US et al. v. Microsoft. Final Judgment, US District Court for the District of Columbia (November 12, 2002).

US et al. v. Microsoft. Joint Status Report on Microsoft's Compliance with the Final Judgments (US D.D.C) Civil Action No. 98–1232 (April 27, 2011).

US v. Philadelphia National Bank. US Supreme Court (June 17, 1963).

US v. Thomson Corporation and Reuters Group plc. Complaint (February 19, 2008).

Verizon Communications v. Law Offices of Curtis V. Trinko. US Supreme Court (January 13, 2004).

Xerox Corporation. 86 F.T.C. 364 (1975).

US press releases

US Department of Justice. Statement of the Department of Justice Antitrust Division on its decision to close its investigation of XM Satellite Radio Holdings Inc.'s merger with Sirius Satellite Radio Inc. March 24, 2008.

US Department of Justice. Justice Department reaches settlement with Microsemi Corp. August 20, 2009.

US Department of Justice. Statement of the Department of Justice Antitrust Division on its decision to close its investigation of the internet search and paid search advertising agreement between Microsoft Corporation and Yahoo! Inc. February 18, 2010.

US Department of Justice. Department of Justice Antitrust Division statement on the closing of its investigation of the T-Mobile/MetroPCS merger. March 12, 2013.

US Department of Justice. Lam Research Corp. and KLA-Tencor Corp. abandon merger plans. October 5, 2016.

US Federal Trade Commission. Glaxo plc. June 20, 1995.

US Federal Trade Commission. Statement of Chairman Robert Pitofsky and Commissioners Janet D. Steiger, Roscoe B. Starek III, and Christine A. Varney in the matter of the Boeing Company/McDonnell Douglas Corporation. July 1, 1997.

US Federal Trade Commission. FTC seeks to block Cytyc Corp.'s acquisition of Digene Corp. June 24, 2002.

US Federal Trade Commission. Statement of Chairman Timothy J. Muris in the matter of Genzyme Corporation/Novazyme Pharmaceuticals, Inc. January 13, 2004.

US Federal Trade Commission. Statement of the Commission concerning Google/AdMob. File no. 101–0031, May 21, 2010.

US Federal Trade Commission. Statement of the Federal Trade Commission concerning Western Digital Corporation/Viviti Technologies Ltd. and Seagate Technology LLC/Hard Disk Drive Assets of Samsung Electronics Co. Ltd. May 9, 2013.

US Federal Trade Commission. FTC accepts proposed consent order in Broadcom Limited's $5.9 billion acquisition of Brocade Communications Systems, Inc. July 3, 2017.

Cited European Cases and Press Releases
European cases
European Commission. *Astra Zeneca/Novartis*, Case No. COMP/M.1806 (July 26, 2000).

European Commission. *Bayer/Aventis Crop Science*, Case No. COMP/M.2547 (April 17, 2002).

European Commission. Commission Decision relating to a proceeding pursuant to Article 82 of the EC Treaty and Article 54 of the EEA Agreement against Microsoft Corporation (Case COMP/C-3/37.792—*Microsoft*) (May 24, 2004).

European Commission. Decision, Case COMP/C-3/39.530—*Microsoft (tying)* (December 16, 2009).

European Commission. *Dow/DuPont*, Case No. COMP/M.7932 (March 27, 2017).

European Commission. *General Electric/Alstom*, Case No. COMP/M.7278 (September 8, 2015).

European Commission. *Glaxo-Wellcome*, IV/M.555 (February 28, 1995).

European Commission. *Glaxo Wellcome/SmithKline Beecham*, Case No. COMP/M.1486 (August 5, 2000).

European Commission. *Google Android*, Case AT.40099, Commission Decision (July 18, 2018).

European Commission. *Google Search (Shopping)*, Case AT.39740, Decision (June 27, 2017).

European Commission. *Google Search (Shopping)*, Case AT.39740, Summary of Commission Decision (June 27, 2017).

European Commission. *IMS Health GmbH & Co. OHG v. NDC Health GmbH &Co KG*, Case C-418/01, Judgment (April 29, 2004).

European Commission. *Magill TV Guide/ITP, BBC and RTE*, OJ L78/43, Decision (December 21, 1988).

European Commission. *Medtronic/Covidien*, Case No. COMP/M.7326 (November 28, 2014).

European Commission. *Microsoft/LinkedIn*, Case M.8124 (December 6, 2016).

European Commission. *Pasteur Mérieux-Merck*, IV/34.776 (October 6, 1994).

European Commission. *Pfizer/Hospira*, Case No. COMP/M.7559 (April 8, 2015).

European Commission. *Sea Containers Sealink/Stena*, Decision, OJ 1994 L15/8 (December 21, 1993).

European Commission. *Western Digital Irland/Viviti Technologies*, Case No. COMP/M.6203 (November 23, 2011).

Judgment of the Court of First Instance. *Microsoft v. Commission*, Case T-201/04 (September 17, 2007).

Official Journal of the European Communities. Council Directive on the legal protection of computer programs, 91/250/EEC (May 14, 1991).

UK Office of Fair Trading. Anticipated acquisition by Facebook Inc of Instagram Inc., ME/5525/12, (August 14, 2012).

European press releases

European Commission. Antitrust: Commission fines Google €1.49 billion for abusive practices in online advertising. Brussels. March 20, 2019.

European Commission. Antitrust: Commission fines Google €2.42 billion for abusing dominance as search engine by giving illegal advantage to own comparison shopping service—Factsheet. Brussels. June 27, 2017.

European Commission. Antitrust: Commission fines Google €4.34 billion for illegal practices regarding Android mobile devices to strengthen dominance of Google's search engine. Brussels. July 18, 2018.

European Commission. Antitrust: Commission fines truck producers € 2.93 billion for participating in a cartel. Brussels. July 19, 2016.

European Commission. Antitrust: Commission imposes € 899 million penalty on Microsoft for non-compliance with March 2004 decision. IP/08/318. February 27, 2008.

European Commission. Antitrust: Commission imposes fine of €1.06 bn on Intel for abuse of dominant position; orders Intel to cease illegal practices. Brussels. May 13, 2009.

European Commission. Antitrust: Commission initiates formal investigations against Microsoft in two cases of suspected abuse of dominant market position. Memo/08/19. January 14, 2008.

European Commission. Antitrust: Commission market tests Microsoft's proposal to ensure consumer choice of web browsers; welcomes further improvements in field of interoperability. Memo/09/439. October 7, 2009.

European Commission. Commission examines the impact of Windows 2000 on competition. February 10, 2000.

European Commission. Mergers: Commission approves acquisition of Hospira by Pfizer, subject to conditions. August 4, 2015.

European Commission. Mergers: Commission clears merger between Dow and DuPont, subject to conditions. March 27, 2017.

Court of Justice of the European Union. The Court of Justice sets aside the judgment of the General Court which had upheld the fine of €1.06 billion imposed on Intel by the Commission for abuse of a dominant position. September 6, 2017.